後藤 武

ファーンズワース邸／ミース・ファン・デル・ローエ

Farnsworth house / Ludwig Mies van der Rohe

はじめに

ヘヴンリーハウス――。建築の原型ともいえる小さな家型を「天上の館」と名づけた歴史家にならって、20世紀の世界の名作住宅をこう呼んでみる。20世紀は住宅の世紀だった。建築家たちは競って新しい建築の原理を追い求め、まず最初に小さな住宅で実験を繰りかえした。私たちはこれらの実験的な住宅たちを21世紀に生きる立場で考え、当時の新しい発見の興奮を再生してみたいと思った。これらの珠玉の住宅たちが、これからの住宅を考える私たちを導いてくれることを願いながら。

シリーズの第6巻は、ミース・ファン・デル・ローエによる「ファーンズワース邸」を刊行する。ドイツからアメリカに渡った建築家と、アメリカ人の女性エディス・ファーンズワース。ニューヨーク近代美術館を介して、2人は出会い、1951年、すなわち20世紀の折り返し地点に、20世紀の建築を定位するマイルストーンとなった川沿いの透明な住宅が実現した。大地から浮遊する床と陸屋根。その間に入るのが、壁の代わりに、ガラスで囲われたワンルームだ。究極のデザインというべき、シンプルかつミニマルに還元されたモダニズムである。

後にミースはシーグラム・ビルを手がけ、世界中に流布する高層ビルのプロトタイプを提示したが、先行するファーンズワース邸にすでに彼の構築思想と空間概念はきわめて明快に体現されていた。もっとも、モダニズムの強力なアイコンになった住宅であるがゆえに、ポスト・モダンの時代において、ユニヴァーサル・スペース=「均質空間」と呼ばれたデザインはしばしば攻撃の対象とされた。が、この住宅は今なお新しい解読をつむぎだしている。一時の流行で消費されることがない。それだけの豊かさを備えた「古典」であることの証しだろう。

本書は、建築家の後藤武が、モノとしての建築の細部に対峙しながら、同時にミースの思想的な背景を掘り起こしている。ここでわれわれが遭遇するのは、過去の歴史建築ではない。21世紀にも波動を送り続ける現代建築としてのファーンズワース邸だ。

「Less is more」がそこにある。
ミースが挑んだユニヴァーサル・スペースがようやく見えてきた。

シリーズ「ヘヴンリーハウス――20世紀名作住宅をめぐる旅」　編者

五十嵐 太郎

後藤 武

113　第2章　メタモルフォーゼ―― 柱の自然史

114　柱の自然史とは
114　十字柱の起源
115　鉄の結合術
120　被覆と反射
122　庭園の技法
123　十字の相似
127　物質のメタモルフォーゼ
130　庭に住む
135　外の柱

138　資料編

138　読書案内　ミース・ファン・デル・ローエを読む
142　ミース・ファン・デル・ローエ年表
145　MAP　ファーンズワース邸の歩き方

146　あとがき

ヘヴンリーハウス―― 20世紀名作住宅をめぐる旅　シリーズ共通付録

148　20世紀 建築家の流れ
150　世界名作住宅地図
152　世界名作住宅年表

157　写真・図版　クレジットおよび出典

158　著者・編者紹介

目次

001　はじめに

005　第1章　ファーンズワース邸——普遍の庭

006　**ファーンズワース邸をめぐる**
006　デザイン・プロセス
014　批評と神話
024　**普遍論争**
024　均質空間論をこえて
030　神は細部に宿る
032　一と多
042　**建築の起源**
042　原始の小屋
047　大木の下の小屋
050　**庭のパララックス**
050　樹木の消去
052　逍遥するアロイス・リール
056　ピクチャレスク
063　ミースと自然
067　**時間の建築術**
067　床の進化論
075　緑、太陽、動線
086　つなぐもののないつながり
092　**事態と偏在**
092　独身者
094　重なり合うアクティヴィティ
099　モンタージュ
103　微小表象
110　偏在する空間

脚注キーワード

ファーンズワース邸……006
ルードヴィッヒ・ミース・ファン・デル・ローエ……006
エディス・ファーンズワース……006
ニューヨーク近代美術館……006
ル・コルビュジエ……007
フランク・ロイド・ライト……007
ハーバート・グリーンウォールド……007
プロモントリィ・アパートメント……010
イリノイ工科大学……010
マイロン・ゴールドスミス……010
プロポーション……010
ジャック・ブラウンソン……014
クラウン・ホール……014
スラブ……014
キャンティレバー……014
フィリップ・ジョンソン……014
ガラスの家……015
レザー邸……015
ニコラ・プッサン……019
カール・フリードリヒ・シンケル……019
エリザベス・ゴードン……022
バルセロナ・パヴィリオン……022
ロバート・ヴェンチューリ……023
ポストモダニズム……023
ウィリアム・ジョーディ……023
ルネ・デカルト……026
アリストテレス……026
コーリン・ロウ……026
ゴットフリート・ライプニッツ……027
ベルリン新国立ギャラリー……027
ドゥンス・スコトゥス……030
バールーフ・デ・スピノザ……030
フリードリヒ・ニーチェ……030
ルートヴィッヒ・ヴィトゲンシュタイン……030
ギュスターヴ・フローベール……031
アビ・ヴァールブルク……031
フリッツ・ノイマイヤー……031
フリードリヒ・カウルバッハ……031
『弁神論』……032
スコラ哲学……032
坂部恵……034
『悲劇の誕生』……034
ヴァルター・グロピウス……034
カール・アオグスト・エムゲ……034
ジークフリード・エーベリング……036
アンリ・ベルクソン……038
リチャード・バックミンスター＝フラー……038
ヴィオレ＝ル＝デュク……038
ピーター・カーター……039
トマス・アクィナス……039
ピエール・アベラール……042
山内志朗……042
ガラスのスカイスクレーパー案……042
マルク＝アントワーヌ・ロージエ……044
ユベール・ロベール……047
ジャン＝ジャック・ルソー……047
ヨハン・ヨアヒム・ヴィンケルマン……047
ジェイムス・スチュアートとニコラス・レヴェット……049
ジュリアン＝ダヴィド・ル・ロワ……049
ヘンリー＝ラッセル・ヒッチコック……049
J・J・P・アウト……050
チューゲントハット邸……051
新カント派……052
アロイス・リール……055
切妻屋根……055
ロッジア……055
バリー・バーグドール……056
クロード・ロラン……056
ヤーコプ・ファン・ロイスダール……056
ウヴェデール・プライス……058
ハンフリー・レプトン……058
ピーター・コリンズ……058
パララックス……058
ロバート・ウッド……059
ジャック＝ジェルマン・スフロ……059
サント・ジュヌヴィエーヴ教会……059
クーポラ……062
コリント式／ドーリス式……062
ポーティコ……062
ピア……062
新古典主義……062
ウィトルウィウス……063
サンスーシー宮……063
シャルロッテンホーフ宮……063
ヘレーネ・ミュラーとアントン・クレーラー……065
パーゴラ……065
煉瓦造田園住宅案……065
3つの中庭のある家……066
曲壁のあるコートハウス……066
クリスタル・パレス……066
ピラスター……068
ルイス・カーン……074
フィッシャー邸……074
黄金分割……074
フィリップ・リュオー……075
サイトスペシフィック……078
50×50住宅……082
ケイン邸……082
陸屋根……086
カウフマン・デパート……089
トラヴァーチンとプリマヴェーラ……098
モデュール……098
モンタージュ……099
フィリス・ランバート……099
パウル・クレー……100
キュビスム……102
パブロ・ピカソ……102
ジョルジュ・ブラック……102
バウハウス校舎……103
ゲシュタルト……103
八束はじめ……110
チャールズ・イームズ……110
パワーズ・オヴ・テン……111
アントロポモルフィスム……111
レム・コールハース……111
サルバドール・ダリ……111

《シャボン玉の中へは庭は這入れません
まはりをくるくる廻つてゐます》

（ジャン・コクトー「月下の一群」シャボン玉、堀口大學訳）

第1章　ファーンズワース邸——普遍の庭

Farnsworth house : A Universal Garden

ファーンズワース邸★1をめぐる

「プロモントリィ・アパートメント」の模型を見るミース(右)とハーバート・グリーンウォールド

施主のエディス・ファーンズワース

デザイン・プロセス

1945年の暮れ、59才になっていた建築家、ルードヴィッヒ・ミース・ファン・デル・ローエ★2は、ある女性と出会います。その女性はシカゴの西方60マイルに位置するフォックス川の畔に土地を所有していて、そこに週末住宅を計画しているとミースに告げます。エディス・ファーンズワース★3。その時42才でした。彼女は幼少時からヴァイオリンを習い、一時期イタリアに留学していましたが、音楽の道を諦めて医学に進路を変更します。ノースウェスタン大学医学部を経て、シカゴで腎臓を専門とする医師として開業します。彼女は自らの週末住宅の設計者を探す際に、ニューヨーク近代美術館★4に相談をし、3人の建築家をリストアップされます。ル・コルビュジエ★5、フランク・ロイド・ライト★6、そしてミースです。結局その中から彼女はミースを選び、会うことになったのです。何度か2人で敷地を見に行った後、ミースはこの仕事を受けることにしました。結局アメリカで実現されたミース唯一の住宅の設計のはじまりでした。

1945年から47年はミースの事務所では仕事が全くない時期でした。1946年にはハーバート・グリーンウォールド★7というディヴェロッパーと出会い、翌年には「プロモントリィ・アパートメント★8」の発注をうけることになりますが、それまでミースはファーンズワース邸に没頭することになります。

ファーンズワース邸のプログラムは、ミースにとって理想的と言ってもいいものでした。そこは自然に囲まれた川沿いの土地で、自然と建築とを浸透させる試みを続けてきたミースにとっては、住宅の土地として最適だったはずです。さらにファーンズワースが独

★1——ファーンズワース邸
Farnsworth house　1951年竣工、アメリカ・イリノイ州シカゴ郊外プレイノに所在、専用住宅、鉄骨造、地上1階。広大な2段のテラスがあり、ガラスに覆われた室内にはコアを取り巻いて4つのスペースと動線が間仕切壁なしに配されている。72年からイギリスの愛好家パランボ男爵が所有していたが、現在はナショナル・トラストが管理・公開している。

★2——ルードヴィッヒ・ミース・ファン・デル・ローエ
Ludwig Mies van der Rohe 1886-1969 モダニズムを代表する建築家。ドイツ・アーヘン生まれ、ペーター・ベーレンス事務所に勤める。バルセロナ・パヴィリオン(29)、チューゲントハット邸(30)。バウハウス校長を務め、ナチスにより同校が閉鎖された後アメリカに亡命、シカゴを中心に設計・教育活動を展開した。ファーンズワース邸(51)、レイクショアドライヴ・アパートメント(51)、シーグラム・ビル(58)など。

★3——エディス・ファーンズワース
Edith Farnsworth 1903-78　アメリカ・シカゴ生まれ、イタリアに留学してヴァイオリン奏者の道を進むも、医学に転じて39年シカゴのノースウェスタン大学を卒業し、腎臓医になった。ミースとは45年にパーティで出会ったとも、ニューヨーク近代美術館のフィリップ・ジョンソンを通じて建築家として紹介されたともされる。ファーンズワース邸を72年に売却した後はイタリア・フィレンツェ郊外に住み、同地で死去した。

★4——ニューヨーク近代美術館
Museum of Modern Art. MoMA　1929年開館、近現代美術に関する今日の展示方法を確立した世界的な美術館。拡張に伴い建築、デザイン、写真、映画、電子メディアなども収蔵し、大規模な図書館も併設している。1932年に現在の土地にも拡張し、39年に現在の建物の一部が竣工した。その後フィリップ・ジョンソン(51、64)、シーザー・

*1――このあたりの事情に関しては、例えば以下を参照のこと。Franz Schulze, *MIES VAN DER ROHE: A Critical Biography*, The University of Chicago Press, 1935, p253（日本語訳、フランツ・シュルツ『評伝 ミース・ファン・デル・ローエ』澤村明訳、鹿島出版会、1987年、p274）

*2――Arthur Drexler (Editor), *The Mies Van Der Rohe Archive*, Vol.13, Garland Architectural Archives, 1992, p92-183

ファーンズワース邸へのアプローチ

身であったこと。家族のプライヴァシーに配慮する結果、個室が増え、閉鎖的な住宅が出来上がることをミースは嫌っていました。ベルリン時代から独身者向けの住宅のプロトタイプを発表し、自身も独身者的な暮らしを続けてきたミースにとって、独身者のための住宅というのは、住宅の理想型となっていたはずです。

多くの証言から設計段階までミースとファーンズワースは事実上恋愛関係にあったことがわかります。[*1] 2人は頻繁に会い、時に敷地までピクニックに出かけて行きます。ただし現場に入ると2人の関係は変容していき、高騰する建設費用と意匠上の意見のすれ違いなどによって決裂、訴訟に発展していくことになります。その後のことはともかく、ファーンズワース邸はミースにとっては異例の早さで、１９４６年の初頭には第1案が完成しています。そして47年のニューヨーク近代美術館での展覧会にこの住宅の模型が出展されます。実際に工事が着工されたのは49年の9月でした。現場の監理は、46年にミースの事務所に入所したイリノイ工科大学[★9]出身のマイロン・ゴールドスミス[★10]が担当しました。ゴールドスミスは、建築家であると同時に構造エンジニアを兼ねた人物でした。そして、竣工は51年になりました。

敷地はフォックス川北側の約7エーカー（約2万8000平方メートル）。敷地の北側にはリバー・ロードが走り、ファーンズワースはこの道路から車をアクセスさせ、駐車スペースを作っています。建物はフォックス川に寄せて配置しており、東、西、北には森のヴォリュームが囲って道路から緩衝領域を作り出していることがわかります。建設後西側にフォックス・リバー・ドライブが開通したことによってその静寂はいくらか妨げられたと言われます。

計画案の変遷を見てみましょう。日付がないため確定はできないものの、１９４６年初頭の第1案の完成の前に描かれたのではないかと考えられるミース自身のスケッチが、ガーランド版のアーカイ

ペリ（83）、谷口吉生（04）らにより増築され、現在の姿になった。55年には吉村順三による仮設の住宅展示も行われている。

★5――ル・コルビュジエ
Le Corbusier 1887-1965 モダニズムを代表するフランスの建築家でピュリスムの画家。スイス、ラ・ショー＝ド＝フォン生まれ、本名はシャルル＝エドゥアール・ジャンヌレ。オーギュスト・ペレ、ペーター・ベーレンスの事務所を経て独立。サヴォワ邸（29）、ソヴィエトパレス計画（30）、ユニテ・ダビタシオン（52）、ロンシャンの礼拝堂（55）、ラ・トゥーレット修道院（60）など。ドミノ・システム、近代建築の五原則などを発表しメディア・言説でも大きな影響力をもった。

★6――フランク・ロイド・ライト
Frank Lloyd Wright 1867-1959 アメリカの建築家。ル・コルビュジエ、ミース・ファン・デル・ローエと並び、20世紀建築の三大巨匠のひとりとされる。アメリカ・ウィスコンシン州リッチランドセンター生まれ。ルイス・H・サリヴァンの事務所などに勤めた後独立。サリヴァンの事務所では主に住宅の設計を担当する一方、サリヴァンの代表作、オーディトリアム・ビルの設計にも関わる。自然から学ぶ有機的な形態を建築構造に組み込み、密度の濃い空間を作り上げた。代表作に、落水荘（カウフマン邸、36）、グッゲンハイム美術館（59）などがある。

★7――ハーバート・グリーンウォールド
Herbert Greenwald 1915-59 アメリカの不動産業者。シカゴ大学で哲学の博士論文を準備していたが、第二次大戦から復員後、シカゴで不動産開発を始めた。ライト、ル・コルビュジエ、グロピウスらにアプローチをかけた後、プロモントリィ・アパートメントの設計をミースに委ねることにした。この開発が成功し、レイクショア・ドライヴ860～880番地アパートメント（49～51）を含む、シカゴやデトロイトなど10以上のプロジェクトでミースと協働したが、ラガーディア空港での航空機事故により死去。

フォックス川が迫る立地

ファーンズワース邸の模型を見るミース

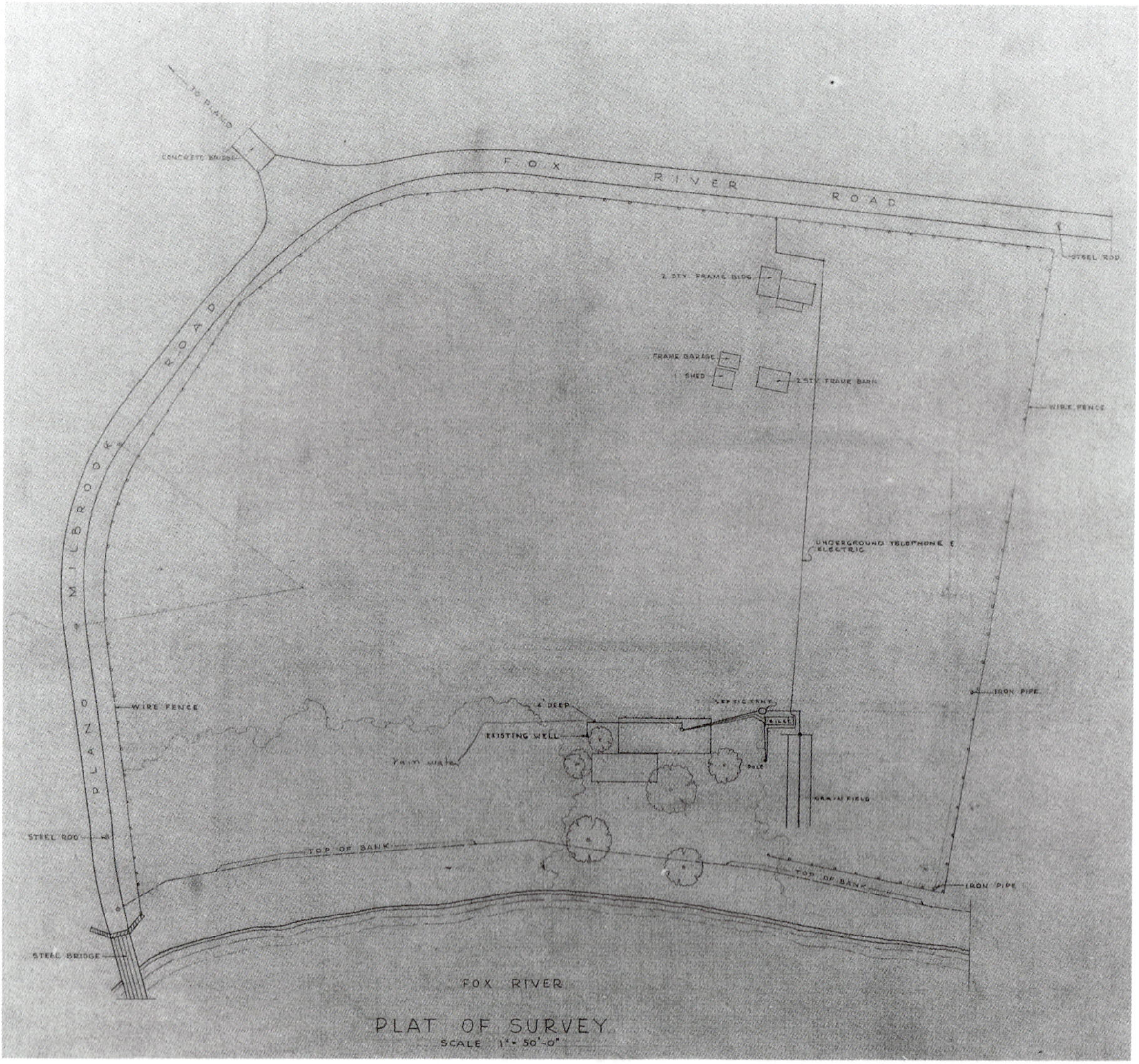

ファーンズワース邸　敷地図

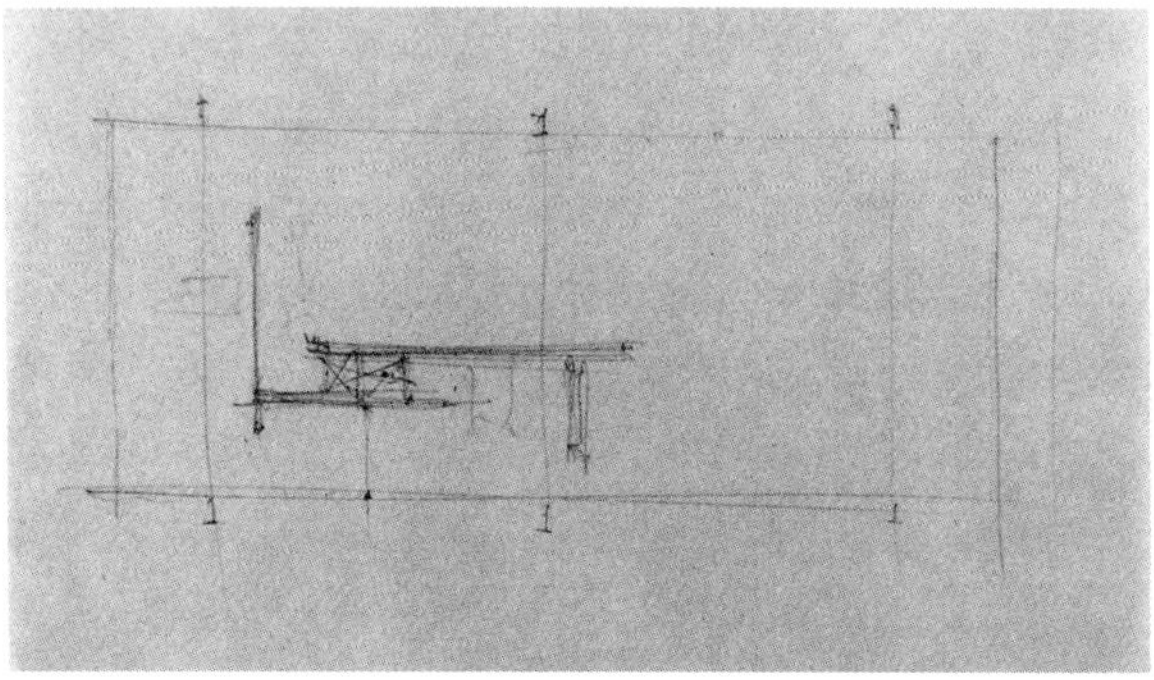

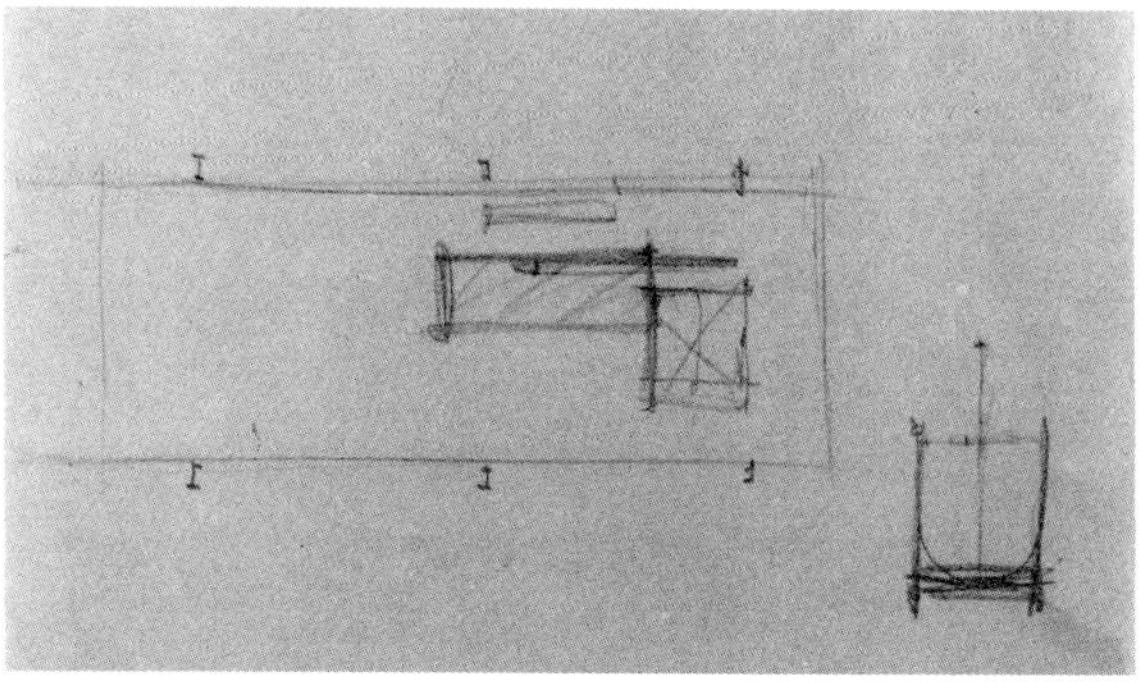

ブの中から4枚見出すことができます。[*2] この他にも数多くのスケッチが描かれたと言われています。この4枚は壁の面の水平垂直の組み合わせによって空間の領域化をスタディしていて、まだはっきりとコアのヴォリュームが閉じた箱として規定されていません。1枚ずつの水平垂直の壁の組み合わせがL字型に近い形になり、それが2組近づいていく。するとその2組が近づいた接点あたりに閉じた領域を作れることを発見する。その領域にトイレやシャワーや機械室などを入れるときれいに納まりそうな感じではあるが、そのためにはヴォリュームを大きくしていく必要がある。そうしていくうちに線の構成は内側が膨らんで1つの閉じたヴォリュームへと変容していったようです。最終実施案ではコアの側面の小口がやや突き出して袖壁状の面を構成しています。この袖壁の空間表現上の効果はとても大きいと思います。コアが鈍重な箱に感じられず、面に分解して知覚されるからです。この袖壁は当初壁の構成からはじまったことの名残だと言えるでしょう。

1946年初頭の第1案では、コアの大きさが最終実施案よりも小さくプロポーション[★11]も最終実施案よりも横長になっています。第1案では建物のヴォリュームとコアがほぼ相似形のプロポーションとなっています。そのため最終実施案よりも西側にスペースが大きく余り間が抜けた印象を与えています。第1案の最大の特徴は、そのアプローチにあります。最終実施案と同じくフォックス川方向へとつながる階段は第1案から存在していますが、その他に北側からもテラスにアクセスする階段が設けられています。リバー・ロードからのメイン・アクセスが北側からなわけですから、むしろ素直なアプローチだとも言えます。アプローチは北側からまっすぐ直線的にテラスまで上がってから振り返って建物へ、そして室内からフォックス川へは川へ向かってまっすぐ南へ階段を降りていく。そんな動線が想定されていたのでしょう。しかし結局最終実施案では

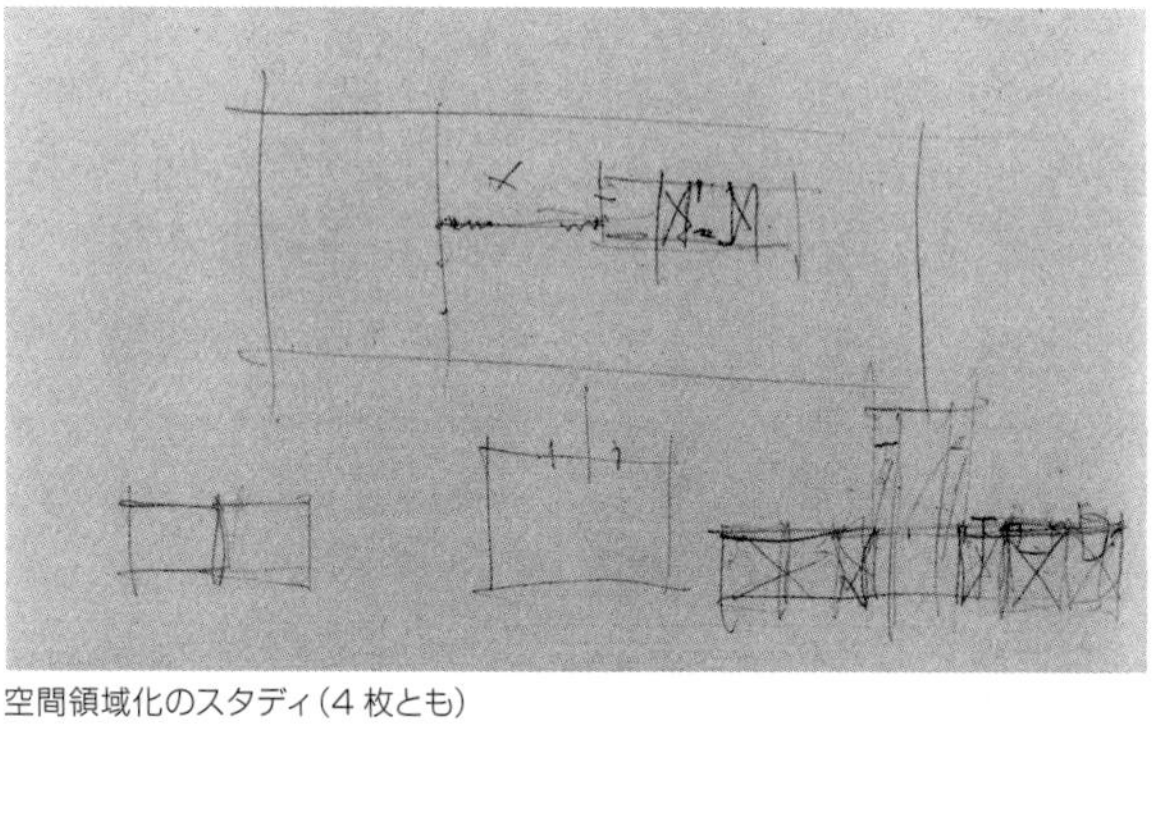

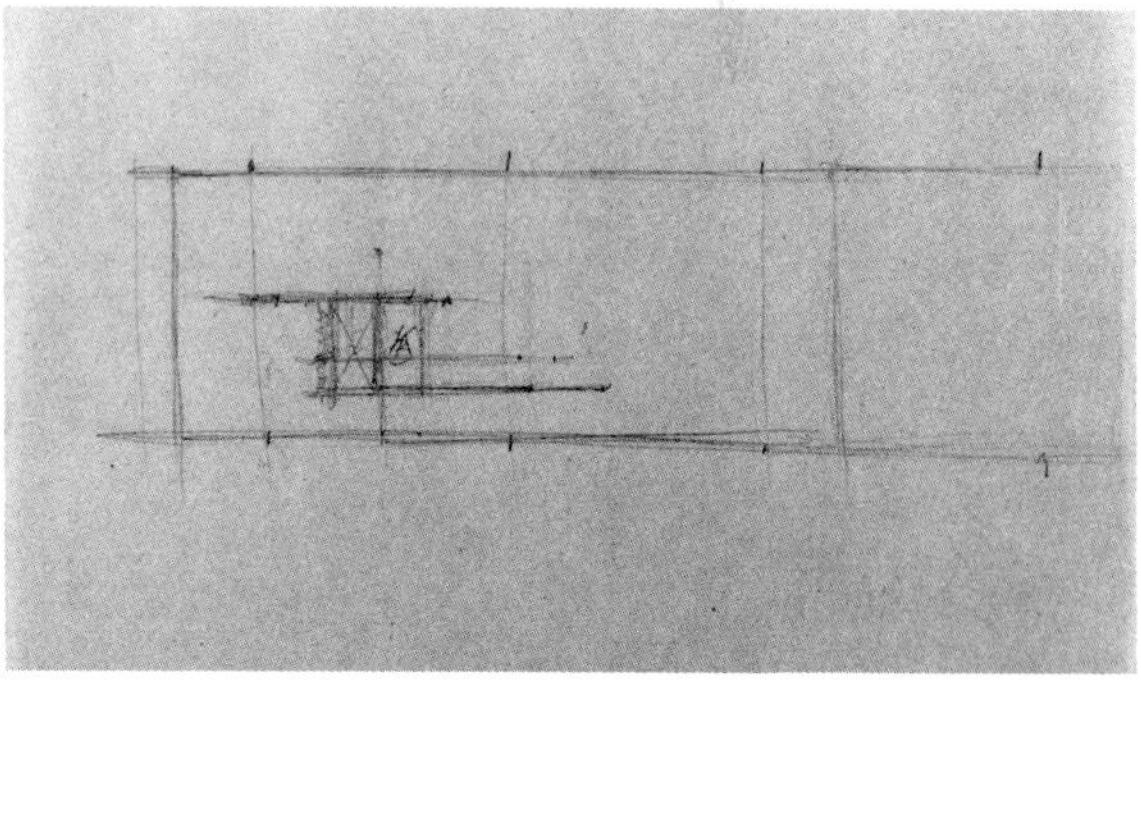

空間領域化のスタディ（4枚とも）

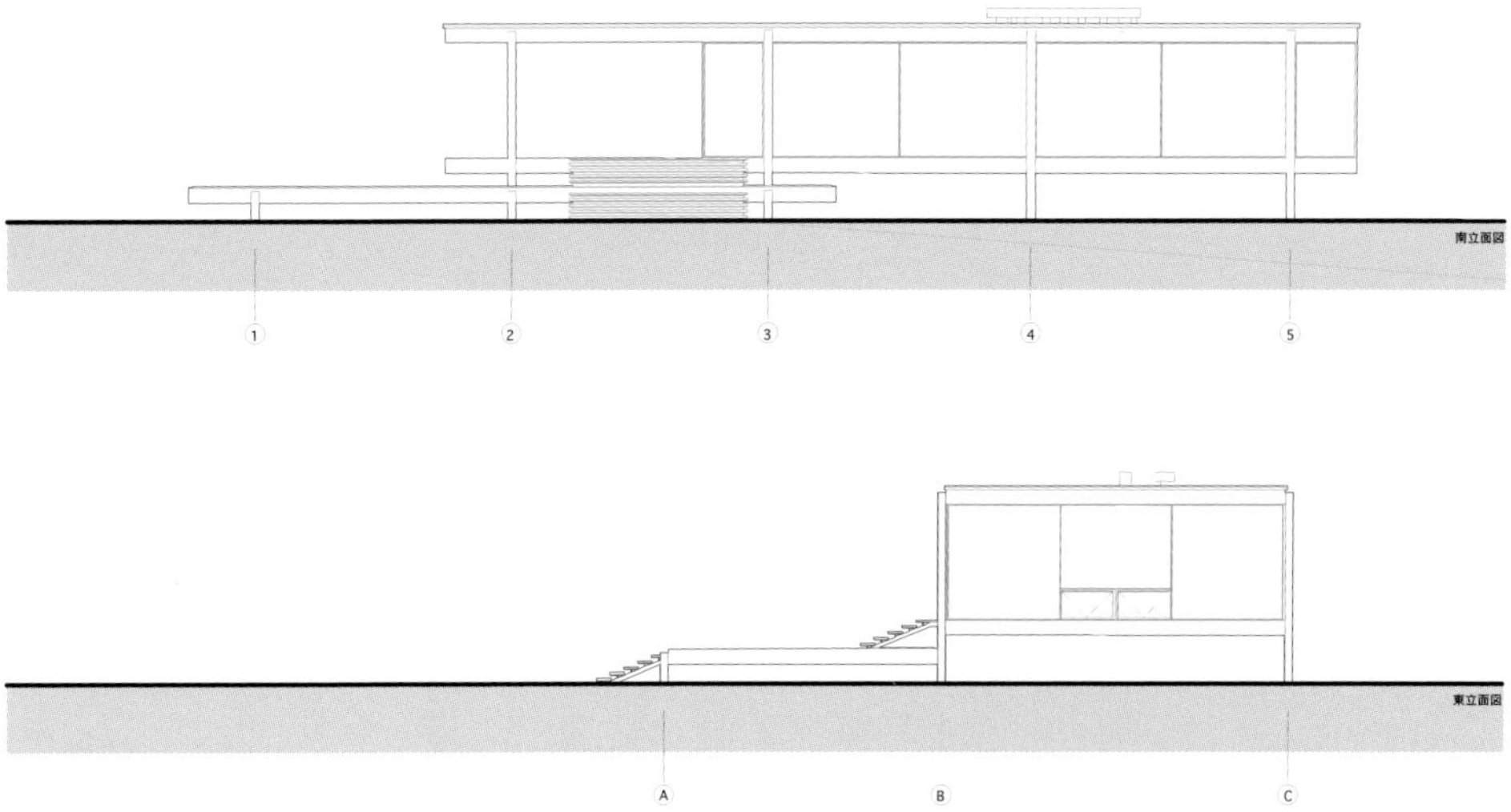

1/300

ファーンズワース邸　立面図

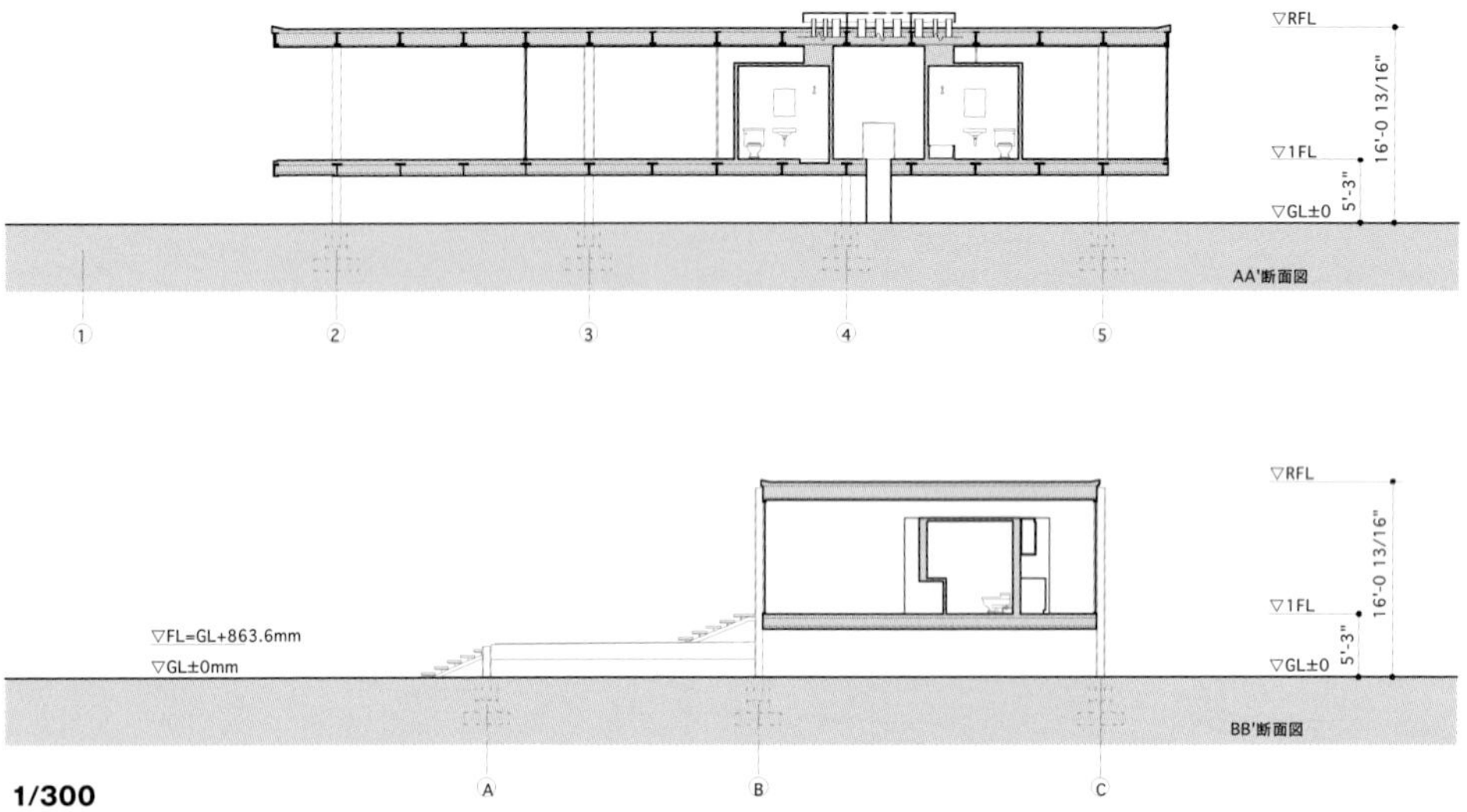

1/300

断面図

★8——プロモントリィ・アパートメント
Promontory Apartments　1949年竣工、鉄筋コンクリート造、22階建て、122室。各室からミシガン湖への眺望を確保するという、後のレイクショア・ドライヴにつながる発想を、コンクリートによる柱梁構造で実現した。竣工後空調ユニットが普及し、外壁面に突出して取り付けられていたのを改めて収めるよう、66年にミースが改修している。

★9——イリノイ工科大学
Illinois Institute of Technology　アーマー工科大学とルイス研究所の合併により1940年設立された私立の研究大学。ミースがキャンパス計画を担当し、建築コース教員も担当した。その他に建築工学など理工分野、ビジネス、デザイン、法律などのコースもある。プリツカー賞を創設したジェイの弟で卒業生のロバート・プリツカーらの寄付で、ミースの計画が完成した後初の新棟が、それぞれレム・コールハースとヘルムート・ヤーンの設計により2003年に竣工した。

★10——マイロン・ゴールドスミス
Myron Goldsmith 1918-96　アメリカ・シカゴ生まれ、建築家。39年、イリノイ工科大学卒業後、工兵隊を経て師ミースの事務所に46年入所、53年にローマ大学でピエール・ルイジ・ネルヴィの許に留学するまで勤務した。55年からはSOMに入所し、当初は構造技術者としてサンフランシスコ空港ユナイテッド航空格納庫（58）、その後建築家として仕事を重ね、マクマス＝パース太陽観測所（62）、ラッカチャッキー橋計画（78）などに携わった。61年からはイリノイ工科大学教員も務めた。

★11——プロポーション
proportion　比例関係。伝統的には柱の太さと長さ、あるいは壁面の縦横の寸法、室内の天井高と部屋の寸法との関係などを指す。

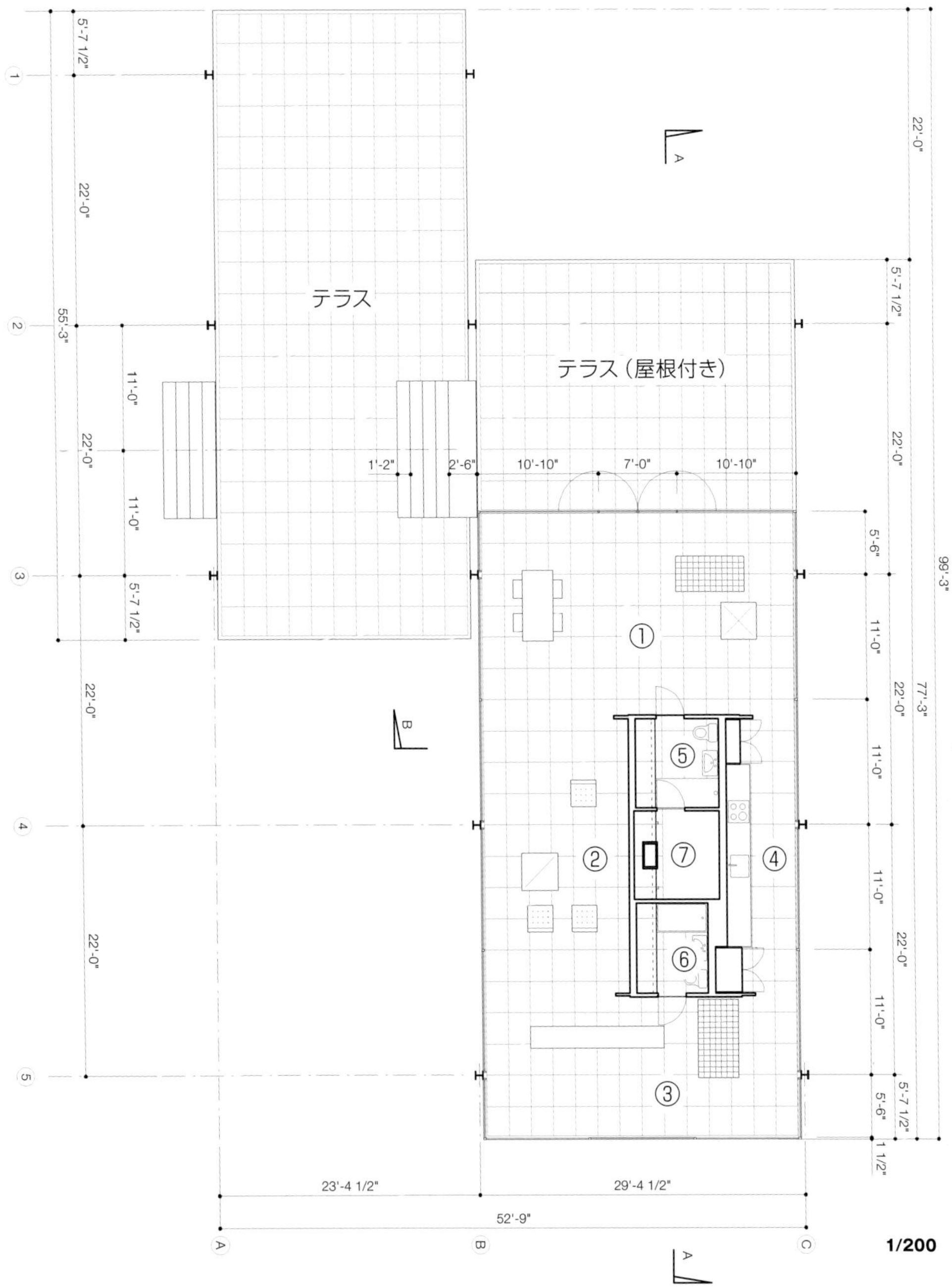

対応するアクティヴィティ
①食べる　②くつろぐ　③寝る　④炊事する　⑤・⑥トイレ・洗面　⑦風呂

ファーンズワース邸　平面図

北側の階段はなくなり、アプローチは南側からのみとなりました。それによって、少し迂遠ではあるものの、建物を横目で眺めながら東を迂回して南に回りこむ回転するアプローチが出来上がることになりました。

批評と神話

ファーンズワース邸の影響は、広く拡散していきました。その中でも特に2つ注目すべき住宅があります。

1つはイリノイ工科大学でのミースの学生だったジャック・ブラウンソン[★12]が設計した「鉄とガラスの家」です。[*3]ブラウンソンは1948年に同校で学士号をえて、その後ファーンズワース邸とクラウン・ホール[★13]の構造原理を応用したこの住宅を1952年から54年にかけてイリノイ州ジェニーヴァに設計します。天井面から鉄骨梁が露出し、天井面は梁から吊られています。梁と天井面は、吊られているという事態を明確に表すようにあえて隙間を残しています。柱の見付と梁の見付を揃えて柱が天井面を突き抜けて垂直性を強調している点は、1965年に竣工したクラウン・ホールにとてもよく似ています。柱が屋根スラブ[★14]の端部に納まるのではなく、柱から屋根スラブがキャンティレバー[★15]で持ち出しているところはファーンズワース邸に近い。決定的な違いは、床の扱い方です。ブラウンソンは地面と室内とのレヴェル差を極力なくして、室内床と屋外地面との連続性を作り出そうとしています。ファーンズワース邸は高床で床スラブも浮かせていますから、この違いが浮き立ちます。

この住宅に、もう1つの、フィリップ・ジョンソン[★16]の「ガラスの家[★17]」を並べてみましょう。[*4]ジョンソンはミースをアメリカに招致するのに中心的な役割を果たした人物です。実現はしなかったもののアメリカでの最初のプロジェクトだった「レザー邸[★18]」の施主をミー

*3——John Zukowsky(organaiser), *Mies reconsidered: His Career, Legacy, and Disciples*, Rizzoli, 1986(日本語訳、K・フランプトン他『ミース再考：その今日的意味』澤村明＋EAT訳、鹿島出版会、1992年、p203)

*4——フィリップ・ジョンソンの「ガラスの家」の詳細に関しては以下が詳しい。Stover Jenkins and David Mohney, *The Houses of Philip Johnson*, Abeville Press Publishers, 2001, p60-93

*3〜4 ★12〜16

★12——ジャック・ブラウンソン
Jacques Brownson 1923-2012 建築家。アメリカ・シカゴ郊外オーロラ生まれ、イリノイ工科大学でミースに学び48年卒業、54年に鉄とガラスでできた一層の「鉄とガラスの家」を建てた。コンティネンタル保険(62)、シカゴ・シヴィックセンター(現・デイリーセンター、65)、シカゴからデンヴァーに転居した後オーレイリア高等教育センター(72)、コロラド州庁舎(76〜86)などを設計。イリノイ工科大学では48年から59年まで教職にあった。

★13——クラウン・ホール
Crown Hall 1956年竣工、イリノイ工科大学建築学部校舎、鉄骨造、地下1階、地上1階。鉄とガラスで構成され、キャンパスの中央に位置する。220フィート×120フィート(67m×36m)の箱形で、地下階は小部屋に分かれ、地上階は一体の大空間となっている。4本の大梁によって屋根を支持して、内部が機能を変化させても外観が変わらないよう配慮している。01年には合衆国国定歴史建造物に指定された。

★14——スラブ
slab 鉄筋コンクリート造(RC造)の建築物で用いられる、水平方向の面的構造体。すなわち床面、天井面、屋根面を平行に支持し、柱や壁と垂直に交わってこれらをつなぐ構造部分を指す。

★15——キャンティレバー
Cantilever 通常、スラブや梁(水平の軸材)はその両端部が柱や壁によって固定されるが、キャンティレバー(片持ち梁)では一方が固定されるのみで、他方は柱や壁など上下から支えるものがない。宙に浮いたように見せることができ、視覚的により軽やかな印象を与える。

★16——フィリップ・ジョンソン
Philip Johnson 1906-2005 建築家。アメリカ・クリーヴランド生まれ。27年に古代哲学でハーヴァード大学を卒業し、欧州での建築体験を元に30年にMoMA建築部門を立ち上げた。32年にはミース、グロピウス、ル・

フィリップ・ジョンソン「ガラスの家」

ジャック・ブラウンソン「鉄とガラスの家」

スに紹介したのもジョンソンでした。ジョンソンはファーンズワース邸の竣工よりも早くこのガラスの家を完成させています。ガラスの家の着想がミースからのものであることをジョンソンは認めています。1945年には、大判のガラスだけで囲われた家を作る可能性が、ミースからジョンソンに語られていたといいます。そしてミースによるファーンズワース邸のスケッチを見た時、ガラスの家のスタディを始めたということです。

ミース「イリノイ工科大学　クラウン・ホール」

ミース「レザー邸」 模型

コルビュジエらを採り上げた「インターナショナル・スタイル——1922年以降の建築」展を開催。ジャーナリズム、軍務を経て再びハーヴァードでグロピウスらの下で建築を修めた。卒業後設計を開始し、ガラスの家(49)、シーグラム・ビル(56)、MoMA彫刻庭園(64)、AT&Tビル(現ソニービル、84)などを手がけ、ガラスの家で死去。

★17——ガラスの家
The Glass House　1949年、アメリカ・コネティカット州ニュー・カナーンに竣工、鉄骨造、平屋建。17×10×3mの鉄とガラスで構成されたフィリップ・ジョンソンの週末用自邸。家具は低く抑えられ、煉瓦製の円筒のみが床から天井の上まで貫き、浴室を内蔵している。19万平方mの土地には、煉瓦のゲストハウスなど附属建物がジョンソンの手によって建てられている。ジョンソンと、パートナーで美術批評家のデイヴィッド・ホイットニーの2005年の相次ぐ死去の後、土地と建物はナショナル・トラストが所有し、07年から公開されている。

★18——レザー邸
Resor House　1937年にフィリップ・グッドウィンによる設計を引き継いで、ミースがアメリカ・ワイオミング州ジャクソンホールにあるヘレン&スタンレー・レザー夫妻の牧場内に計画していたもの。素材がほぼ決まっており、一部は購入されていたものの、条件面で難航しプロジェクト中断も挟んでいた。最終的に43年に建物が跨ぐ予定だった河川の洪水で基礎が押し流されたことで、計画はなくなった。バルセロナ・パヴィリオンやチューゲントハット邸同様の十字柱を使用し、平面計画も単一の箱へと次第に変化していた。

とはいえ、構築のシステムはファーンズワース邸と大きく異なっています。最終案に辿り着くまでに多くのスキームが残されていますが、最終案を見てみましょう。H形鋼の柱の上に梁を載せ、柱型は室内に露出しています。コーナーに柱を配しているため構造のフレームを閉じ、より箱型が完結した印象を与えます。内部はファーンズワース邸と同じようにワンルームで、いくつかのアクティヴィ

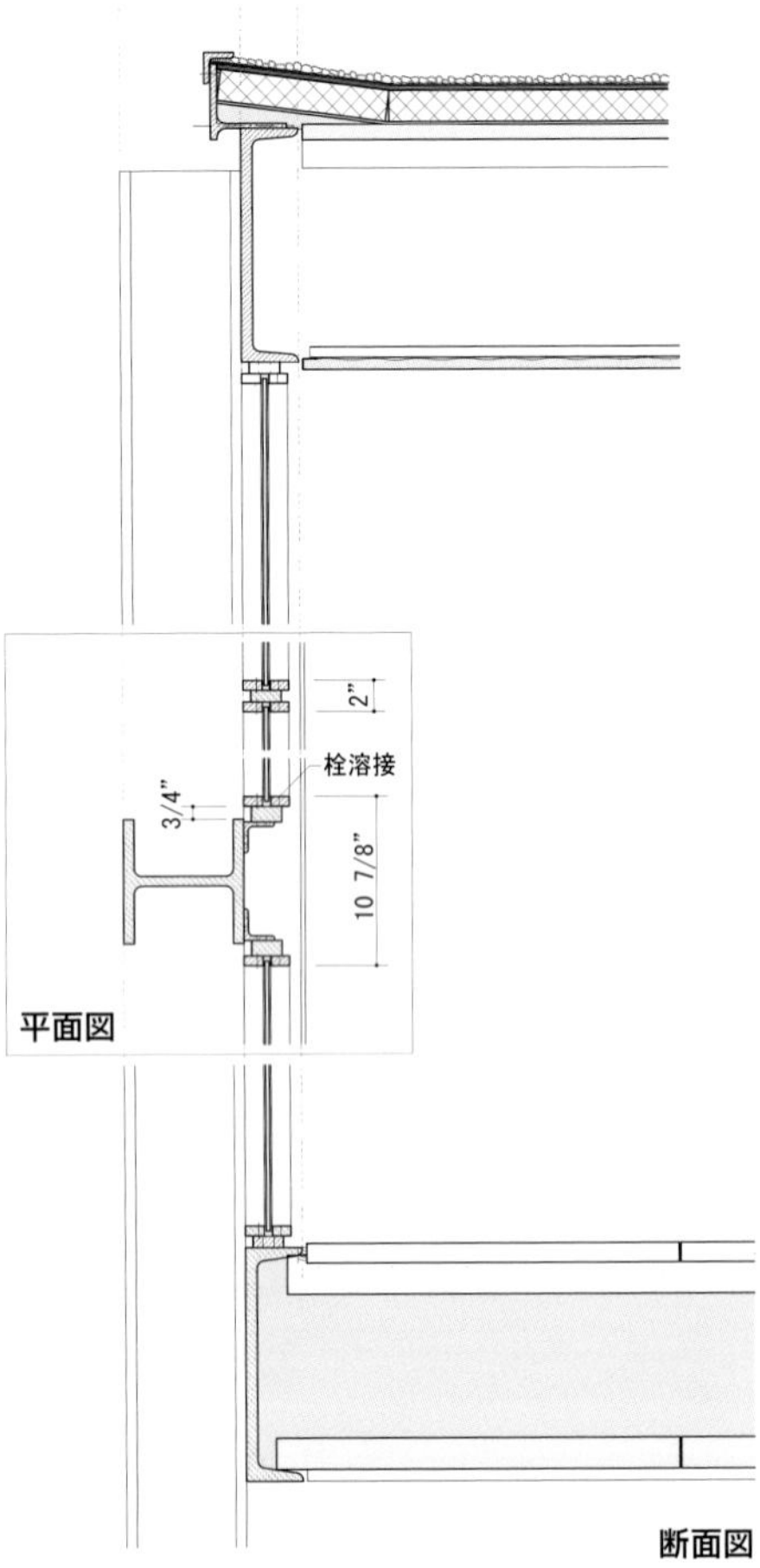

ファーンズワース邸
柱と梁の取り合い詳細図

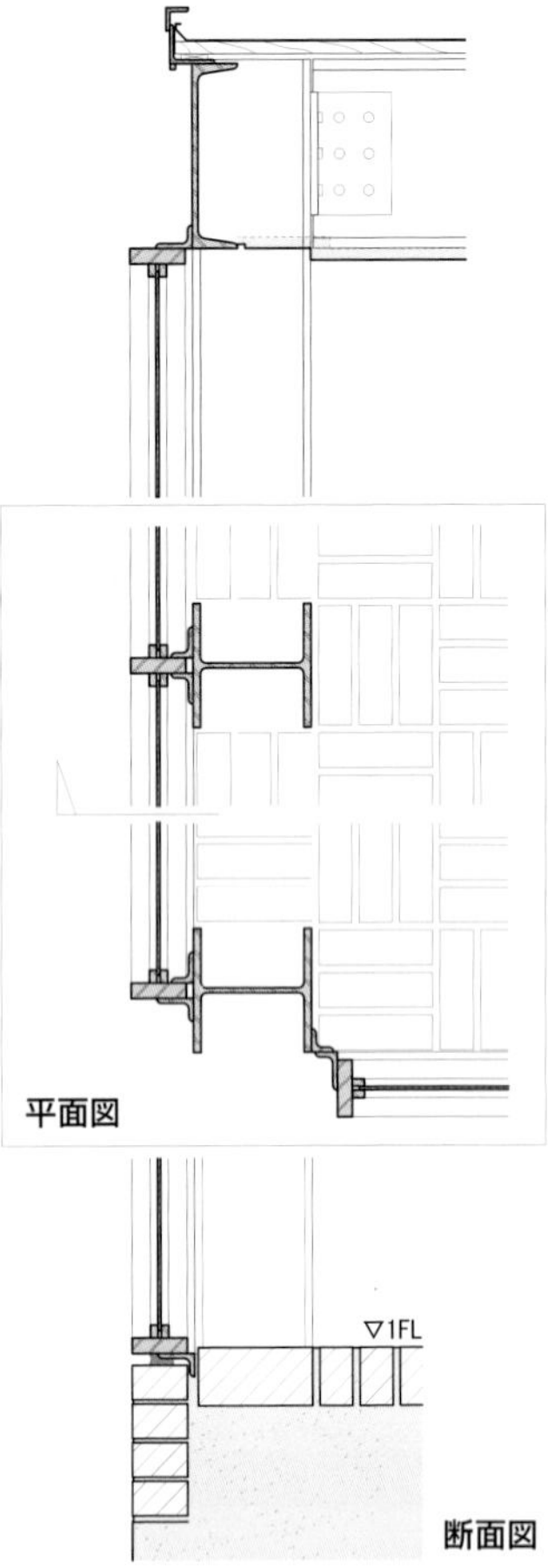

フィリップ・ジョンソン「ガラスの家」
柱と梁の取り合い詳細図

ニコラ・プッサン「われもまたアルカディアにありき」

ティを支える家具が分散配置されています。その点はファーンズワース邸にきわめて近い。さらにガラスの家にはニコラ・プッサン[★19]の油彩絵画「われもまたアルカディアにありき」が展示されています。この絵画は、ジョンソンが憧憬する田園の中の高貴な生を象徴しているのでしょう。ただしコアはレンガ貼りの円筒形で、屋根を貫通して突出しています。室内の床レヴェルが地面のレヴェルに近く設定されているのは、ブラウンソンのガラスの家と同様で、外部との連続性を意図してのことでしょう。鉄骨とガラスの構築から生み出される空間の流動性は圧倒的にファーンズワース邸の方が優れているし、床レヴェルを下げて連続性を意図したジョンソンのガラスの家よりも、高床にしたファーンズワース邸の方が逆説的に周辺の自然との関わりが強まっている。レヴェル設定やサッシ方立て、柱梁のディテールなど複合的な要因から、ガラス自体の透過度とは別の意味での透明性に違いが出てきているのだと思います。

ジョンソンは自らのガラスの家とファーンズワース邸との違いを、「経過性」という概念を使って説明しています。[*5] ジョンソンによれば、ガラスの家はアプローチに神経を使っていると言います。車を降りた訪問者がすぐ目の前に家を見ることがないようにし、角を曲がって45度の角度から初めて家が目に入ってくることを意図したと言います。それによって建物の見え方に深みを与えるという訳です。これを彼はギリシャ的原則と呼んでいます。おそらくアクロポリスの配置計画と視覚の論理を想定しての発言だろうと思われます。そして家の中にも経過性があると指摘し、玄関ホールからゆるやかに居間へと導き入れる流れがあるのだと言います。しかしジョンソンの意図とは別に、こうした経過性こそミースがカール・フリードリヒ・シンケル[★20]の影響のもとに追求してきたものだったのであり、18世紀の古代遺跡の発掘によって見出されたギリシャの原則などをふまえた建築の探求が、ミースの中に連綿と流れこんでいるからこ

＊5――ジョンソンは、オーギュスト・ショワジーによるアクロポリスの配置の分析や、それを学んだル・コルビュジエの言説をよく知っていた。そしてアクロポリスの配置がのちにイギリス風景式庭園におけるピクチャレスク理論の形成に大きな影響を与えたことをふまえて、自らの経過性の理論を構築している。

★19――ニコラ・プッサン Nicolas Poussin 1594-1665　画家。フランス・ノルマンディー生まれ。ローマ修業時代の作品が母国で名声を博し、ルイ13世の宮廷に1640年から2年仕えた以外のほとんどの画業をローマでなした。バロック期にあって風景を伴う宗教・歴史・伝説画など古典主義的な画題と作風を特長とした。主題にも悲劇と死が多く、「われもまたアルカディアにありき」(Et in Arcadia ego、1630年代末。2枚、ルーヴル美術館／チャッツワース・ハウス。ルーヴル美術館でのタイトルは「アルカディアの牧人たち」)はこの標語が刻まれた墓碑の周りに4人の羊飼いが集う構図である。この標語の一人称は一般には擬人化された死と考えられ、全体としてメメント・モリの画題となっている。群像を後退させ風景を前面に押し出した点で風景画の発展にも寄与した。またダヴィッド、アングル、セザンヌら後世の画家に強い影響を与えた。他に「ゲルマニクスの死」(28年、ミネアポリス美術館)、「サビニの女たちの略奪」(33～34年、ルーヴル美術館)、「四季」(60～64年、ルーヴル美術館)など。

★20――カール・フリードリヒ・シンケル Karl Friedrich Schinkel 1781-1841　建築家。ドイツ・ブランデンブルク州ノイルピン生まれ。ダヴィッド&フリードリヒ・ジリー親子の下で建築の修業後、当初は画家として活動。カスパー・ダヴィド・フリードリヒの絵画を見て建築家に転身。首都ベルリンのスペクタクルを演出すべく、フランスが重んじたローマ風と異なるグリーク・リヴァイヴァルを図り、厳正な幾何学に基づく新古典主義建築を手がけた。ノイエ・ヴァッへ(1816年)、王立劇場(21)、旧博物館(28)、フリードリヒ・ヴェルデルシェ教会(31)、建築アカデミー(36)など。

＊5　★19～20

Heavenly Houses 6
ファーンズワース邸／ミース・ファン・デル・ローエ

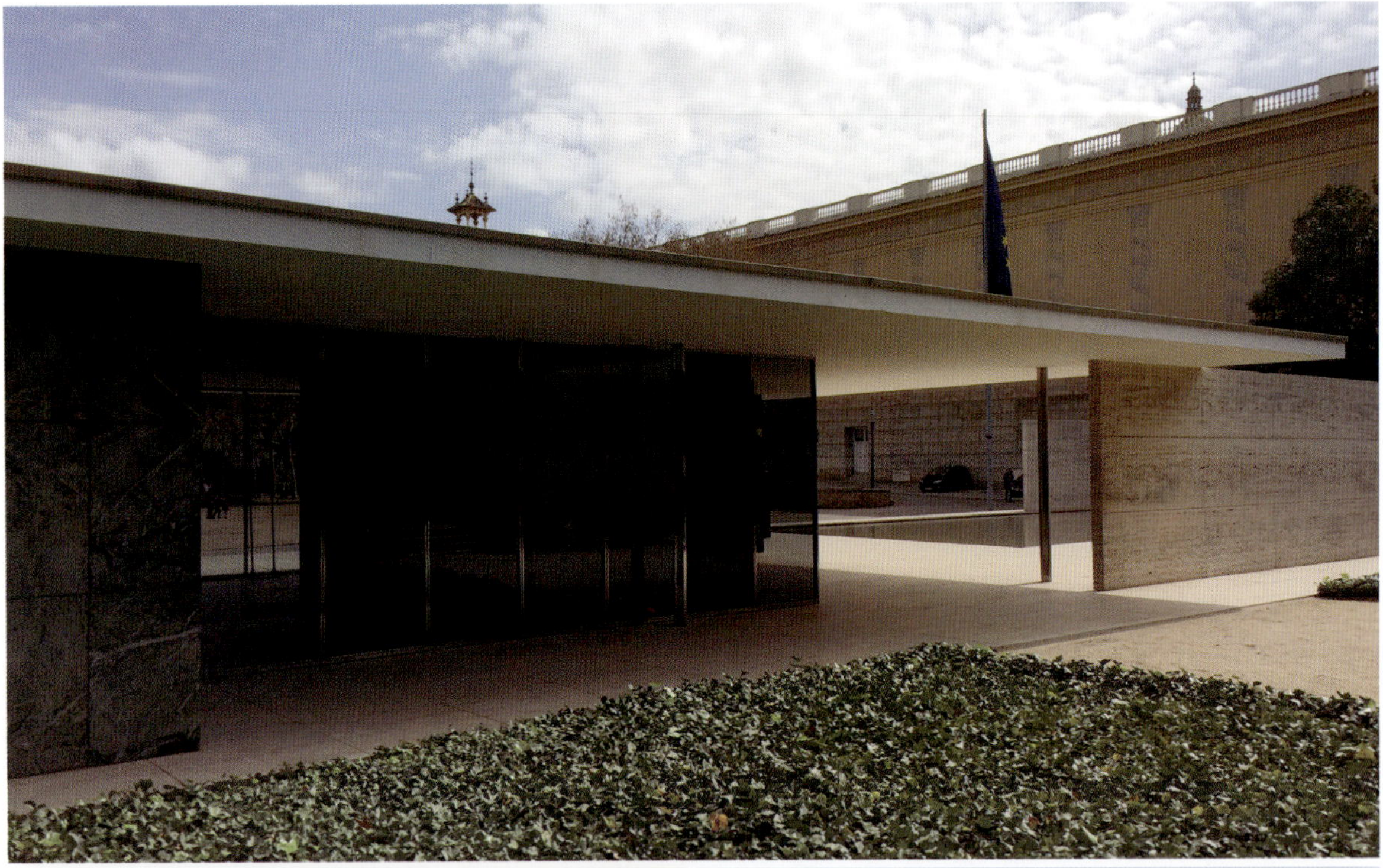

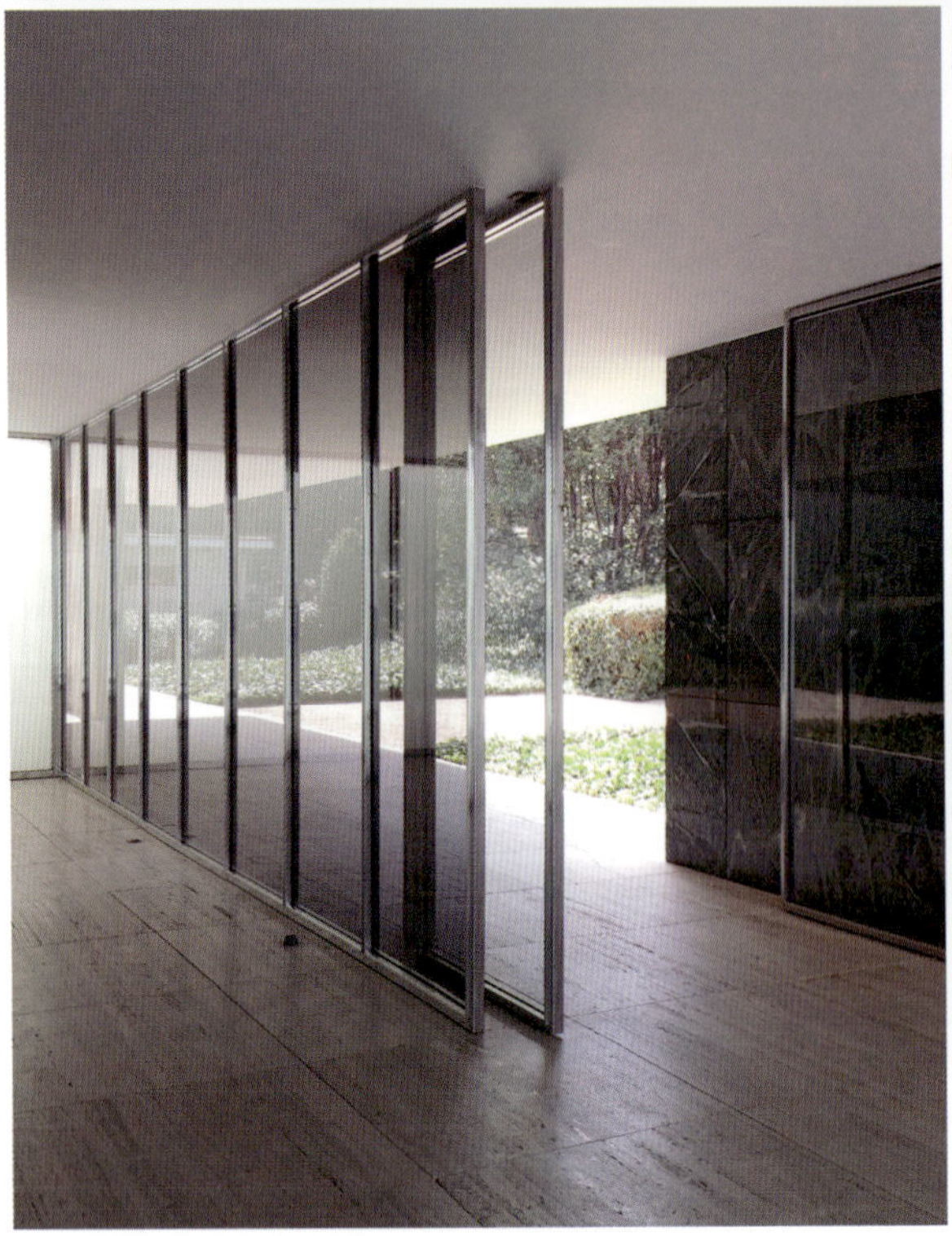

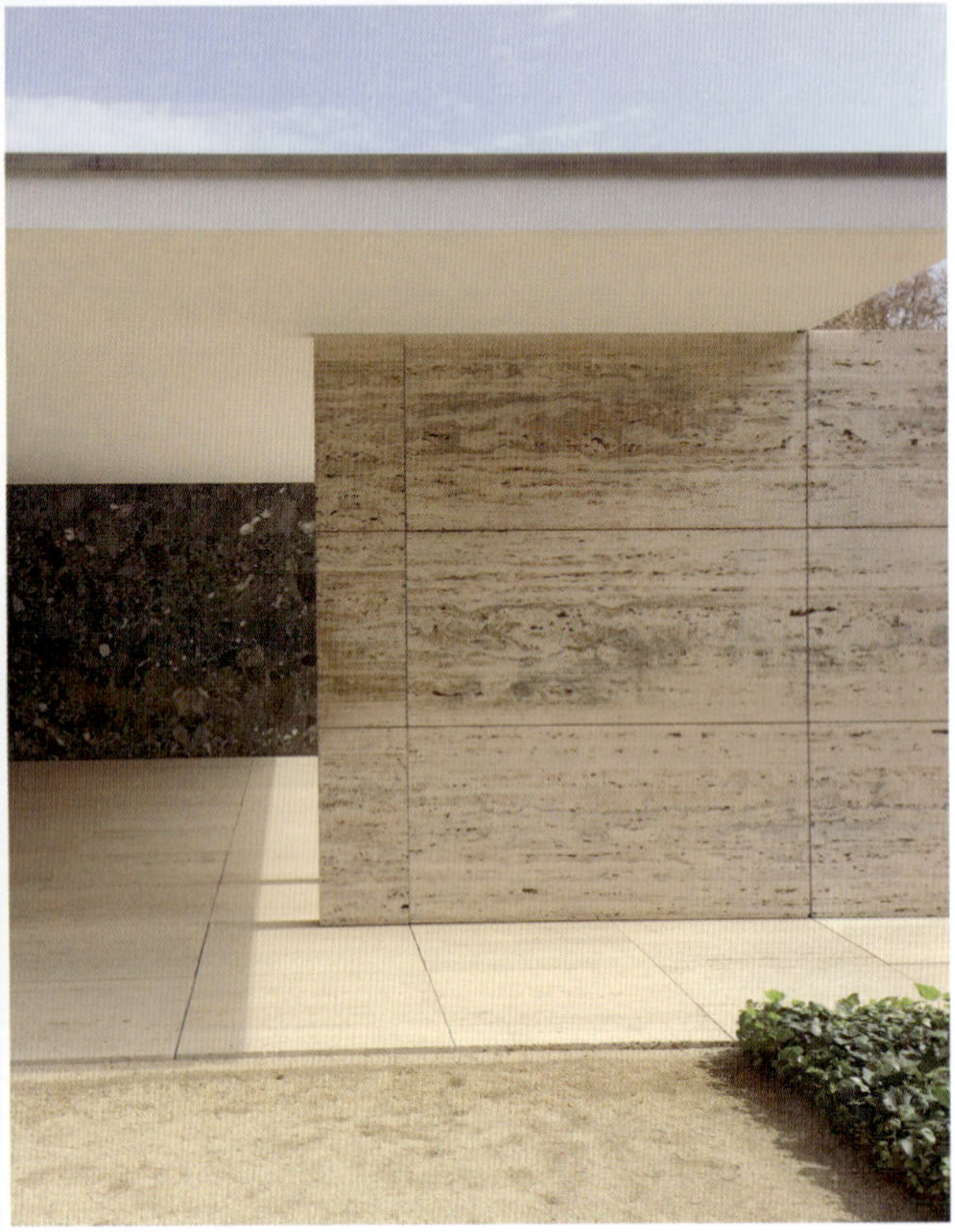

ミース「バルセロナ・パヴィリオン」 壁の構成によって空間に流動を生み出す

そ生まれたものだったのです。ジョンソンは、ギリシャの視覚原理をよく知っていたシンケルの影響がミースに色濃く投影されていることを別に論じていますから、知らなかったはずはなかったのです。ファーンズワース邸が生み出した、双子ともいえるこれらの住宅を起点にして、微妙に異なる複製はその後も続いていきます。こうしてファーンズワース邸は近代建築のアイコンとしての地位を確立させていきます。

その一方で、ファーンズワース邸は竣工後多くの批判の対象にもなっていきます。ミースへの訴訟を起こした施主のファーンズワースに取材したエリザベス・ゴードン[★21]は、1953年4月号の『ハウス・ビューティフル』誌に「次なるアメリカへの脅威」という論文を寄せます[＊6]。彼女はある種の人間主義的観点からミースの建築を冷たく不毛で軽薄なものだと評し、さらにそこからインターナショナル・スタイルとバウハウス批判へと論を発展させていきます。本来人間を包みこむべき建築に備わっているはずの暖かみと深みを簒奪《さんだつ》するインターナショナル・スタイルは、アメリカの建築文化を不毛なものに追いやってしまうというわけです。今でもファーンズワース邸に対する拒否反応は、これに類するものが多いようです。

フランク・ロイド・ライトのファーンズワース邸に対する批評は、その全体主義的な思想に矛先が向けられています[＊7]。バルセロナ・パヴィリオン[★22]などのミースのドイツ時代の作品群は、壁の構成によって流動する空間を実現しており、そこにライトの影響も多分に含まれていたことから、ライトはミースがシカゴに来た時には大絶賛して迎えています。しかしファーンズワース邸に至って、箱の構成に戻りワンルームの空洞のような空間が生み出されると、ライトはそれを全体主義的で、モダニズムの進化というよりは古典主義への回帰に過ぎないと厳しく批判します。ミースは、ライトのこうした批判を事実上無視することになります。

＊6――Elizabeth Gordon, The Thread to the Next America, *House Beautiful*, April, 1953

＊7――Franz Schulze, *MIES VAN DER ROHE : A Critical Biography*, The University of Chicago Press, 1985, p259（日本語訳、フランツ・シュルツ『評伝ミース・ファン・デル・ローエ』澤村明訳、鹿島出版会、1987年、p281）

★21――エリザベス・ゴードン
Elizabeth Gordon Norcross 1906-2000 編集者。アメリカ・インディアナ州ロガンズポート生まれ。シカゴ大学卒業後20年代から『ニューヨーク・ヘラルド＝トリビューン』紙、『グッド・ハウスキーピング』誌などで執筆を開始し、1939年から編集者として入った『ハウス・ビューティフル』誌を、41～64年に編集長として率いた。53年の論考「次なるアメリカへの脅威」でインターナショナル・スタイルとミースやル・コルビュジエを批判し、フランク・ロイド・ライトを擁護。日本の「渋い」を美的概念として米国に紹介した。編集長辞任後はフリーのデザイン・コンサルタントとなった。同誌は1896年に創刊され現在に続く室内装飾の雑誌で、ニューヨークをベースに現在年10回刊行。ゴードンほど長く在任した編集長は現在のところいない。

★22――バルセロナ・パヴィリオン
Barcelona Pavillion 1929年、バルセロナ万博におけるドイツ館としてミースが設計。翌年には解体され、86年に再現されてエスパーニャ広場そば、万博のメイン展示館だったカタルーニャ美術館の麓に現存している。ゲオルク・コルベによる彫刻「朝」や、大理石、オニキス、トラヴァーチンなど模様の入った石材などを多用し、十字柱を構造体とし、独立したガラス壁や水盤を利用して軽やかな印象を与えた。バルセロナ・チェアはこの際特別に設計された家具。

ミース批判として最も人口に膾炙《かいしゃ》したのは、ロバート・ヴェンチューリ[★23]でしょう。[*8] ヴェンチューリは近代建築の還元主義的な操作を批判し、それを代表しているかのようなミースの「レス・イズ・モア（Less is More）」を「レス・イズ・ボア（Less is Bore）」と読み替えています。彼は近代建築が追求した純粋化と単純化を否定して、多様性と対立性を称揚していきます。これがいわゆるポストモダニズム[★24]の理論的なバックボーンになったことはあまりにも有名です。この本は全体として仮想敵としてのミースが想定されていますが、過度に単純化してミースを捉えているように感じられます。例えば建築が多重の機能を持つことを称揚する章では、ミースのイリノイ工科大学が完全な分棟形式で機能が分化されてしまっていることを批判しています。しかしそのキャンパス内にあるクラウン・ホールは、後で論じますが、まさに多重の機能が重ね合わされた場所として設計されていたはずです。ヴェンチューリのテクストを注意深く読むと、彼が提示する明快な図式に対して慎重な言説が見出されます。例えば単純性と多様性は完全に対立する概念であるとは限らず、単純化の追求が多様性を生み出しうる可能性もあると論じています。ミースは、試みとしては単純化と多様性を合成させようとした建築家なのであり、ヴェンチューリはその点をあえて見ないようにしていると思います。

　近代建築史家のウィリアム・ジョーディ[★25]は、ミースの建築をめぐって均質空間論の原型となるような次のような分析をしています。[*9]

《シカゴのイリノイ工科大学の校舎群のような巨大なガラスの箱は、そこでなにが行われようとも、トランクがなんでも収納してしまうように、収容する。（中略）そこではなにが行われてもよいくらい広大で機械化された空間は、最大限のフレキシビリティという機能性を持っており、それゆえにそうした空間は、将来ながく要求されつづけるであろう》。

*8——Robert Venturi, *Complexity and Contradiction in Architecture*, The Museum of Modern Art New York, 1966（日本語訳、ロバート・ヴェンチューリ『建築の多様性と対立性』伊藤公文訳、鹿島出版会、1982年）

*9——ウィリアム・ジョーディ「現代建築におけるミースの位置」（所収、『現代建築12章』山本学治訳、鹿島出版会、1965年、p61）

★23——ロバート・ヴェンチューリ
Robert Venturi 1925-　建築家、建築理論家。アメリカ・フィラデルフィア生まれ。プリンストン大学建築大学院修了後、エーロ・サーリネンやルイス・I・カーンの事務所などで働く。母の家（64）では、平凡との評がある一方で、各種の引用を統合した複雑性に富む建築としても注目された。著書『建築の多様性と対立性』（66）、『ラスヴェガスから学ぶこと』（72）以降、70年代を通じて建築のポストモダニズムのイデオローグとして同時代の建築家に大きな影響を与えた。

★24——ポストモダニズム
Postmodernism　チャールズ・ジェンクス『ポストモダニズムの建築言語』（1977）やジャン＝フランソワ・リオタール『ポストモダンの条件』（79）以後、広く芸術・思想分野で人口に膾炙したモダニズムへの批判運動。建築においては多様性と統合（その結果としての混成）、装飾や歴史的意匠の復権、広告の手法に近い記号操作の導入などが特徴としてあげられる。

★25——ウィリアム・ジョーディ
William H. Jordy 1917-97　建築史家。アメリカ・ニューヨーク州ポキプシー生まれ。イェール大学で博士号取得後、イェール大学、ブラウン大学で教職に就いた。アメリカにおけるモダニズムの勃興を単なる帰納にとどまらない象徴やヒューマニズムという観点から歴史化し、マルセル・ブロイヤーやミースのアメリカへの影響を追跡した。『アメリカの建物とその建築家』（5巻中2巻担当、72）を編集。

普遍論争

均質空間論をこえて

ミースはイリノイ工科大学キャンパスのクラウン・ホールやファーンズワース邸を起点として、巨大なワンルームの建築空間を発明しました。近代建築史上最も大きな発明のひとつだとされるこの空間は、ミースの弟子たちによって「ユニヴァーサル・スペース」と命名され、世界に流布していくことになりました。このユニヴァーサル・スペースを、日本で原広司は「均質空間」と解釈しました。*10

*10——原広司『空間〈機能から様相へ〉』岩波書店、1987年。原は均質空間を否定して様相の論理へと向かうが、皮肉なことに様相の論理はミースがユニヴァーサル・スペースを通して追求した論理に似てしまっている。なお近年アルゴリズミックな建築のあり方を追求する若手建築家たちが、原の理論をそのままトレースして均質空間批判をし、その上でライプニッツを引用しながら新しい建築設計の原理を説明している。ここではミースがただ「だし」に使われているにすぎない。批判とは、批判する対象をしっかりと見据えることから始めなければならない。

universal -adj（形容詞）

1. 普遍的な
2. あらゆる所に存在する、偏在する
3. 万人の
4. 万能の
5. すべての目的にかなう
6. 全自然界の

(KENKYUSHA'S NEW ENGLISH-JAPANESE DICTIONARY FIFTH EDITION)

ルネ・デカルト[★26]が物体の本性を延長と捉えて精神と区別し、三次元の座標軸の中に空間を想定したのと同じように、ミースは20世紀に建築の空間を均質空間として捉え、いわば座標軸を設定した建築家なのだという訳です。そしてその座標軸の中にさまざまな要素が配置されていく。原広司は建築空間の原理は2つしかないと言います。1つはアリストテレス[★27]によって原理づけられた求心的な空間。そしてもう1つがミースによる均質空間です。

しかし、ミースの空間は本当に均質空間なのでしょうか。原はミースが座標を描き、その中に何でも代入することができるフォーマットを作ったのだと論じています。ミースは機能を排除することによって座標を描き、機能にこだわった建築家がその中に思い思いのグラフを描いたのだと言います。たしかに、プランに描き出された石の目地のグリッドに代表されるような座標系の存在を思わせるプランニングとがらんどうの巨大なミースの空間は、均質空間の理論を裏づけているようにも見えます。巨大な空間に配置された壁や家具は、いかにも座標空間にぽんと置かれたオブジェのようにも見える。その意味でこれは均質空間だと言えるのではないか。その主張もわからなくはない。しかしミースは機能を放棄した訳でもないし、さまざまな機能の代入可能な座標を用意した訳でもありませんでした。

後で詳述（「時間の建築術」67ページ）することになりますが、ミースのユニヴァーサル・スペースは動的な空間です。一見すると空洞のような大きなスペースは、いったんその中に足を踏み入れると、その中を動き視点を変化させていくことを求めています。コーリン・ロウ[★28]は「新古典主義と近代建築Ⅱ[*11]」の中で、クラウン・ホールが空間の中心となるコアを起点として、周囲の窓とともに水平方向に旋回する運動を引き起していると論じています。平滑な天井面は外部へと連続する感覚を与えることでこの水平方向の旋回運動に

*11――Colin Rowe, Neo-Classicism and Modern Architecture II, *The Mathematics of the Ideal Villa and other Essays*, MIT Press, 1976, p149（日本語訳、コーリン・ロウ『マニエリスムと近代建築』伊東豊雄＋松永安光訳、彰国社、1981年、p191）。ロウはここで、クラウン・ホールには見る人がそこに立って全体を掌握できるような中心がないと語っており、さらに興味深いことに外観から全体が想像しやすそうに見えながらも、わざとミースが正面に植樹をして外から内部が一望できないようにしていると論じている。この正面の植樹の意味は、この先私たちの議論にとって重要な意味を持つことになる。

*12――René Descartes, *Discours de la méthode pour bien conduire sa raison, et chercher la vérité dans les sciences*, Ian Maire, 1637（日本語訳、ルネ・デカルト『方法序説』落合太郎訳、岩波書店、1967年）

*13――Gottfried Wilhelm Leibniz, *La Monadologie*, 1714（日本語訳、ライプニッツ『哲学古典叢書5　単子論』河野与一訳、岩波書店、1928年）

★26――ルネ・デカルト
René Descartes 1596-1650 哲学者、数学者。フランス・トゥーレーヌ地方ラ・エー生まれ。法学を修めた後、数学者や科学者との交友から還元主義的・機械論的な世界観に辿り着き、『方法叙説』(1637)、『省察』(41)などを著した。方法的懐疑の末に生み出した「我思う故に我あり」は、生得的な原理を元に確実な知識を論証によって基礎づける、合理主義の立場を表明する『哲学原理』(44)中の言葉として有名。スウェーデン女王に招かれ講義をしていたストックホルムで客死。

★27――アリストテレス
Aristoteles 384BC-322BC 哲学者。トラキア地方生まれ。プラトンの学校アカデメイアに入門し、20年近くそこにとどまった後、アレクサンドロス大王となる王子の家庭教師となり、王子の王即位後自身の学校リュケイオンをアテネ郊外に開設した。三段論法などの論理学、形而上学、倫理学、自然科学など広範な分野に論及した。プラトンのイデア論を否定し、形相と質料の組み合わせを実態とする現実的な考えを示した。

★28――コーリン・ロウ
Colin Rowe 1920-99 建築史家、建築評論家。イギリス・ロザラム生まれ。ロンドン大学ヴァールブルグ研究所でルドルフ・ウィットカウアーに、イェール大学でヘンリー=ラッセル・ヒッチコックにそれぞれ師事。コーネル大学で教鞭をとる。論文「透明性――虚と実」(ロバート・スラツキーとの共著)では、ヴァルター・グロピウスによるガラス張りのバウハウス校舎に「実（文字通り＝literal）の透明性」を、ル・コルビュジエのシュタイン邸に「虚（現象的＝phenomenal）の透明性」を見てとり、知覚において重層する面が奥行を生み出す効果を定義した。

ミース
「ベルリン新国立ギャラリー」

加担しています。この時間差を含んだ旋回運動は、彼のユニヴァーサルな空間の発明にとってきわめて重要な問題を提示してくれるのですが、この問題はのちに論じることとして、ここではミースが求めた空間が均質空間とは異質であったということに焦点を当ててみましょう。

デカルトはよく知られているように疑いようもなく存在する主体としてのコギトを見出し、他方でこの世界を主体とは切り離された延長として措定しました。[*12] 精神と身体、私と世界との間には分裂が生じています。ゴットフリート・ライプニッツ[★29]はこの分裂を修復しようとした哲学者だと言われます。[*13] 彼の提唱した「モナド」は世界を眺める視点であると同時に世界を構成する要素だからです。ライプニッツによれば、空間は、実体ではなく時間と同じように、秩序です。空間とは同時に存在する物の間に生成する秩序を指しています。ミースはしばしば「秩序（オーダー）」という言葉を使いますが、彼の言うオーダーとは物と物との間に見出される秩序のことです。しかしそこで言う物とは、主体から切り離された均質空間上の一要素ではなく、物と物との関係そのものが空間の秩序を見出していくものとして捉える必要があるのです。

ミース晩年の「ベルリン新国立ギャラリー」[★30]などに至っては空間がますます巨大化し、それにともなってほとんど均質空間にしか知覚されないという事態を招くことになりました。そのことが逆説的に後の現代建築へ大きな影響を与えていき、そしてそれが反転して批判の対象になっていくという経緯は、実はミースの失敗だったのではないか。ただしかし、それはミースの失敗なのであって、可能性の中心ではなかったはずです。ミースの意図と結果は違うところにあったのではないか。ミースの意図は、均質空間の生成にあったのではないと考えてみましょう。ミースの意図を読み解きながら、ユニヴァーサル・スペースの可能性の中心を探ってみましょう。

★29——ゴットフリート・ライプニッツ Gottfried Wilhelm Leibniz 1646-1716
哲学者、数学者、政治家、外交官。ドイツ・ライプツィヒ生まれ。非物質的で不可分のモナドを構想した。これは精神から物質に至るまで無数に連続的に宿る存在で、個々に異なる視点から自律的に世界全体を反映し、相互に作用しないものの神の予定調和の下で欲求をもち、他と対応関係を結ぶものとされる。心身二元論や機械的世界観と目的論的世界観（たとえば神学）の対立などを調停する議論と位置づけられる。微積分や引力の発見についてはニュートンと功績を争った。

★30——ベルリン新国立ギャラリー Neue Nationalgalerie 1968年、ミースの設計で開設。ベルリン美術館群のひとつで、ベルリンが東西に分裂し「博物館島」が東側に属した時代に西ベルリンの美術館として機能した。現在は20世紀前半の美術を中心に扱っている。ガラス張りの上階に入口と特別展示室、半地下の下階に通常展示室を設け、上階の上に隅を避けた8本の十字柱で、大きく平たい屋根を支えている構成。

神は細部に宿る

「神は細部に宿る」という有名なミースの箴言《しんげん》があります。この言葉はミースのディテールの質の高さを表すものとして流通しています。ミースがどこからこの言葉を直接引用したのかはわかっていませんが、多くの先達たちがこの言葉を使用し、ミースは読書体験の中でこの言葉に出会い、自らもこの言葉を使ったことはたしかです。この言葉を使用したと言われる人たちを列挙してみましょう。ドゥンス・スコトゥス[★31]、ライプニッツ、バールーフ・デ・スピノザ[★32]、フリードリヒ・ニーチェ[★33]、ルートヴィッヒ・ヴィトゲンシュタイン[★34]、ギュスターヴ・フローベール[★35]、アビ・ヴァールブルク[★36]。ミースはとりわけニーチェの思想に共感し、傾倒していたことが、フリッツ・ノイマイヤー[★37]の研究によって明らかになっています[*14]。

ニーチェの言語思想がライプニッツのモナドロジーを強く継承したものであることは、フリードリヒ・カウルバッハ[★38]を始めとしてしばしば指摘されています[*15]。個と普遍との関係をめぐる議論に着目してみると、ニーチェの永遠回帰の思想は、ライプニッツの『弁神論』[*16][★39]の読み直しであり、さらに言えばライプニッツは盛期スコラ哲学[★40]のドゥンス・スコトゥスの個体把握の考えを展開したと考えることができます。ライプニッツの個と普遍の関係についての考え方は、かなり独特です。それは、一言で言えば古典論理学の個と普遍の関係を反転させたものだと言うことができます。古典論理学によれば、この世界に存在する個物は主語の側に位置づけられ、そして述語には普遍が場所を占めることになります。「リヴィングは部屋である」という文において、個物たるリヴィングは、超越概念である部屋という普遍の中に包摂されていることになります。

ライプニッツはこの関係をひっくり返し、普遍というのはつねにすでに主語である個物の中に包摂されているのだと言います。あら

*14——Fritz Neumeyer, *MIES VAN DER ROHE : Das Kunstlose Wort Gedanken zur Baukunst*, Siedler Verlag, 1986. English edition, *The Artless Word: Mies van der Rohe on the Building Art*, The MIT Press, 1991. ノイマイヤーのこの研究は、ミースの読書体験や思想形成を実証的に丹念に辿り、寡黙なミースが抱いていた建築思想を再構成しようとしており、ミース研究史において大変重要な意味を持っている。ここでの私の論はノイマイヤーの研究に多くを負っている。

*15——フリードリッヒ・カウルバッハ『ニーチェにおけるモナドロギー』小島威彦訳、明星大学出版部、1981年

*16——ゴットフリート・ヴィルヘルム・ライプニッツ『ライプニッツ著作集6　宗教哲学　弁神論　上・下』佐々木能章訳、工作舎、1990〜91年

★31——ドゥンス・スコトゥス
Johannes Duns Scotus 1266?-1308　哲学者、フランシスコ会の神学者。スコットランド・ダンズ生まれ。オックスフォード大学とパリ大学で学び、パリ大学で教鞭を執った。普遍が実在するかという問いの下でものを複数の性質の複合とみなし、個別のものが種の完全性を実現しながら個別のものであるための特徴として個体把握（このもの性、Haecceity）を構想した。主著は未完の『オルディナチオ』。スコラ哲学が19世紀に再び注目された際も忘却されていたが、パース、ハイデガーらが言及した。

★32——バールーフ・デ・スピノザ
Baruch De Spinoza 1632-77　哲学者、神学者。オランダ・アムステルダム生まれ。ユダヤ人ながら聖書、ラテン語を独学し、ユダヤ教会の迫害を逃れるためデン・ハーグに転居。デカルトの合理主義に影響を受けたが禁書などをうけ、主著『エチカ』も含め著書のほとんどを死去まで公刊しなかった。神学と哲学など真理の探究との分離を図り、非人格的な神と自然を同一視（汎神論）。ドイツ観念論などに影響した。

★33——フリードリヒ・ニーチェ
Friedrich Wilhelm Nietzsche 1844-1900　哲学者、文献学者。ドイツ・ライプツィヒ近郊に生まれる。無限の時間に対し宇宙の物質的世界は有限であるため、宇宙や自然の状態は同じものが反復＝永遠回帰するはずである。ここから生存の苦悩を来世に委譲するキリスト教道徳を乗り越えようとする立場を形成し、権力への意志をもっていま・ここの生を肯定する「超人」としてのあり方を追求した。

★34——ルートヴィッヒ・ヴィトゲンシュタイン
Ludwig Josef Johann Wittgenstein 1889-1951　哲学者。オーストリア・ウィーン生まれ。航空工学から数学に関心が移り、ケンブリッジ大学でバートランド・ラッセルの下論理学を学んだ。第一次大戦従軍時に『論理哲学論考』（21）を執筆（タイトルはスピノザのラテン語タイトル『神学・政治論』を踏襲して

ゆる個物（モナド）はすべての普遍を内包し無限の述語を含みこんでいる。個物はそれぞれが異なる偏差を持つことによって自らを表現し、普遍を含みこんでいるがゆえに同時にこの世界全体を表現しているというわけです。ジル・ドゥルーズによればライプニッツにとって述語は、主語の属性ではなく主語に表われる出来事を意味しています。[*17] こう考えると、「神は細部に宿る」という命題は、まさに個物と普遍の転倒を表現したものだということがわかるでしょう。個物の中にすでに神は含まれてしまっている。超越性をこの世界の個物の中へと引きずりおろす世界観が、この命題の中には表現されています。ピラミッドの頂点に君臨する神を起点にしたヒエラルキーではなく、個物が多元的に関係しあいながら普遍を表現している構造こそが、ミースの世界観だと考えることができないでしょうか。ミースの言葉は中世神学に起因するものが多く神秘的な雰囲気を醸し出すことから、個物が普遍たる神の中に包摂される世界をイメージしがちかもしれません。しかしミースの言葉を注意深く読んでみると、むしろライプニッツのモナドロジーに近い世界観が浮かび上がってくるのです。

坂部恵[★41]は、ライプニッツの個と普遍の関係について次のように論じています。《ライプニッツ流の個体把握では、そもそも個と普遍が分断されていないので、個と普遍のかね合いのありかたについて、さまざまな形の多元論的な思考が可能となる。完結した小宇宙という個体概念と、「このもの性」にきわまる盛期スコラの「実体形相」の概念を重ねるところに、あらたな焦点を結んだこの個体把握。ライプニッツが考えていた「力」は、たしかに形而上学的原理ではありましたが、曖昧で神秘的なところなどすこしもなく、現象（の変化）を生み出しあるいは生成する原動力あるいは原理を意味する以外の何ものでもなく、ある種の現象については数学的に定式化することが可能なものでした[*18]》。

＊17——ジル・ドゥルーズは、*LE PLI : Leibniz et le baroque.* Les Editions de Minuit. 1988（日本語訳、『襞：ライプニッツとバロック』宇野邦一訳、河出書房新社、1998年）において、この問題を詳細に論じている。とりわけII. Les Inclusions を参照のこと。またこの問題をロベール・ブレッソンのシネマトグラフに接続して論じたものに、丹生谷貴志「〈モデル〉・動詞・〈出来事〉」（『哲学』Vol.II-5 p214-223）がある。

＊18——坂部恵『ヨーロッパ精神史入門——カロリング・ルネサンスの残光』岩波書店、1997年

いる）。小学校教師を辞職後、姉マルガレーテ・ストーンボロの家を設計監理（28）。翌年から再びケンブリッジで哲学を研究。死後出版された『哲学探究』（53）では言語を行為として考える言語ゲームの考え方を示した。

★35——ギュスターヴ・フローベール
Gustave Flaubert 1821-80　小説家。フランス・ルーアン生まれ。『ボヴァリー夫人』（51～57）で公衆道徳に反するとの廉で起訴されたが、無罪になり小説は成功。写実を志して作品から自己を排除し、自然の模写に専念した。また文体の彫琢にも苦心を重ねた。数年に一度作品を刊行したが、家族の事情による経済的な逼迫にも直面した後、短編集『三つの物語』（77）で復帰、評価を確実なものとした。

★36——アビ・ヴァールブルク
Aby Moritz Warburg 1866-1929　美術史家。ドイツ・ハンブルク生まれ。銀行家の家庭に生まれたが考古学、美術史他様々な学問を学び、家督を弟に譲った後も図書収集を家の援助に頼って研究を続けた。古典世界の影響を西洋世界の広範な分野から見出す作業を中心的に行い、また現代にいうイコノロジー的な手法で美術の細部から背景となる精神や文化に到達する考察を行った。晩年は同時代の出版メディアに掲載された図版を含む図像同士の連関を辿った『ムネモシュネ』の作業に傾倒した。

★37——フリッツ・ノイマイヤー
Fritz Neumeyer 1946-　ドルトムント大学、プリンストン大学を経てベルリン工科大学で建築史、建築理論などを教授。ミースの再評価を手がける。

★38——フリードリヒ・カウルバッハ
Friedrich Kaulbach 1912-92　哲学者、カント研究者。ドイツ・ニュルンベルク生まれ。数学および自然科学の基礎付けから研究を始めた。69～80年にはミュンスター大学教授。

一と多

「いくつもの部屋からなるワンルーム[*19]」。ミースの語録の中から、ユニヴァーサル・スペースの特徴をあらわす記述を探す中で出会った言葉です。一般的に解釈すればこれは、矛盾を孕んだ撞着語法です。ルームと部屋は同一内容を指すわけだから、1つの部屋と複数の部屋が両立することはありえない。ところがミースは、自らが追求していたワンルームの空間が、同時にいくつもの部屋からなる状態を考えていました。ファーンズワース邸には、図面に室名が書かれていません。普遍的な「部屋」と表記するのも冗長だし、ワンルームの随所に機能をちりばめるのもおかしい。ミースの建築は室名を

*19——Mies van der Rohe, lecture Manuscript, Chicago, around 1950, in *Library of Congress*, p4. 'a room full of rooms' またこの言葉については、以下も参照のこと。Fritz Neumeyer, *MIES VAN DER ROHE: Das Kunstlose Wort Gedanken zur Baukunst*, Siedler Verlag, 1986. English edition, *The Artless Word: Mies van der Rohe on the Building Art*, The MIT Press,1991, p178

★39——『弁神論』*Theodicy* 1710　神と正義を意味するギリシャ語に基づくライプニッツの造語で著書のタイトル。世界に悪が存在するとき、とくに人間の自由意志を前に、創造主かつ超越者としての神の正義を弁護するもので、より高次の善のために小さな悪を認めるという考え方。

★40——スコラ哲学
中世(11~14世紀)を中心に学校において、理論的思考を文献学的に組織的に蓄積することで賛否双方の立場から問題を解決する手法が用いられた。分野は神学に限らず哲学、医学、法学、自由学芸などに及んだ。基本的には信仰の真理を哲学的に洞察することが目指されていたが、信仰が次第に理性から意志に親和的な位置づけとされるにつれ、言語や数学の研究に大勢が傾いた。

排除するのです。１つの部屋の中に、複数の部屋がある状態。ミースが愛読していたニーチェが『悲劇の誕生』[*20][★42]の中で用いていた箴言「一とは多である」を想い起こさせるこのワンルームの定義は、ミースが追求しようとしていた空間の様相を端的に示してくれているように思います。

　部屋とは、壁で区画され閉じられた領域を指し、建具の開閉によって他の部屋と連続していきます。ところがミースは１９２０年代から壁で空間を囲うことなく、ひとつひとつの壁を分離させるスタディを始めています。この試みは、壁で区画することによって部屋を作るかわりに、壁を使わずに部屋を作ることと言うことができるでしょう。ミースにとって機能は、１つの部屋と一対一で対応するものではありません。彼は、壁によって仕切られて室名という名詞によって記述される空間ではなく、人の動きによって場所がさまざまな機能をもって立ち現われてくるような空間を探求し始めたわけです。部屋が唯一つであるとき、それは普遍的な部屋に近づきます。しかしそこにいくつもの機能が併置され、人の動きによって異なる部屋のように機能し始めるとき、そこには個と普遍の新たな関係が生まれている。いわゆるミースの「ユニヴァーサル・スペース」の試みは、この探求のプロセスの中でこそ再解釈されるべきではないでしょうか。

　ミースとライプニッツの直接的な影響関係を示すものは少なく、あくまでニーチェの読者としてのミースがライプニッツ的な思考に近づいていったと考えるほかはないのですが、ミースも１９３０年から校長として関わっていたバウハウスでは、ライプニッツの思想への共鳴があったように見えます。ヴァルター・グロピウス[★43]は１９２３年に「国立バウハウスの理念と組織」という論文を発表していて、その翌年には哲学者のカール・アオグスト・エムゲ[★44]がバウハウスでの講演でこの論文に言及しています。[*21]エムゲはグロピウス

*20――Friedrich Nietzsche, *Die Geburt der Tragödie*, Leipzig, Verlag von E. W. Fritzsch, 1878（日本語訳、フリードリヒ・ニーチェ『悲劇の誕生』秋山英夫訳、岩波文庫、1966年）

*21――ワルター・グロピウス「国立バウハウスの理念と組織」（所収、『ヴァイマルの国立バウハウス 1919-1923』利光功訳、中央公論美術出版、2009年）

★41――坂部恵
1936-2009　哲学者。神奈川県生まれ。國學院大学、東京都立大学、東京大学、桜美林大学で教鞭を執った。カントの再読解で研究を始め、和辻哲郎、九鬼周造など日本の哲学者をたどることで日本語に基づく哲学の可能性を追求した。

★42――『悲劇の誕生』
Die Geburt der Tragödie aus dem Geiste der Musik 1872　ニーチェ初の著作で、ペシミズムから脱出して世界を美的に認識するためにギリシア悲劇があるという理解からワーグナーを支持した。ギリシア悲劇は理性、秩序、美しい形態を示すアポロと、陶酔、破壊、混沌を示すディオニュソスという芸術の二大原理を融合したものであり、その後ソクラテス的理性により西欧の歴史上両者は分裂していたが、再びこれをワーグナーの下に統合しようと呼びかけた。

★43――ヴァルター・グロピウス
Walter Adolph Georg Gropius 1883-1969　建築家。ドイツ・ベルリン生まれ。ペーター・ベーレンスの事務所を経て独立、ドイツ工作連盟に参加、ヴァイマール工芸学校改めバウハウスの初代校長となり、建築を中心に芸術・デザイン各分野の教育に携わる。ファグス靴工場(11)、著書『国際建築』(25)、バウハウスデッサウ校舎(26)。バウハウス閉鎖後イギリス、アメリカに亡命。37年からハーバード大学で教育を行い、パンナムビル(現メットライフビル、58)などを建てた。ボストンで死去。

★44――カール・アオグスト・エムゲ
Carl August Emge 1886-1970　法哲学者。ドイツ・ヘッセン州ハーナウ生まれ。ギーセン大学で法哲学における相対主義の根本を検討した研究を行い、1928年イエナ大学で教授に就任した。哲学的にはナチスと相容れない部分もあったが、戦時体制下も戦後も一貫して哲学の指導的な立場にあった。

バルコニーから室内を見る

の総合芸術としての建築の理念がライプニッツの思想に近く、個と普遍の新しい関係に基づく世界を指向したものだと論じています。

同じくバウハウスの中から、ミースの試みに強い影響を与えたものとして、ジークフリード・エーベリング[★45]が１９２６年に発表した『膜としての空間』という著作があります[*22]。バウハウスを修了した建築家だったエーベリングは、建築を有機的な生命になぞらえて、壁を膜のような浸透性をもつ媒介として捉えることを提唱しています。エーベリングの膜の定義は、アリストテレスの場所の定義を彷彿とさせます。アリストテレスにとって場所とは、事物を包むものの内側の境界であり表面です。エーベリングもミースもともに愛読していた哲学者アンリ・ベルクソン[★46]は、学位論文「アリストテレス

★45——ジークフリード・エーベリング Siegfried Ebeling 1894-1963 建築家、画家。ドイツ・レーツリンゲン生まれ。ハイデルブルク大学で哲学を学び、兵役後考古学・芸術史をイエナ大学、ライプツィヒ大学で学んだ後、ヴァイマールのバウハウスに入学、ヴァシリー・カンディンスキーとマルセル・ブロイヤーの指導を受ける。卒業後は金属製住宅の開発などを行った後ビーレフェルト、ハンブルクなどで建築家として開業した。

*22——Siegfried Ebeling, *Space as membrane*, AA Publications, 2010（初版は C Duennhaupt, Dessau, 1926)

ジークフリード・エーベリング

『膜としての空間』より

の場所論」の中で、[＊23]アリストテレスの場所は物体以前に存在するものではなく、物体の秩序と配置から生ずると論じています。この考え方は、ライプニッツの空間論と似ています。

リチャード・バックミンスター＝フラー[★47]にも影響を与えた『膜としての空間』を、ミースは丹念にアンダーラインを施しながら読書した記録が残っています[＊24]。ミースが建築を骨と皮膜へと還元して考える契機は、ヴィオレ＝ル＝デュク[★48]とと[＊25]もにエーベリングによって与えられたと考えられます。壁はとぎれ、外部とつながり、そして外周を包む膜となる。構造は柱というフォームにフェティッシュ化されて壁から切り離され、壁は透明になり外側に貼りついていく。幾重にも折り畳まれた襞状の部屋は、襞を解き放たれて連続する場になっていきました。ミースの建築空間の具体的な分析は後でゆっくり試みることにしましょう。

＊23——アンリ・ベルグソン「アリストテレスの場所論」（所収、『ベルグソン全集1』白水社、2001年）

＊24——Fritz Neumeyer, *MIES VAN DER ROHE : Das Kunstlose Wort Gedanken zur Baukunst*, Siedler Verlag, 1986, English edition, *The Artless Word : Mies van der Rohe on the Building Art*, The MIT Press, 1991, p174

＊25——Viollet le Duc, *Entretiens sur l' architecture*, A.Morel et Cie éditeur, 1863（日本語訳、『建築講話1』飯田喜四郎訳、中央公論美術出版、2004年）

★46——アンリ・ベルクソン
Henri-Louis Bergson 1859-1941　哲学者。フランス・パリ生まれ。国立高等師範学校を経てリセ教師となり、ソルボンヌ大学に博士論文『時間と自由』（88）を提出。00年よりコレージュ・ド・フランス教授、『物質と記憶』（96）、『創造的進化』（07）、『道徳と宗教の二源泉』（32）。同時代の物理学の知見に限界づけられたカントの観念論に対抗し、生物学の知見と時間（「持続」）論に裏付けられた実在論を展開した。国際連盟でも諮問会議の議長を務めた。

★47——リチャード・バックミンスター＝フラー
Richard Buckminster-Fuller 1895-1983　建築家、発明家、デザイナー、思想家。アメリカ・マサチューセッツ州ミルトン生まれ。構造システムの仕事を皮切りに、軽量で長大スパンを覆える球体のジオデシック・ドーム、流体力学を応用したダイマクション・カー、通常の地図では得られない地理関係の認識を助けるダイマクション・マップ、地球をひとつのシステムと捉え資源の有限性を強調した「宇宙船地球号」概念などを発明した。

★48——ヴィオレ＝ル＝デュク
Eugène Emmanuel Viollet-le-Duc 1814-79　建築家、建築修復者。フランス・パリ生まれ。古代・中世建築を研究し、ゴシック建築の構造に対する合理的な解釈を元に大聖堂、城館、城壁などの修復に携わったが、歴史的な精確さよりも機能性を重視する方法論には当時から考証上の疑問が提示された。『11〜16世紀フランス建築系統的辞典』（1854〜68）、『建築講話』（63／72）などの著書がある。

ミース「フェデラル・センター」

1つの部屋が複数に分解されて知覚されるとすれば、そこには観測者の視点の問題が現われます。ミースの空間は観測者の動きによって多数化されるのです。観測者の視点を含みこんだこうした秩序の生成のことこそを、ミースは「ユニヴァーサル」と呼ぼうとしたのではないでしょうか。ミースが空間表象の手段としてパースペクティヴを主に使っていたこともこれに関係してきます。実際にミースの語録を注意して読んでみても、彼自身がユニヴァーサル・スペースという名詞形の言葉を使用した痕跡を見つけることができず、ただ「ユニヴァーサル」という形容詞が随所に見出されるばかりです。[*26] 私たちは、ユニヴァーサル・スペースとは何かと問いかけてユニヴァーサル・スペースの定義を求めるのではなく、動きをともなった動態的な力の空間を思い描いてみるべきなのです。

ミースと対話したピーター・カーター[★49]は、機能と空間との関係についてのミースの思考を次のように要約しています。機能的要請は時間の経過に従って変化する。しかし、一度がっしりと形態が確立されてしまえば、容易に変化することはできない。それ故に、機能的な要請をそのまま、個々の建物の空間的な必要として造るのではないというのです。[*27] ここで重要なことは、ミースの意図は機能を超越した巨大な箱を永続的に作ることではなく、空間の中に時間の経過を含みこむこと、つまり時間芸術として建築を構想することの必要性なのではないでしょうか。一時の機能に一対一で対応させた空間を作って機能が変われば破壊してしまうとすれば、そこには時間は反映されることがない。1つの空間の中で複数の機能が場所を持ち、それが変化していくことによって、そこに時間が流れ始める。

ミースは、トマス・アクィナス[★50]の命題「真理とは事物と知性の一致である」をしばしば引用しています。[*28] さらにミースは「事態」という概念を重要視しています。とはいっても言葉少ないミースはそれ以上の説明を加えていないためにミースの言葉を繋ぎ合わせて解

*26——ミースがユニヴァーサルという概念を考えるようになったのは、ヘンドリック・ペトルス・ベルラーへの影響が大きい。ベルラーへに関しては、以下を参照のこと。Hendrik Petrus Berlage. *Thoughts on Style 1886-1909*. The Getty Center for the History of Art and the Humanities. 1996. ベルラーへの普遍概念の着想源はゼンパーとヴィオレ=ル=デュクである。

*27——ピーター・カーター「ミース・ファン・デル・ローエ」(所収、『合理主義の建築家たち：モダニズムの理論とデザイン』デニス・シャープ編、彦坂裕・菊池誠・丸山洋志訳、彰国社、1985年、p96)

★49——ピーター・カーター Peter Carter 1927- 建築家。イギリス・ロンドン生まれ。ロンドン・ノーザン工科大学卒業後エーロ・サーリネンの事務所ほかで勤務した後、ミシガン工科大学を修了した58年から13年間ミースの事務所に勤務。75年にロンドンに戻りデニス・マンニーナと事務所を開設、イギリス・スウィンドンのハンブロ・ライフ・センター(80、現チューリッヒ保険)などを設計。著書『仕事中のミース・ファン・デル・ローエ』(74)。

★50——トマス・アクィナス Thomas Aquinas 1225?-74 神学者、哲学者。シチリア生まれ。ドミニコ会に入会しパリ大学神学部教授となった。聖書やロンバルトゥス『命題集』、アリストテレスの著作群などへの注解書と、未完の『神学大全』(死後弟子たちが補い完成させた)などが主な著作で、アリストテレスとキリスト教神学との融合を図りつつ、信仰と理性とを区別しながら両者の有機的な関係を定義した。

釈するほかはないのですが、ここでミースの普遍論を事態という概念を手がかりにして少し考えてみたいと思います。

ミースがしばしば言及する中世哲学の文脈で、事態という概念を用いた人に、ピエール・アベラール[★51]がいます。「人間」という概念は、ミースやル・コルビュジエという個別の人に共通する普遍的なものです。人間という概念が複数の個人に付与する原因となるのは、アベラールによれば「人間であるということ（esse hominem）」、つまり「人間という事態（status hominis）」であるということになります。山内志朗[★52]は『普遍論争——近代の源流としての』[*29]の中でアベラールのテクストを註釈していますが、彼によれば事態は事物ではなく、現実にはどこにも存在していないものだということです。普遍と個を繋ぐ原因が事態であり、事態が「もの」ではなく「こと」だということ。「こと」とは動的な生成であり、時間を孕みます。こうしてミースの普遍論は、時間論となります。フランチェスコ・ダル・コーも指摘するように、ミースの言う建築術（バウクンスト）とは、時間の芸術なのです。[*30]

建築の起源

原始の小屋

ファーンズワース邸におけるユニヴァーサル・スペースの解釈を考える時に重要な意味を持っているのは、このウィークエンド・ハウスを取り囲んでいる樹木だと考えています。そしてこの建物そのものも、実は樹木の隠喩を内包しているのです。それは、どういうことでしょうか。

*28——Thomas Aquinas, *adequatio rei et intellectus* フランツ・シュルツは、ダーク・ローハンとミースとの私的な会話の中で、ミースがマックス・シェーラーを参照しながら、トマス・アクィナスのこの言葉を、der Sinngehalt eines Sachverhaltes（事態の持つ意味）と解釈していると論じている。Franz Schulze, *MIES VAN DER ROHE : A Critical Biography*, The University of Chicago Press, 1985, p173（日本語訳、フランツ・シュルツ『評伝 ミース・ファン・デル・ローエ』澤村明訳、鹿島出版会、1987年、p187）。また事態の概念に注目した建築論に以下がある。太田浩史「ピーター・ズントー（事態）の建築家」（所収、『20世紀建築研究』20世紀建築研究編集委員会－INAX出版、1998年）

*29——山内志朗『普遍論争：近代の源流としての』平凡社、2008年、p50

*30——フランチェスコ・ダル・コー「洗練：ミースの文化を彼の筆にたどる」（所収、K・フランプトン他『ミース再考：その今日的意味』澤村明＋EAT訳、鹿島出版会、1992年、p156）

★51——ピエール・アベラール
Pierre Abélard 1079-1142　神学者、論理学者。フランス・ナント近郊パレ生まれ。ラテン語でペトルス・アベラルドゥスとも。唯名論者として、個別のものをまとめた類の概念、ひいては普遍という特質を実在の事物ではなく言語、名前として扱った（普遍論争）。これが神の意志の中に存在するものとした点は穏健的だが、三位一体に関する議論などは異端視された。スコラ哲学の弁証論的な方法論を確立。

★52——山内志朗
1957-　哲学者。慶応義塾大学文学部教授。山形県出身、ライプニッツを皮切りに近世・中世哲学へ議論を展開している。

★53——ガラスのスカイスクレーパー案
ミースが1921年「フリードリヒ街のスカイスクレイパー案」として提示した、街路に鋭角にそびえるプリズム状の全面ガラスのビル（平面図上ではカエデ様の3枚の葉が並んだ形状である）のドローイングに引き続き、翌年発表された。アメーバ状の平面をもち丸みを帯びたガラス建築のドローイングで、上下動線はフリードリヒ街では中央に1箇所だったのが、平面図状で凹んだ2箇所に増えている。

*31——Fritz Neumeyer, *MIES VAN DER ROHE : Das Kunstlose Wort Gedanken zur Baukunst*, Siedler Verlag, 1986. English edition, *The Artless Word : Mies van der Rohe on the Building Art*, The MIT Press, 1991, p117

ミース「ガラスのスカイスクレーパー案」

1923年12月12日、ベルリンのドイツ建築連盟に招かれて講演したミースが用意したスライドに映し出されていたのは、近作の住宅作品でも、ましてや前年に発表して物議を醸した「ガラスのスカイスクレーパー案」[★53]でもありませんでした。[*31] 次々と投影されるスライドに浮かび上がってきたのは、インドやアフリカ、北極圏などに見られる原始的な小屋の数々でした。若い建築家が世にアピールできる格好の機会で自らの作品の現代性をプロパガンダするわけでもなく、あえて建築の起源へと遡行しようする素振りが意味するものは何だったのでしょうか。原始の小屋のイメージは、ミースの建築に一体何をもたらすことになったのでしょうか。

軽量で運搬可能な遊牧民のテント。機能と素材の使用の完璧な例としての、葉っぱで出来た屋根。セイウチの肋骨が屋根の構造を作り出し、コケとアザラシの皮が壁をなすエスキモーたちの住居。ミースはこれらの小屋たちが、それぞれの環境に適応し居住者の必要の中から生まれてきたものだと賞賛します。構造的な明快さを持ち、素材と構造、形態の統一性を携えているのがこれらの建物でした。ところが、今私たちはこれらの小屋たちに匹敵する建物を持ちえているだろうか。そう彼は問いかけます。答えは否。近代の環境と人間にふさわしい建物は、いまだ見出されていないのだというわけです。

これらの小屋に共通するのは、骨と皮が明瞭に分離され、役割分担がなされた構築物だという点であり、必要に迫られて無駄なものがそぎ落とされたものたちでした。中央アフリカ、例えばタンザニア中部のイラクウ族などには、伐採したままの木の丸太を立てて柱にし、泥を塗った水平な陸屋根を載せた小屋があります。ミースが目にしたものがイラクウ族の小屋であったかどうかはわかっていませんが、この構法は中央アフリカ一帯に共通するもののようです。これらの小屋の構成が、「バルセロナ・パヴィリオン」のモデルになっているとも言われています。[*32] 丸太の柱の奥にややセットバックして土の塗

ミース「バルセロナ・パヴィリオン」

タンザニア村落博物館内「イラクウ族の逃込み家」

り壁がある構成は、たしかにバルセロナ・パヴィリオンでミースが見出した壁と柱の分離を遥かに先取りしているようにも見えます。

　ミースが参照しているこれらの小屋たちは、彼も親しんでいたはずの西欧古典主義建築理論の中核をなすひとつのイメージを連想させることになります。それは、「プリミティヴ・ハット（原始の小屋）」です。マルク＝アントワーヌ・ロージエ神父[★54]は、その著作『建築試論[*33]』（1755年）の中で、建築の一般原理が自然に基づいていると主張しています。彼は人間が家を見出していくプロセスを次のような物語として描き出しています。人間は、休息の場所を求めて静寂とした渓流のふちに草地を眼にすることになります。その萌え出たばかりの緑色は眼を堪能させ、そのしとやかな薄肌が人を招

*32——Sergius Ruegenberg, *Ludwig Mies van der Rohe 1886-1969*, Deutsche Bauzeitung, 1969, P103. リューゲンベルクは、バルセロナ・パヴィリオンのモデルとしてアフリカの小屋をミースが参照していたことを論じている。以下も参照のこと。Fritz Neumeyer, *MIES VAN DER ROHE : Das Kunstlose Wort Gedanken zur Baukunst*, Siedler Verlag,1986, English edition, *The Artless Word : Mies van der Rohe on the Building Art*, The MIT Press, 1991, p362

*33——Marc Antoine Laugier, *Essais sur L' Architecture*（日本語訳、マルク＝アントワーヌ・ロージェ『建築試論』三宅理一訳、中央公論美術出版、1986年）

*32〜33 ★54

★54——マルク＝アントワーヌ・ロージエ Marc-Antoine Laugier 1713-69 イエズス会士、建築理論家。フランス・プロヴァンス地方マノスク生まれ。『建築試論（Essai sur l'Architecture）』（55）で説明され、口絵に描かれたプリミティヴ・ハット（原始の小屋）は、ギリシャ的な建築思想を先鋭化させた想像上の始原の建築である。4本の樹木の枝分かれに水平材を差し渡し、上に三角破風の形状の屋根を載せ、木の枝が架けられている。コンパスをもった女性（建築の擬人像）がギリシャの神殿の断片にもたれ、壁ではなく柱で支えられ、自然由来で無装飾の単純さを見よと童子を振り向かせている。遺跡調査などで明らかになりつつあった古典建築の実際の姿よりも、理念・原理としての建築の出発点を攻究すべきという態度は、古典の読み直しとしての新古典主義の典型を示している。

き寄せるというわけです。

しかしまもなくして肌を焼く太陽の熱気を感じ、人は身を隠す場所を探さざるをえなくなる。森から切ってきた何本かの枝の中で最も丈夫な４本を選び、それらを垂直に立て方形状に配する。その上に別の４本を横に通す。さらに、その上に枝を傾けて立て、２辺を１点で交わらせる。屋根は、太陽も雨も遮るよう木の葉を密にして覆うことになる。こうして、そこに居住する人間が登場する。どの面も開け放した家では寒さ、暑さが不快に思われるのは当然だけれども、柱の間を閉じてしまえば身の安全が守られることになる。建築の誕生のもとになっているのは、この過程を模倣することにほかならないとロージエは結論づけていきます。建築にとって本質的な要素はこれらの基礎的な骨組みだけなのであって、それ以外の装飾的な要素は、非本質的で本来は必要がない。こうした最も還元的な原理こそが、実は建築の豊かさの源泉になっているのだとロージエは言います。ロージエのこの表現は、ミースの有名な格言である「Less is more」をすぐさま想起させずにはおきません。

『建築試論』巻頭に掲げられた「建築のアレゴリー」と題された扉絵には、壊れた神殿断片にもたれ建築のアトリビュートであるコンパスを手にする女性が、生の樹木の骨組みだけでできた小屋を指差さす姿が描き出されています。人為的であるはずの建築の構築が、まるで自然になされた出来事であるかのように小屋が立ち現われ、その一方で組積造の古典主義建築の断片が遺構として散乱する風景。この２つの対比が印象的です。より堅固で永続的のようにも見える組積造がはかなく崩れ、自然界の樹木による構築こそが生き生きと豊かであることを対比的に表象しようとしているかのようです。

大木の下の小屋

実はこうしたモチーフは『建築試論』刊行当時のフランスでは、なじみのあるものでした。例えばその時代に廃墟画家として活躍し、のちに庭園デザイナーとしても仕事をしていくことになるユベール・ロベール[★55]。彼は1754年に初めてローマに行き、そこで古代ローマの遺構を次々と描き出し、時に空想を交えながらも時空をこえた廃墟の風景を生み出していきます。彼の素描の中に、「大木の下の小屋」と題された作品があります[*34]。打ち捨てられ鬱蒼と草木が繁茂するイタリア庭園の中で、朽ち果てようとする小屋が描き出されています。小屋は屋根葺き材までも剥がれかけ、骨組みが露出している。そのそばには大きく成長して枝葉を伸ばした大木がありま す。小屋は大木に覆われ守られるようにして、静かに朽ちつつある。

森の中の自然界の樹木による構築が建築の起源でありそこに立ち帰ろうとする発想自体は、ウィトルウィウスにまで遡ることができます[*35]。しかし古代都市の遺跡発掘が盛んに行われた18世紀に、ロージエやジャン＝ジャック・ルソー[★56]の思想が人口に膾炙したこともあって、起源論が再燃していきます。古典主義建築のオーダーを生の樹木で置換した図像が多く描かれたのも18世紀でした。ロージエの『建築試論』の初版が刊行されたのが、1753年。1755年には英語版、1756年にはドイツ語版が続けて出版されており、さらに同一言語で異なる翻訳版が出版されるなど、話題を呼んでいることがわかります。ヨハン・ヴォルフガング・フォン・ゲーテは、批判的ではあれ、『建築試論』を詳細に読みこんで批評をしています。ポンペイやパエストゥムでの遺跡発掘を契機として古代に規範を求めようとする機運が広まっていた1750年代のドイツで、もう1つの決定的な書物が出版されます。ヨハン・ヨアヒム・ヴィンケルマン[★57]の『絵画および彫刻芸術におけるギリシャ作品の模倣に関

*34——『ユベール・ロベール：時間の庭』（図録）国立西洋美術館、2012年、p119

*35——『ウィトルーウィウス建築書』森田慶一訳、東海大学出版会、1979年、p160

★55——ユベール・ロベール
Hubert Robert 1733-1808　画家。フランス・パリ生まれ。遺跡群が発掘されていたローマで1754年から絵画の修業を行い、廃墟、古典建築、記念建造物が含まれるピクチャレスクな風景を得意な画題とした。65年にパリに戻りアカデミーに迎えられ、人気画家となった。77年に王室庭園の設計、84年には王室絵画コレクションの管理、90年代にはルーヴル宮の改造計画を任された。王室との深い繋がりから、革命時には投獄され処刑を免れた経験もある。

★56——ジャン＝ジャック・ルソー
Jean-Jacques Rousseau 1712-78　哲学者、作家。スイス・ジュネーヴ生まれ。正式な学校にはほぼ通わなかったが音楽の記譜法を発明してこれを元手にパリに移住、ドニ・ディドロの知己を得て『百科全書』に寄稿した。『人間不平等起源論』（1753）、『新エロイーズ』（61）、『社会契約論』（62）などを発表。『エミール』（62）が神学上訴追を受けたため亡命、その後パリに偽名で舞い戻った。個別事情を斟酌しない「一般意志」に個人と社会の一致を構想した。

★57——ヨハン・ヨアヒム・ヴィンケルマン
Johann Joachim Winckelmann 1717-68　美術史家、考古学者。ドイツ・ザクセン州シュテンダール生まれ。当初は教員で、古典文学への憧れから独学でギリシャを研究した。プロテスタントからカトリックに改宗し、ローマに移住。『ギリシャ芸術模倣論』（『絵画および彫刻芸術におけるギリシャ作品の模倣に関する考察』1755）、『古代美術史』（64）などで、ローマと区別されたギリシャの芸術を「高貴なる単純さと静穏なる偉大さ」を湛えた自然の理想化として讃美し、新古典主義のバックボーンを与えた。『古代人の建築芸術についての覚書』（62）ではローマやパエストゥムの遺跡から考察を行った。

する考察[36]』（1755年）です。イギリスのスチュアートとレヴェット[58]、フランスのル・ロワ[59]らの考古学的な知見を吸収して、ヴィンケルマンはギリシャ芸術に範をとることの重要性を訴えています。建

「建築のアレゴリー」
マルク=アントワーヌ・ロージエ『建築試論』より

ユベール・ロベール「大木の下の小屋」1763

シャルル・フランソワ・リバール・ド・シャムー「フランス式オーダーの発展」1776

ユベール・ロベール「フォロ・ロマーノのコンコルディア神殿」1762

築に関しては、ヴィンケルマンは『古代人の建築芸術についての覚書』[*37]（1762年）を書いていて、ロージエにもヴィンケルマンにも共通するのは、ギリシャ建築の円柱を建築言語の起源として重視する考え方でした。

そしてさらに1世紀後、再びこの起源への問いが浮上してくるのが19世紀末から20世紀初頭、近代建築の草創期だったわけです。たしかに近代建築は、鉄とコンクリートという新しい材料を通して建築を刷新していこうとするものではありました。しかし歴史との断絶の結果として刷新が生まれたのではなく、起源への遡行の過程を通して見出された刷新だったのです。ミースは小屋の中に、必然性によって生み出される建築の原型を見出し、そこに時代の意志を読み取ります。ミースは自らの作る建築を「アーキテクチャー(architecture)」ではなく「バウクンスト（Baukunst)」と呼ぶことを好みます。バウクンストとは、建設の必要に即して必然的に時代の精神を表現するもののことであり、個々の建築家が創意工夫をこらして発明したアーキテクチャーとを峻別していきます。「インターナショナル・スタイル展」の開催にあたって、ヘンリー＝ラッセル・ヒッチコック[★60]とフィリップ・ジョンソンがミースの建築に見ていたものは、新しい発明品としての、アーキテクチャーとしての特質でした[*38]。ミースはそれに激しく違和感を表明しています。むしろ原始の小屋の中にこそ、バウクンストの先例を見出したミースは、20世紀の素材としての鉄、その製品化である形鋼を使って、形鋼が自ずと導き出す解法としてのバウクンストを指向していくわけです。起源への遡行と鉄への着目。この2つの逆向きのヴェクトルが重なり合うところに、ミースの試みの特質があります。新建材としての鉄と原始の樹木とを並列に並べてみることが必要のようです。

*36——Johann Joachim Winckelmann. *Gedanken über die Nachahmung der griechischen Werke in der Malerei und Bildhauerkunst* (Thoughts on the Imitation of Greek Works in Painting and Sculpture), followed by a feigned attack on the work, and a defence of its principles, nominally by an impartial critic. (First edition of only 50 copies 1755, 2nd ed. 1756)

*37——Johann Joachim Winckelmann. *Anmerkungen über die Baukunst der Alten* (Remarks on the Architecture of the Ancients), including an account of the temples at Paestum, 1762

*38——Henry-Russell Hitchcock, Jr. and Philip Johnson, *The International Style: Architecture Since 1922*, New York, W. W. Norton, 1932

★58——ジェイムス・スチュアートとニコラス・レヴェット
James Stuart 1713-88 / Nicholas Revett 1720-1804　スチュアートはイギリス・ロンドン生まれ、考古学者、建築家。レヴェットはイギリス・サフォーク州のジェントリ階級で芸術愛好家。1748年からアテネの調査を始めていたものの、アクロポリスの実測図刊行はフランスのル・ロワに先を越された。その分『実測図　アテネの古代遺跡』(1762〜1816)で先行著書の誤りを指摘できたが、ル・ロワは64年に反論の文書を刊行した。

★59——ジュリアン＝ダヴィド・ル・ロワ
Julien-David Leroy 1724-1803　建築家。フランス・パリ生まれ。『ギリシアのもっとも美しい記念建造物の廃墟』(1758)をスチュワート&レヴェット組に先駆けて刊行。フランスとオスマン・トルコとの良好な関係の下に55年に短期調査を実行、貴族の支援を元に製版者を多数抱えて早期の刊行に漕ぎ着けた。これらの刊行とアテネへの関心の増大は、ローマで土産用の図版を販売していたピラネージの危機感を煽った。

★60——ヘンリー＝ラッセル・ヒッチコック
Henry-Russell Hitchcock 1903-87　建築史家。アメリカ・ボストン生まれ。ハーヴァード大学を1927年に修了。32年にフィリップ・ジョンソンらと「近代建築——国際展覧会」を組織、その後展覧会カタログとは別に『インターナショナル・スタイル——1922年以降の建築』をジョンソンと共著で刊行した。カタログと著書で掲載作品に違いがある。その後もヒッチコックはニューヨーク大学を中心に教育活動を展開し、また全米の大学で使用される教科書を含む多数の著書を刊行した。

庭のパララックス

樹木の消去

私が初めてミース・ファン・デル・ローエ・アーカイヴに掲載されているドローイング群の中から、ファーンズワース邸の平面図を目にした時、その構成の美しさとならんで眼を奪われたのが、樹木の表現でした。複雑に入り組む一筆書きのような輪郭線によって描き出される樹木の枝葉は、幾何学的に抽象化された建物の線以上の情報量が与えられ、浮き上がって見えました。図面の上にトレーシング・ペーパーを当ててまず樹木の輪郭線だけをなぞってみると、建物が樹木の間に注意深く挿入されていることが感じられました。当時はまだ大学の設計製図も手描き図面だったので、その樹木の描き方を真似してみたりしたものです。

１９３１年、発足してまだ2年たらずのニューヨーク近代美術館は、ル・コルビュジエ、J・J・P・アウト[★61]、ヴァルター・グロピウス、ミース、ライトの作品を中心にした建築展を開催します。15か国にわたる国々から40人の建築家を取り上げたその展覧会は、「インターナショナル・スタイル展」と名づけられました。その展示にあわせて、翌年に『インターナショナル・スタイル——１９２２年以降の建築』が刊行されました。ヘンリー＝ラッセル・ヒッチコックとフィリップ・ジョンソンは、この展覧会に集められた建築たちをインターナショナル・スタイルという枠組みにおいて考えようとしました。彼らはその様式の美学的原理を３つ設定します。１つがヴォリュームとしての建築という原理。石や煉瓦を積み上げた量塊としての建築にかわって、骨組みを薄い皮膜で包み込んだ面の集合としての建築を指しています。２つ目が規則性の原理。機能的な標

★61——J・J・P・アウト
Jacobus Johannes Pieter Oud 1890-1963 建築家。オランダ・プルメレント出身。装飾芸術学校、建築事務所、デルフト工科大学などを経た後、画家のテオ・ファン・ドゥースブルフの知遇を得て1917年『デ・スティル』に参加。ロッテルダムで市の住宅局嘱託として集合住宅を多数設計し、27年にはドイツ工作連盟ジードルンク展に参加。機能主義的な設計を展開していたが、ハーグ・シェル石油本社(38〜48)では装飾を用いた。

準化に基づいて、規則的なリズムが生じている点を表しています。そして3つ目が装飾の欠如です。

『インターナショナル・スタイル――1922年以降の建築』において、竣工したばかりのミースの「チューゲントハット邸[★62]」と「バルセロナ・パヴィリオン」が取り上げられています。しかし興味深いことに、その掲載された平面図からは樹木が注意深く消去されているのです[*39]。それはなぜでしょうか。あるいはそれは、意図せざるものだったのかもしれません。図面のわかりやすさをただ優先して、不純物を取り除くようにして付加的な要素を消したというだけのことだったのかもしれません。

『インターナショナル・スタイル――1922年以降の建築』の中には、庭についての記述がわずかばかりあります。そこでは建築の外部に広がる自然や庭は、人工的な建築とは一線を画して対立するものとして描き出され、建築の自律性が強調されていました。建築の中に取り込まれた樹木は、そうした建築の自律性をおびやかすものとして立ち現われてきます。そう考えてみると樹木の消去は、ヒッチコックとジョンソンにとっては至極当然のことだったようにも思えてきます。ともあれこうしてインターナショナル・スタイルの成立において樹木や庭は、建築の外部として定位づけられていきます。

現代におけるミース理解の骨格は、いまだこのインターナショナル・スタイルの枠組みによって支えられていると言っても過言ではありません。しかしミースの建築原理は、『インターナショナル・スタイル――1922年以降の建築』刊行の20年後にヒッチコックが自ら述懐しているように[*40]、インターナショナル・スタイルの原理とは明らかに矛盾した要素をすでに多く含みこんでいました。空間を一体化して捉え、内外が浸透するミースの建築原理は、少なくともバルセロナ・パヴィリオンやチューゲントハット邸を見る限りで

*39――Barry Bergdoll, The Nature of Mies's Space, in Terence Riley and Barry Bergdoll ed. *Mies in Berlin*, The Museum of Modern Art, New York, Harry N. Abrams, Inc., 2001, p67

*40――Henry-Russell Hitchcock, Jr., The International Style Twenty Years After, *Architectural Record*, August, 1951（日本語訳、「20年後のインターナショナル・スタイル」[所収、H・R・ヒッチコック、P・ジョンソン『インターナショナル・スタイル』武澤秀一訳、鹿島出版会、1978年]）

★62――チューゲントハット邸
1930年竣工、チェコ・ブルノに所在、鉄骨造、2階建て。上階は玄関と寝室、車庫と運転手の部屋で、下階は壁と扉で閉ざされない居室、食堂、書斎、ピアノ室。床は、間仕切り壁はオニキスやレモン、黒檀などの木材。鉄製の十字柱を持ち、大きなガラス壁を庭に向けている。所有者がユダヤ系だったため38年ナチス進出以後、住宅は接収され様々に転用され内装が荒らされた。67年から復元が始まり94年からブルノ市が公開、本格的な復元が2010年から12年に行われた。

は、インターナショナル・スタイルの基本とされたヴォリュームの原理とも規則性の原理とも微妙にずれるものだったはずです。ミース自身もはっきりと、インターナショナル・スタイルと自身の建築の差異を主張しています。ミースの建築原理を深く理解するためには、インターナショナル・スタイルが消去しようとした樹木と庭の意味を考察することが不可欠ではないでしょうか。そのために、まずミースの初期作品とその源泉へと遡行してみたいと思います。

逍遙するアロイス・リール

ポツダムで、新カント派★63の哲学者であるアロイス・リールの知己

★63——新カント派
19世紀末から20世紀初頭にかけて、ロマン主義を脱出しカント読解を観念論の立場から徹底することで、経験科学の実証主義や自然科学的態度に対抗させようとした哲学上の運動。科学的認識の基礎付けとして空間・時間を思考の対象としたヘルマン・コーエンらの方向性と、個別の特徴を把握する歴史学や「文化科学」と反復される一般的な法則を扱う自然科学との認識方法の違いを定式化したヴィルヘルム・ヴィンデルバントやハインリヒ・リッケルトらの方向性に分けられる。

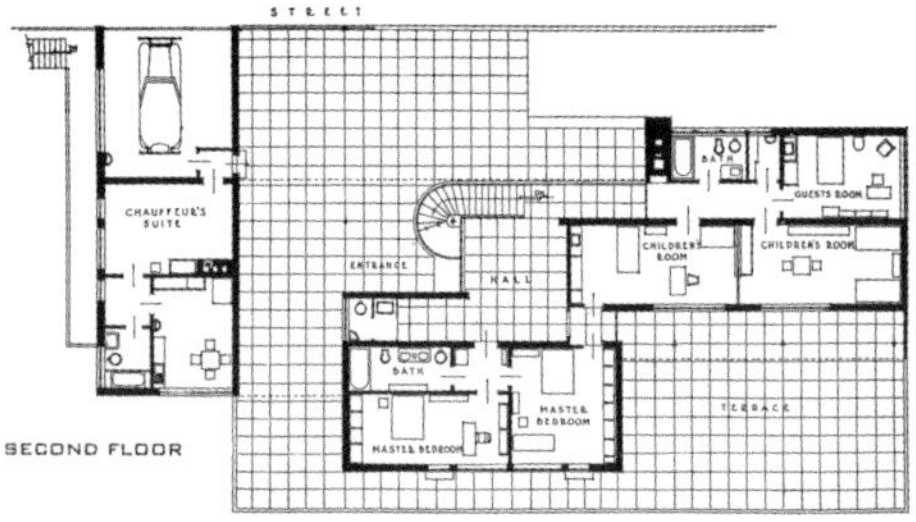

SECOND FLOOR

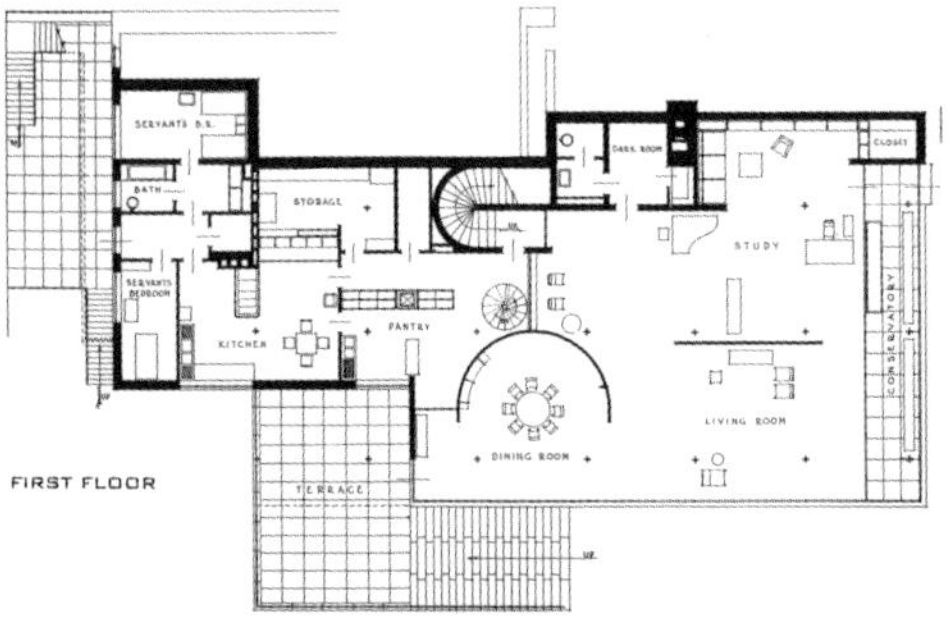

FIRST FLOOR

190

Miës van der Rohe: Tugendhat House, Brno, Czechoslovakia. 1930. Garden Façade

A cantilevered parapet one hundred feet long above a wall of glass is the basis of the design. The house is tied to its setting by a monumental flight of steps.

191

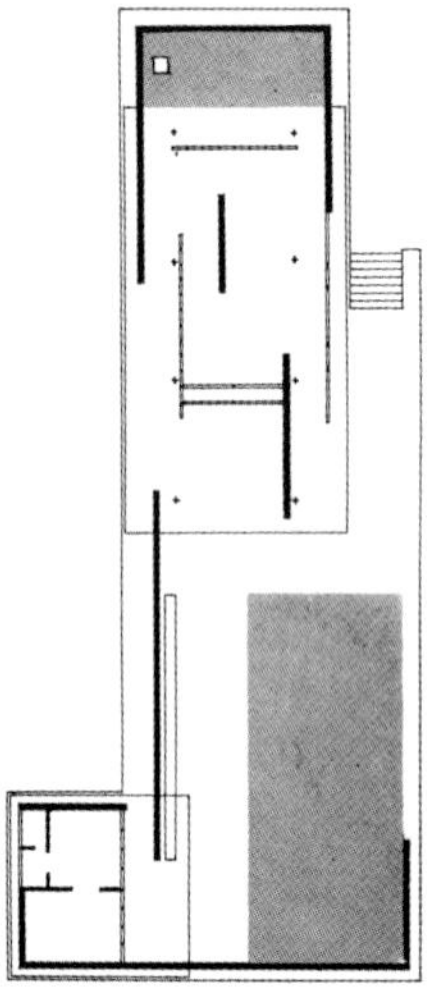

186

Miës van der Rohe: German Pavilion at the Barcelona Exposition, Spain. 1929

As this was a pavilion at an exposition, æsthetic rather than functional considerations determined the plan. The walls are independent planes under a continuous slab roof, which is supported on light metal posts. The absolute regularity in the spacing of the supports does not prevent wide variety in the placing of wall screens to form separate rooms. Rich materials: travertine, various marbles, chrome steel, grey, black, and transparent plate glass.

187

The International Style より　ミースの「チューゲントハット邸」（上）と「バルセロナ・パヴィリオン」（下）のページ

ミース「リール邸」

を得てそのサークルに出入りし始めたミースは、急速に哲学思想への世界が開かれることになりました。とりわけニーチェに傾倒していたリール[★64]からニーチェ思想の薫陶《くんとう》を受けることになりました。そして同時にこの地でカール・フリードリヒ・シンケルによる宮殿とヴィラのデザインに出会うことになります。リールに依頼を受けて1907年にはリール邸が竣工します。

リール邸で最も特徴的なのは、住宅と庭との関係です。敷地は北東側に向けて傾斜していて、その先にはプフィングストベルクへと開ける広大なランドスケープが広がっています。南西側の前面道路から敷地にアプローチするわけですが、道路側からは敷地は平坦に感じられ、建物も急勾配の切妻屋根[★65]が目立つ平屋の建物に見えます。しかし敷地反対側の傾斜面の方から見ると、土留めを兼ねた擁壁が建物と庭を貫通して水平方向に延びています。そのため建物は、擁壁の基壇部分を合わせると2層のヴォリュームとなって立ち現われてきます。つまり地面の上に立っている時には、住宅と庭とは別々に切り離されているように見えていても、その実この両者は共通の基壇の上に乗っており、いわば建築化された舞台の上で住宅と庭が関係しあっているということになります。建築の基壇とランドスケープを重ね合わせること。これがリール邸におけるミースの発見だったのであり、それはまたシンケルの教えの継承でもありました。

住宅と庭との接点として蝶番のような重要な役割を果たすのが、ロッジア[★66]でした。現在ではこの住宅は改装され、かつてのロッジアは室内化されて窓が嵌めこまれているのですが、竣工当初は外部化された列柱の空間でした。屋根で覆われてはいるけれども空気が通る半屋外のこの場所から、地続きの庭の風景を眺め、さらに向きを変えると列柱の間のフレームを通してプフィングストベルクへと向かう遠景が切り取られていく。室内、庭の自然、遠景のランドスケープとが、コラージュのように重ね合わされていく。それも室内から

★64——アロイス・リール
Alois Adolf Riehl 1844-1924　哲学者。オーストリア帝国ボーツェン（現イタリア・ボルツァーノ）生まれ。グラーツ、フライブルク、キール、ハレ、ベルリンなどで新カント派哲学を教えた。1906年にベルリン近郊ポツダムに建つ私邸の設計をミースに委嘱。実証主義や新たな自然科学上の発見（例えば非ユークリッド幾何学）を新カント主義と突き合わせた。主著『批判哲学とその実証科学への意義』（1876、79、87）。

★65——切妻屋根
中軸上の最頂部（棟）から地上へ下り勾配の屋根を架けただけの形式。四角形の建物であれば2枚の平面のみで構成され、その交線が棟となる。4枚の平面で構成される場合は寄棟と呼び、とくに建物の平面が正方形で線形の棟が発生しないときは宝形と呼ぶ。

★66——ロッジア
loggia　柱の間や壁の開口部などで外に開かれているものの、建物外からの人のアクセスができず、建物内部との通行のみ可能な、屋根のある廊下を一般に指す（出入口がある場合はポーティコ）。都市の広場、田園地帯では周囲の自然、またヴェネチアでは運河などに開かれる。建物から外部に張り出すテラスやヴェランダなどと異なり、建物内部という印象が強い。地上階にも上階にも、ときには双方にも設けられる。

庭へ、庭から室内へと張り巡らされた迂回する動線に導かれて、動きながらコラージュが生み出されていくのです。ロッジアの5つの柱間のうちで、一番北側奥の柱間だけにガラス窓が嵌めこまれています。これは初期のミースが好んで用いた手法です。バリー・バーグドール[★67]はこれをシュルレアリスム的手法と名づけています[*41]。ガラス窓は普通、屋外と屋内の境界面で空気を断絶させるために設けるものですが、ここでは屋外と屋外をつなぐ枠にガラス窓が嵌めこまれている。そうすることで内外の関係が錯綜し、風景のコラージュがよりダイナミックに作り出されることになります。この手法はその後ミースのいくつかの建物で反復されていきます。ここでのミースの試みを、ピクチャレスクな経験を建築化していくことと定義づけてみましょう。では、「ピクチャレスク」とは何でしょうか。

ピクチャレスク

イタリア語の「Pittoresco」、フランス語の「pittoresque」が英語化した「ピクチャレスク（picturesque）」という語は、元来クロード・ロラン[★68]やヤーコプ・ファン・ロイスダール[★69]などの17世紀風景画を範として、絵の主題としてふさわしい風景を指す用語として使われ始めました。そしてこの語はやがて、風景画に描かれる対象そのものを新たに造形化、現実化しようとする庭園制作のブームにのって、作庭の理論用語として彫琢されていくことになりました。風景画と庭園との関係は、ここでは奇妙に捩れています。つまり風景画とは現実の風景を代理＝表象するものですが、その源泉となる現実の風景を表象の模倣によって生成させ、その風景を見ながらさらに絵のような風景画が生み出される可能性を生み出しているからです。

ピクチャレスクの理論家だったウヴェデール・プライス[★70]は、風景が人間にもたらす喜びは、多様性と複雑さであると言います[*42]。一気

*41——Barry Bergdoll, Schinkel and Mies : Nature's perspective（日本語訳、「シンケルとミース：自然のパースペクティヴ」中田雅章訳［所収、『A＋U』2003年1月号、p161］）ミースの建築を「自然」とのかかわりから読み解こうとするバーグドールの分析は、私の問題意識と共通している。

*42——Sir Uvedale Price, *Essays on the Picturesque : As Compared with the Sublime and the Beautiful : And, on the Use of Studying Pictures, for the Purpose of Improving Real Landscape*, 1810

★67——バリー・バーグドール
Barry Bergdoll　コロンビア大学建築史教授、2013年までMoMA主任学芸員（コロンビア大学で学科長就任のため）。1977年コロンビア大学卒業、86年博士号取得。18世紀後半以降の仏独建築を中心に研究し、展示企画では「ベルリンのミース」展（01）、「ソヴィエトのモダン建築」（07）、「バウハウス」展（09～10）などを行った。MoMA所属以前もオルセー美術館などで実績がある。

★68——クロード・ロラン
Claude "Lorrain" Gelleé 1605?-82　フランス・ロレーヌ地方シャマーニュ生まれ、画家。本名クロード・ジュレ。少なくとも1620年からナンシー滞在以外はほぼローマで活動した。風景画がジャンルとして萌芽状態にあったため真剣な画題と認められなかった当時のイタリアで、表向きは宗教や神話などを主題としながら、光陰の効果を強く用いた風景描写に明らかに関心を向けた。代表作は「海港とメディチ邸」（37）、「シバの女王の船出」（48）など。

★69——ヤーコプ・ファン・ロイスダール
Jacob Isaackszoon van Ruisdael 1628-82　画家。オランダ・ハールレム生まれ。1648年には画家として独立し、56年アムステルダムに拠点を移した。低くなだらかな地形と広大な空のある風景を描き、オランダ黄金期にあって風景画というジャンルの確立に貢献し、ホッベマらの後継を育てた。代表作は「ベントハイム城」（53）、「ヴェイク・ベイ・ドゥールステーデの風車」（70）、「漂白場のあるハールレムの風景」（75）など。

に全体が与えられるのではなく、常に隠された部分があることによって好奇心を刺激するというわけです。絵画はひとつの静止画像として風景を提示するものですが、ピクチャレスクの概念が作庭理論として考えられ始めるようになると、動きをともなった風景の問題が考えられるようになっていきます。ハンフリー・レプトン[★71]は、画家が風景を見るのは固定した地点からであり、それに対して造園家は動きながら地形を見るのだと指摘しています。[*43] こうして、観察者の移動によって絶え間なく変化する不規則さを生み出す空間造形として風景式庭園の技法が確立されていくことになるのです。

建築史家のピーター・コリンズ[★72]は、18世紀中葉にヨーロッパの建築の世界に訪れた大きな変化をもたらした要因として、「パララックス（parallax）[★73]」の効果の発見を挙げています。[*44] パララックスとは辞書的に言えば観察者の位置の変化にともなって、対象物が見えがかり上移動して見えることとなります。コリンズが挙げている例で言えば、高速で走る車の窓から外を見ると、道路際の並木が車と同じスピードで動いているように見える現象があります。建築で言えば、列柱廊を移動していくと、柱同士の位置が変化していくように見えるだけでなく、柱と柱の間から向こうに見えるものと柱の位置関係もまた変化していくように見える現象です。

18世紀中葉のこうしたパララックス効果の発見は、古代ギリシャ・ローマの廃墟で見出されたものです。古代の廃墟の考古学的発見の興奮のただなかで画家や建築家たちは、朽ちて崩れかけた列柱の向こうに晴れ渡った空や森の繁みを見つめ、列柱と風景とのめくるめく相互関係が惹き起こすドラマを発見していったのでしょう。この複雑な視覚効果は、閉ざされた建築空間ではなく、崩壊して外部に開かれ周囲も荒れ果てて自然に包囲されてしまった廃墟だったからこそ、発見することのできたものだったはずです。廃墟の経験を通して、建築の内部と外部との相関関係が見出されることになりまし

*43——Humphry Repton. *Observaion on the Theory and Practice of Landscape Gardening*. 1803

*44——Peter Collins. *Changing Ideals in Modern Architecture 1750-1950*. Mcgill-Queen's University Press. 1965. p27

*45——Jean-Marie Pérouse de Montclos. *Jacques-Germain Soufflot*. editions du patrimoine. 2004

★70——ウヴェデール・プライス
Sir Uvedale Price. 1st Baronet 1747-1829 貴族、庭園家、ピクチャレスク運動の美学者。イギリス生まれ。リチャード・ペイン・ナイトの教訓詩『ザ・ランドスケープ』（1794）と同じ論陣を、同年に『ピクチャレスク試論』で張った。ランスロット「ケイパビリティ」ブラウンによる、少数の自然要素による簡素で静謐なデザインに反対し、細部と偶然に富んだ手入れをしないデザインを志向した。美と崇高に並ぶ美的価値としてのピクチャレスクを、ありのままの自然の特徴と捉え、これをさらに強めることを自らの役割とした。

★71——ハンフリー・レプトン
Humphry Repton 1752-1818 庭園家。イギリス・サフォーク州生まれ。裕福な徴税吏員の家に生まれたが事業に失敗し、1788年にケイパビリティ・ブラウン（83死去）の継承を志し庭園家に転身した。しかしより折衷的なデザインを志向し、砂利道、バラ棚、グロット、廃墟、ときには整形式の花壇も取り入れた。風景画家と老練な庭師の能力を統合したものとして「風景式庭園」という言葉を造語した。

★72——ピーター・コリンズ
Peter Collins 1920-81 建築家・建築史家。イギリス・リーズ生まれ。モダニズムの新解釈を示した理論家。J・F・ブロンデルなど18世紀フランス建築の研究といくつかの事務所勤務を経て、結婚を機にカナダに移住。56年からマッギル大学で建築史を講じた。著書に『コンクリート——新たな建築のヴィジョン』（59）、『変化する近代建築の理念——1750～1950』（65）、『建築的判断』（71）など。

★73——パララックス
parallax 視差。2つの異なる観測点から同一の対象点を見たときに見える角度が異なること。人間は両眼視、または自らの頭部か対象の運動により視差を獲得し、三角測量の要領で対象と眼球の距離を判断している。紀元前240年頃、エジプトで活躍したギリシャ人エラストテネスは視差を応用して地球の大きさを測定し、同150年頃、ヒッパルコス

ジャック＝ジェルマン・スフロ「サント・ジュヌヴィエーヴ教会（パンテオン）」（3 枚とも）

た。堅固な組積造の建築なのだから、もし壁が崩れていなかったとすれば、外の風景と建築の室内とが連動していくことなど思いつきようもなかったことでしょう。廃墟の中でその効果の魅力に惹きつけられた人の中に、プリミティヴ・ハットを描き出したあの廃墟画家ユベール・ロベールもいました。かたや古典学者ロバート・ウッド[★74]は廃墟の知見をイギリスに持ち帰り、ピクチャレスク理論の形成に大きな役割を果たすことになるのです。

パララックスの効果を建築空間において最も高い精度で追求した傑作は、疑いようなくジャック＝ジェルマン・スフロ[★75]によるパリの「サント・ジュヌヴィエーヴ教会[★76]」でしょう[*45]。今では「パンテオン」として知られるこの建物は、ギリシャ十字平面にクーポラ[★77]の架構を載せ、ファサードにはコリント式[★78]の列柱のポーティコ[★79]を配しています。ここで重要なのは内部の構成です。均等スパンの独立円柱群が林立し、それらが水平な梁を支持しており、壁は円柱から離してプレーンな面を形作っています。この構成はプリミティヴ・ハットの理論家ロージエの思想ときれいに合致するもので、完全なる建築のモデルであり、フランス建築の真の傑作であると賞讃しています。ロージエは建築の起源たる樹木の柱を想起させる円柱が壁体から独立している構成をよしとし、付柱を不純だとして批判していたのでした。

竣工当初は外壁には大きな開口が開けられていましたが、クーポラを支えるピア[★80]に亀裂が見つかったことから構造強度不足が指摘され、開口が塞がれたおかげで、当初の様子とは一変してしまいました。おそらくこの開口の効果はきわめて大きかったのではないでしょうか。林立する円柱群の間をさまよい歩き始めると、途端に風景が動き始め、目くるめく視覚的運動が惹き起されていきます。開口をとおした外部の風景がさらにこれに加わって重ね合わされていったことでしょう。スフロがサント・ジュヌヴィエーヴ教会で試

は地球と月の距離を地球の直径の30倍と測定した。天体の運動視差にあたる光行差は18世紀、地球の公転軌道上の両端から天体を見る年周視差は19世紀に発見された。

★74――ロバート・ウッド
Robert Wood 1717-71　旅行家、古典学者、政治家。イギリス・ミース州（現アイルランド）生まれ。古典好きが高じてイタリアや東地中海を旅行し、1750〜51年の旅行の成果としてパルミラ（シリア・タドモル）、バールバック（レバノン東部）両遺跡の実測と図版を各々53年、57年に英仏語で出版。56年からは政府で働き始め、61年より議員。ホメロスに関する論文を私家版で67年に発表し、75年に公刊した。

★75――ジャック＝ジェルマン・スフロ
Jacques-Germain Soufflot 1713-80　建築家。フランス・ブルゴーニュ地方イランシー生まれ。法律家の父に逆らい19歳から1738年までローマで建築を学び、その後リヨンで株式取引所（竣工50）やオテル・デュー病院ファサード（61）などを設計。49年からポンパドゥール夫人弟のグランドツアーに同行してパエストゥム、ポンペイなどを調査。51年に帰国しサント・ジュヌヴィエーヴ修道院会堂（90）を設計した。ロココに反対し古典主義の要素を自由に用いた。

★76――サント・ジュヌヴィエーヴ教会
l'église Sainte-Geneviève　1790年竣工、パリ5区。石造に鋳鉄補強。6世紀の聖女に捧げられた教会堂として設計されたが78年に円柱に亀裂が見つかり、スフロの死後に柱間を壁で埋められた。1791年、革命期の国民議会がミラボーの死後フランス国家の偉人を祀る墓所と決め（高窓が塞がれた）、教会堂になった時期を挟んで現在パンテオンとして作家・科学者・政治運動家らが埋葬されている。十字型平面などのギリシャ的要素と、フライング・バットレスなどのゴシック的軽快さを併せ持つ。

★74〜76

カール・フリードリヒ・シンケル「庭師の家」

カール・フリードリヒ・シンケル「シャルロッテンホーフ宮」

みたのは、ピクチャレスクな視覚経験と古典主義の形式性との統合だったと言っていいと思います。

イギリス風景式庭園の理論家たちは、ピクチャレスクな効果を求めて複雑で多様な動線を作り、非対称な構成へと向かっていきました。その一方でフランスにおいて新古典主義[★81]を標榜するスフロは、対称的な構成や古典主義的な全体性の中に、多様で変化に富んだ視覚体験を封印する実験を行っていったのです。スフロのこうした試みを後押ししたのが、ギリシャ建築におけるパララックス効果の存在でした。ギリシャ建築における視覚効果に関しては、ウィトルウィウス[★82]にもすでにその言及がありますが、ヨーロッパでは18世紀の考古学調査の過程で徐々に明らかになっていきます。

ドイツではシンケルが、スフロと同じようにピクチャレスクな視覚経験と古典主義の形式性の統合を試みていきます。ポツダムで１８２０年代から30年代にかけてシンケルによって作られたヴィラの建築群にその試みは顕著に現われています。サンスーシー宮[★83]の広大で起伏に富んだ庭園の中に建設された「シャルロッテンホーフ宮」[★84]は、ほぼ対称形の新古典主義建築であり、中庭側には4本のドーリス式円柱からなる柱廊が配されています。シャルロッテンホーフ宮の付属施設として建設された「庭師の家」は、主屋の周囲にティーパヴィリオン、葡萄棚、ローマ浴場群が対称軸線上に配されています。シンケルは１８０４年のイタリア旅行の際にシチリア島の農家のスケッチを残していますが、そこに描き出されている葡萄棚は、庭師の家の葡萄棚のモデルになっていると言われています。

ピクチャレスク建築というと、自然の景観にあわせて非対称性を強調したイメージを抱きがちですが、シンケルは対称性を保ったフォーマルな古典主義的構成を中心にして、そこに部分的な非対称性を埋め込んだり、ひとつひとつの建物は軸線上には位置しながらも、群として見ると複数の軸を設定して微妙に軸をずらす操作を

★77──クーポラ
Cupola　基部が平面図上で円形または多角形をしているドーム構造で頂部に備えられた小塔を指す場合と、ドーム構造そのものを指す場合がある。ドーム構造はアーチを頂点を通る鉛直軸を中心に180度回転させた構造。これを基部で支えるのがドラムまたはタンブール。

★78──コリント式／ドーリス式
どちらも『建築十書』にも紹介された5つのオーダー（公認の柱と装飾と比例体系のセット）のひとつ。コリント式は紀元前5世紀から使われ、アカンサスの葉を冠した細身の柱と柱基が特徴。ドーリス式（ドーリア式）は紀元前11世紀から使われて、柱礎のない太めの柱とシンプルな柱頭が特徴。

★79──ポーティコ
Portico　元はファサード中央の入口部分が分節され、独立した円柱や付柱（壁から浮き出して柱のように見える部分）と、それらで支えられたかそのように見えるペディメント（破風の妻側で装飾が加わる三角形の平面）をもつ部分。建物本体から突出する場合も引き込まれている場合もある。転じて、列柱のある歩廊を一般に指す。

★80──ピア
Pier　円柱と異なり、四角形や複合形状の断面をもつ柱、または窓の間の壁。

★81──新古典主義
Neoclassicism　古代ギリシャ・ローマ時代の調和、比例、秩序に基づく芸術を理想とする立場と様式を古典主義という。とくに新古典主義は18世紀後半のフランスに、華美で装飾性豊かなロココ様式に対抗するものとして現われた。古典主義の様式を新たに読み替え、単純ながら重厚で荘厳な建造物を作り出し一世を風靡した。19世紀に入ると次第に、保守的で鈍重な様式と捉えられるようになる。

カール・フリードリヒ・シンケル
「シャルロッテンホーフ宮」
列柱廊からのパース画

行ったりしています。建築と庭園との関係を作り出すのに貢献しているのが、列柱や葡萄棚などの半屋外的な構築物たちです。これらは巧みに動線を誘導し、視線の展開を作り出す装置になっています。シンケルは好んで透視図を描いていますが、それを見るとシンケルが意図した効果を体感することができます。設計された建物自体はシンプルな構成であるにもかかわらず、透視図に描き出されるイメージは変化に富んだ要素をふんだんに含みこんでいます。透視図は静止画ですが、実際はこれに運動が伴うことによって、視界の変化はさらにダイナミックになります。列柱や葡萄棚の柱は、もちろんパララックス効果を意図して設計されているはずです。

ミースと自然

アロイス・リールとの出会いを通してミースがポツダムで体験することになったシンケルとは、このようなシンケルだったのです。リール邸のランドスケープと住宅との関係づけ方ももちろんシンケルの影響を色濃く示しています。また、クレーラー・ミュラー[★85]のためにハーグ郊外に構想し、木とキャンヴァスによる実物大の模型まで製作したヴィラと美術館の複合建築もシンケルの影が強く出ている計画でした。庭側にパーゴラ[★86]やポーチが張り出して室内と屋外の緩衝空間を作り出し、それが動線と重なり合って、ガーデン・コートとプラザを関係づけているのです。１９２４年の「煉瓦造田園住宅案」[★87]に至ると、部屋の概念は大きく変容し、自立壁の構成によって場が作られ、内部と外部が浸透する現象を引き起すようになっていきます。

実際に広大なランドスケープの中に設計するヴィラなどの建築であれば、こうした手法を用いればピクチャレスクな経験を生成させる場所の設計は可能でしょう。ところがそれが都市の中であったり、

★82——ウィトルウィウス
Marcus Vitruvius Pollio 80/70BC-15BC?　ローマ期の建築家。『建築十書』(De architectura　紀元前15年?)を著した。ユリウス・カエサルの下に勤務し、アウグストゥスに同書を捧げていることが記述から解る。中世にも同書の写本は存在し参照されていたが、1414年にスイス・ザンクトガレン修道院で再発見されると、古典建築の知識を伝える唯一の著書としてルネサンス期の西洋世界に広範に広まり、以後古典古代への関心において唯一の地位を獲得した。

★83——サンスーシー宮
Schloss Sanssouci　ゲオルク・ヴァンゼスラウス・フォン・クノベルスドルフ設計、1747年竣工、ドイツ・ポツダム市、一階建て。プロイセン王フリードリヒ2世の命で建てられた夏用の離宮。青い屋根と黄色い壁の簡素な外装とロココ式の室内が特徴。名前はフランス語の「憂いなし」に由来する。

★84——シャルロッテンホーフ宮
Schloss Charlottenhof　カール・フリードリヒ・シンケル設計、1829年竣工、ドイツ・ポツダム市、一階建て。サンスーシー宮の南にプロイセン王フリードリヒ・ヴィルヘルム3世が追加購入した敷地に建てられた、皇太子(後のフリードリヒ・ヴィルヘルム4世)夫妻の夏用の離宮。青と白の内装が特徴。名は地所のかつての所有者マリア・シャルロッテ・フォン・ゲンツコウに因む。

Heavenly Houses 6

ファーンズワース邸／ミース・ファン・デル・ローエ

064

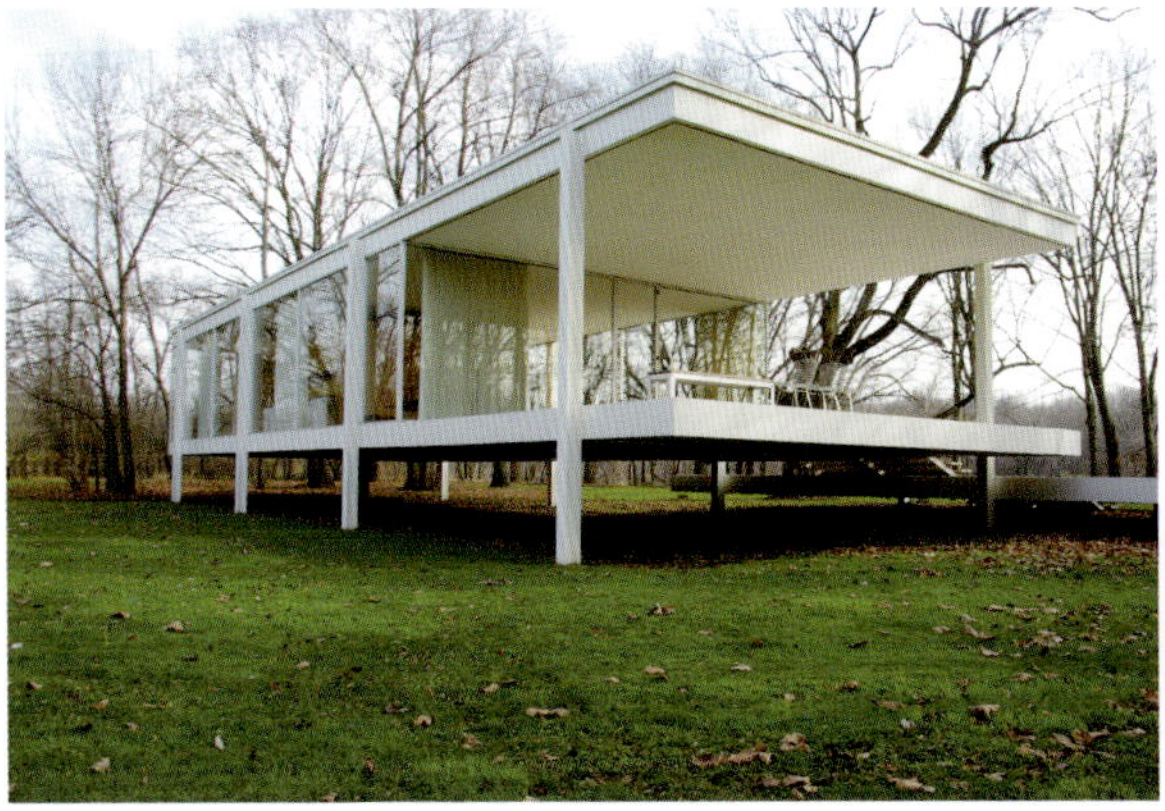

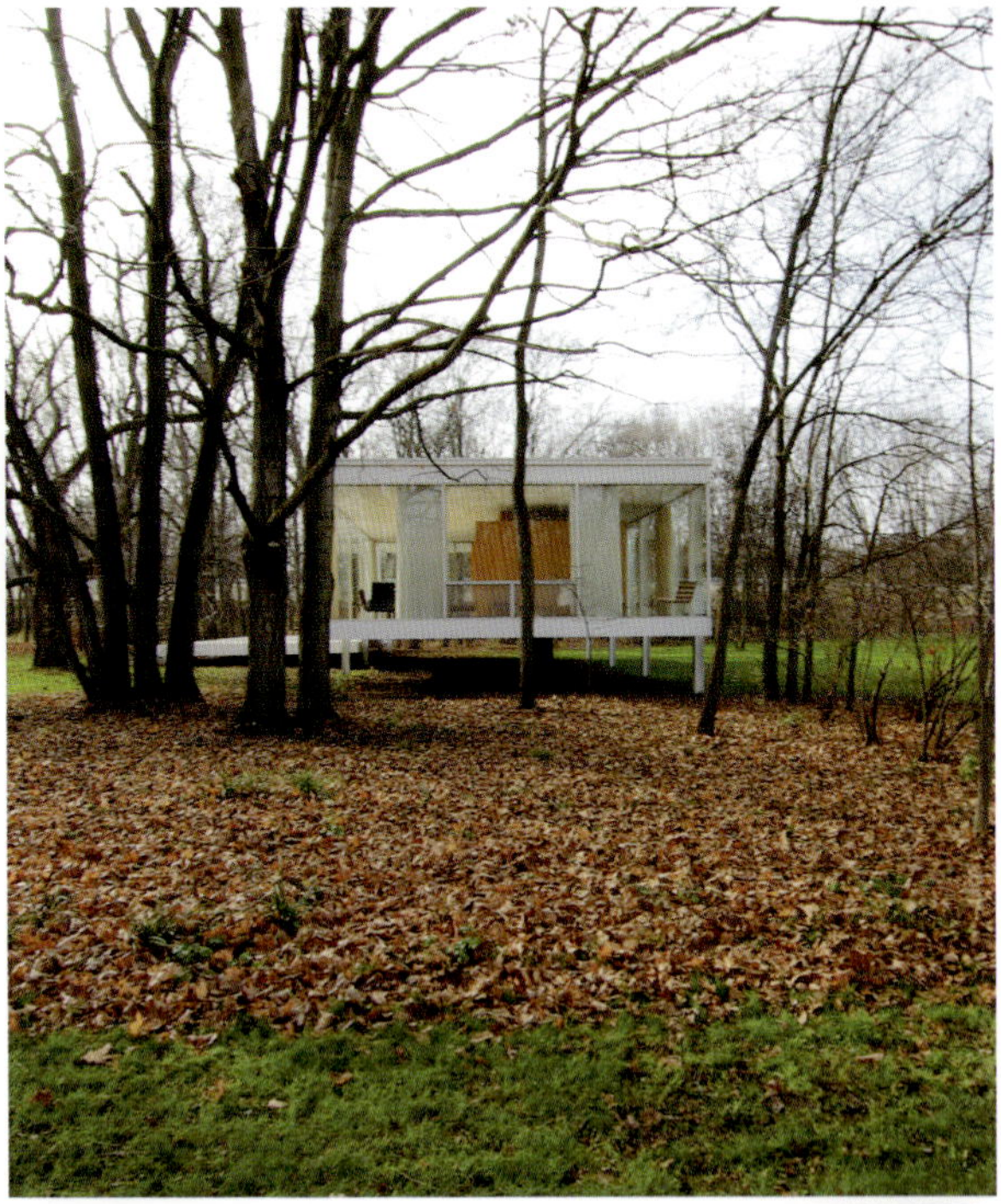

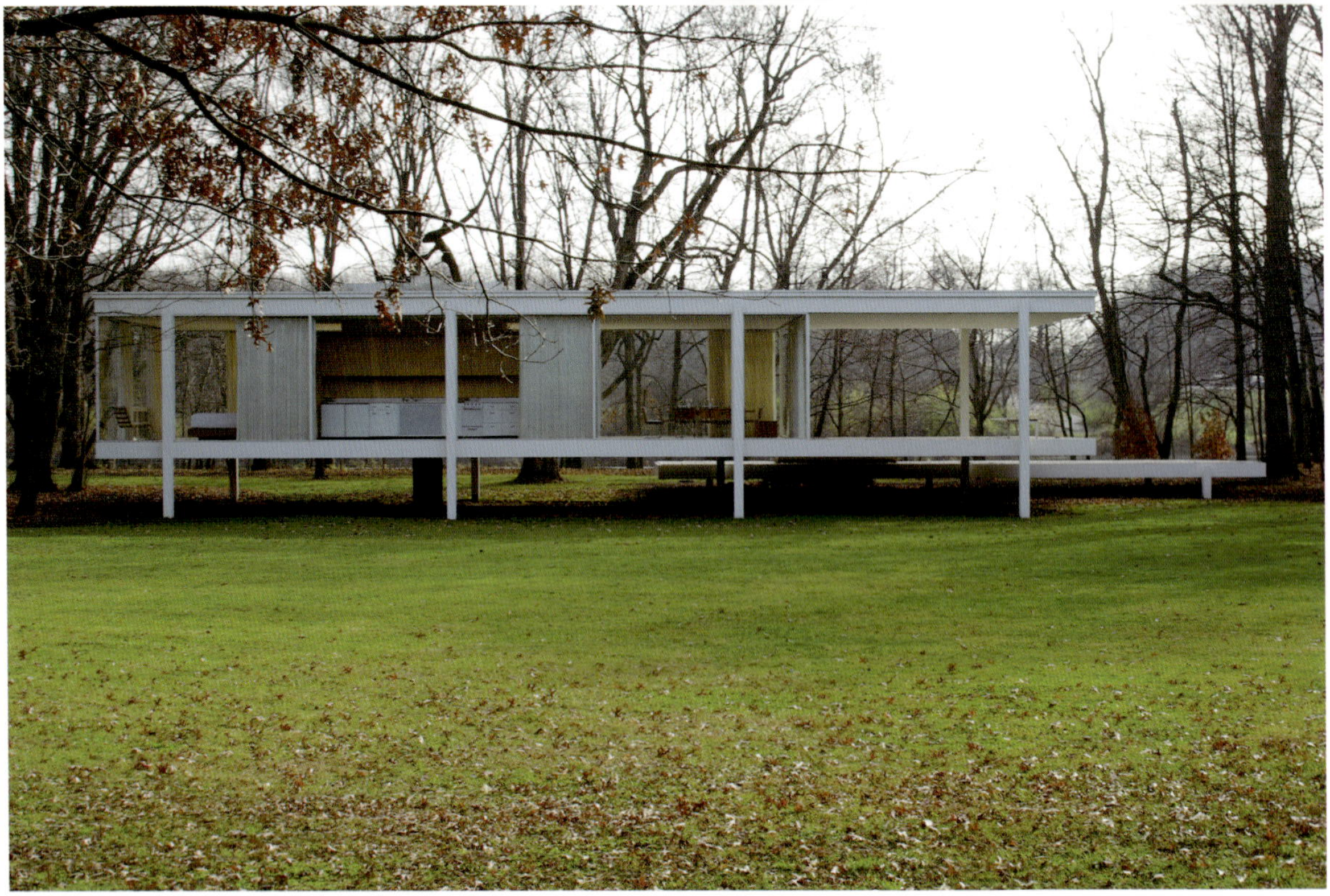

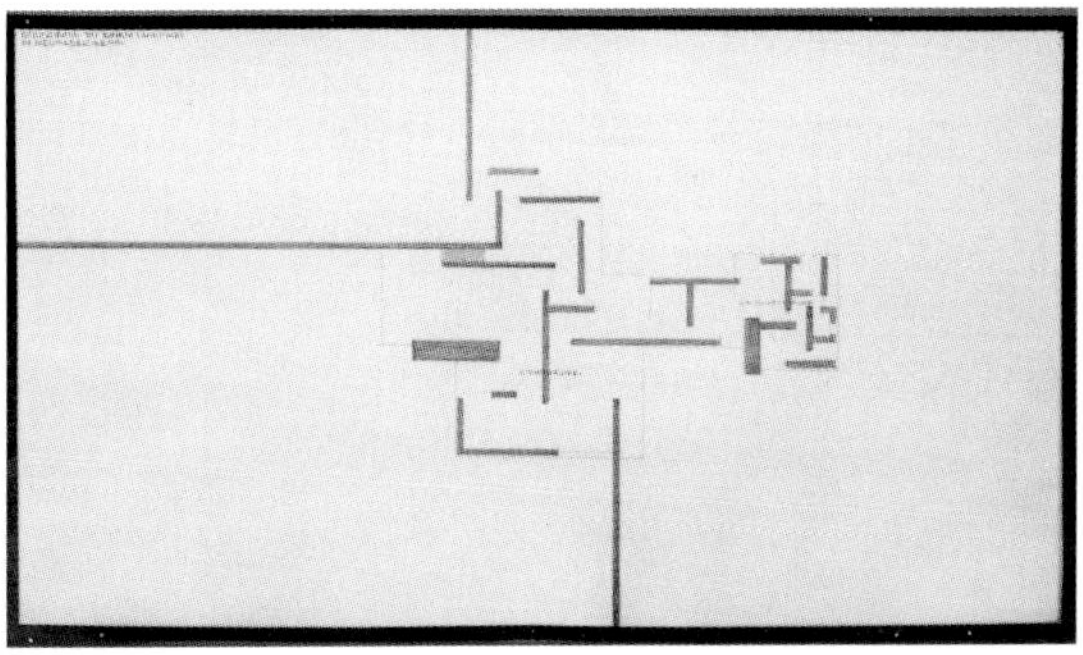

ミース「煉瓦造田園住宅案」　パース（左）と平面図（右）

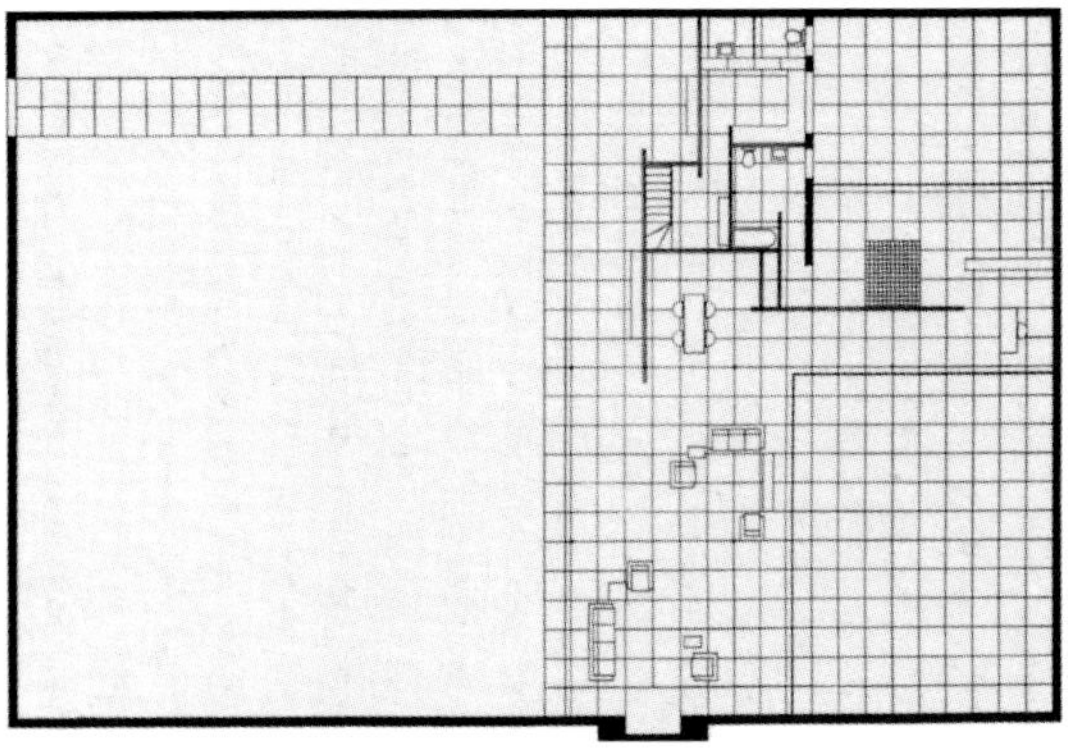

ミース「3つの中庭のある家」　平面図

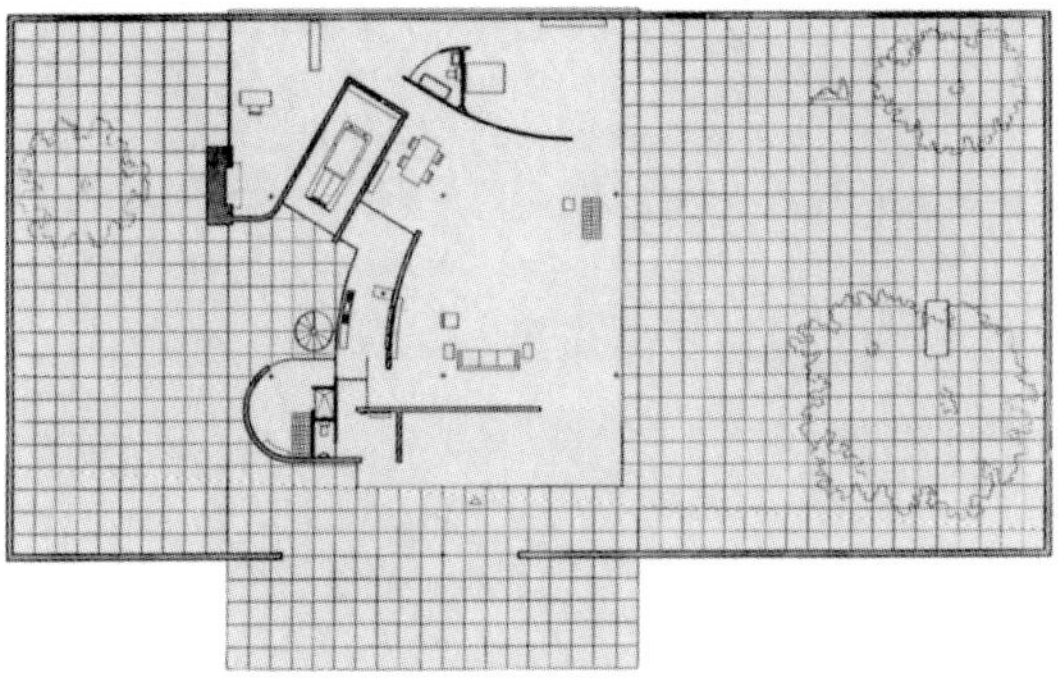

ミース「曲壁のあるコートハウス」　平面図

敷地の制約があったりした場合はどうなるのでしょうか。もちろん田園建築と都市建築とを峻別した上で、異なるタイポロジーとして設計していけばいいわけでしょうが、しかしミースは必ずしもそうはしなかった。敷地の制約があるような場合でも、自然を取り込むピクチャレスクな経験を建築化することにこだわっていた形跡があります。

第二章で詳しく分析しますが、バルセロナ・パヴィリオンは、ほとんどランドスケープ・デザインだと言ってもいいと思います。基壇の上に池を作って内外が連続する舞台を用意し、壁と柱を離散的に配して内部と外部が浸透し入れ替わる空間を生成させました。壁やガラス面をスクリーンとして透過と反射の効果を導入しながらも、周辺の風景もパララックス効果として取り込んでいる。ここでは「リール邸」や「クレーラー・ミュラー邸」などよりも外部の自

★85——ヘレーネ・ミュラーとアントン・クレーラー
Helene Müller 1869-1939 / Anton Kröller 1862-1941　ヘレーネ・ミュラーはドイツ・ホルスト生まれ。父が実業家となり、そのオランダ・ロッテルダム支店支配人の弟アントン・クレーラー（同地生まれ）とヘレーネが知り合う。二人は88年に結婚し、アントンは共同社主となる。第一次大戦を機に社業は隆盛を迎え、アントンは政商となった。画家ヘンク・ブレマーの指導を受け、ヘレーネは1910～20年代にゴッホら近現代美術を収集した。30年代にクレーラーの事業は縮小していくが、コレクションは35年に国家に寄付され、アンリ・ヴァン・デ・ヴェルデの設計で38年に開館した、クレーラー・ミュラー美術館収蔵品となった。11年、夫妻は住居とギャラリーを兼ねた建物をベーレンス事務所に依頼するが計画に満足せず、ブレマーが推薦したオランダの有名建築家ベルラーへへと、ベーレンス事務所を退職した若きミースとの設計競技に諮ったが、結局どちらも実現されなかった。

★86——パーゴラ
Pagola　庭園において左右に列の柱の上に根太を渡し、ツル性の植物を絡ませた日蔭棚。

★87——煉瓦造田園住宅案
The Brick Country House　1924年、ドイツ・ポツダム近郊ノイバーベルスベルクを敷地として大ベルリン芸術展で発表され、翌年マンハイム美術展にも出品された未実施案。壁構造だが大きなガラス外壁があり、個室を隔てる間仕切り壁で支持している。個室に完全に区分されない連続空間が、ドゥースブルフやマレーヴィチの絵画のような平面図で表現された。施主などの実現可能性を見通さず発表したと考えられている。

ジョセフ・パクストン
「クリスタル・パレス」
工事中の様子

然に依存しすぎない自律的な場が生まれている。さらには１９３０年代に集中的に取り組むことになった一連のコートハウス計画。そこでは敷地ごと塀で囲い取り、建築化し、庭と室内が関係しあう場を生み出しています。特に１９３４年頃の「３つの中庭のある家」[★88]や「曲壁のあるコートハウス」[★89]などでは、強固な殻のような壁が庭を含んで敷地全体と閉じ、その中で室内と庭を分つ境界はすべて透明なガラスにすることで、庭の中に住むかのような空間を作り出しています。またチューゲントハット邸には、リヴィングの脇にガラス貼りの温室があり、熱帯植物などの鉢植えが設えられているため、屋外からは隔離されているにもかかわらず、温室という外部空間と室内とを関わらせようとしています。温室から差し込む直射日光によって、リヴィングに立つ縞瑪瑙の壁に温室の羊歯植物の影が映りこみます。生きた植物の影が、化石のように時間を封印した鉱物に重ね合わされて、封印した時間が解凍されていくかのように感じられます。

庭園におけるピクチャレスクの経験を考える時に、忘れることが出来ないのがガラスの存在です。ロンドンの「クリスタル・パレス」[★90]からはじまり植物園のガラス温室に至るまで、庭園の中でガラスはその透過の力によって内外の連続性を形づくる力を持ちます。廃墟のギリシャで、崩壊した壁の隙間や列柱の間から見えた外部の風景からパララックス効果が発見され、新古典主義の建築家たちがそれを半屋外空間で敷衍してピクチャレスクな経験を建築化したわけですが、ガラスという物質の存在は、この経験を室内化しました。ガラスを用いた透明な壁で内外を仕切れば、室内にいながらにして屋外の風景を楽しむことが出来る。ミースは、ガラスを窓としてではなく、透明なスクリーンとして使用していきます。こうしてミースは、ランドスケープ・デザインとしてピクチャレスクな経験を建築化する手法を確立していくことになりました。

★88〜90

★88——３つの中庭のある家
The House with Three Courts　１９３４年に発表された未実施案。長方形の敷地に壁で囲まれた大中小３つの中庭をもつT字型平面の一階建て。構造から独立した間仕切り壁も平面（平面図上では直線）のみである。

★89——曲壁のあるコートハウス
The Court House with Curved Wall Elements 「ガレージを持つコート・ハウス（Court House with Garage）」とも呼ばれる。１９３４年に発表された未実施案。長方形の敷地の中央に、曲面の凹凸の加わった長方形平面で一階建て。凹部の奥にガレージがあり住宅平面に貫入する。間仕切り壁も曲面（平面図上では円弧）を中心に想定されている。

★90——クリスタル・パレス
The Crystal Palace　ジョセフ・パクストン設計、１８５１年竣工、イギリス、ロンドン・ハイドパークに所在、第1回万国博覧会会場、鋳鉄造・ガラス壁、2階建。長さ５６０m、幅１２０m、高さ40mの規模で万博全出展者を収容した。51年5月開幕のための計画を50年3月に開催委員会が公募したが、費用面などから全案を不採用とし、50年6月に庭園技師パクストンの案を採用した。鋳鉄部品と板ガラスによる乾式工法で工期短縮に成功。万博閉幕後54年にロンドン南方に移設され複合施設となったが、１９３６年全焼。同地の公園とサッカークラブに名前を残している。

時間の建築術

床の進化論

私たちは観察者が動きながら時間を知覚するメカニズムを、ミースの建築思考の中に見出してきました。そしてその際に、建築の起源をモデル化したロージエの「原始の小屋」のイメージをミースが強く共有しているのではないかという仮説を提示しておきました。自然の中で生の樹木を柱に見立て、そこに梁を渡して建築化したものが、ロージエが考える原始の小屋でした。ミースは20世紀の初めに近代建築を考えるに際して、近代にふさわしい「原始の小屋」を構想しようとしました。必要最小限の部材によって建築の仕組みを表現して時代の意志を表出させること。それがミースにとっての建築術でした。

ファーンズワース邸では、屋根架構までを支える8本とテラスの床のみを支える4本の合計12本のH形鋼が、溝形鋼の梁に側面で溶接されて極端に単純化された架構システムが成立しています。梁に対して側面から柱が溶接されて柱が勝っており、室内側にガラスが嵌めこまれているために、柱は室内から追放され、外部化しています。ミースの建物で柱が外に出たのは、この建物が初めてです。もともと壁の中にあった柱が外在化されて付柱のような存在になっています。さらに「ベルリン新国立ギャラリー」においては完全に外に出てしまいます。

柱が外部化されることによって、室内側からはこれまでなかったような空間効果が生まれます。床が地面から持ち上げられていることと相まって室内空間は宙に浮き、支えられるもののない浮遊感が生み出されます。ロージエ神父は、柱は円柱でなければならないと

言います。自然界に四角はなくて樹は断面が円だからです。ところがミースは円い柱をほとんど使わない。ファーンズワース邸は室内からH形鋼の柱を見ると、構造的な要素というよりはルネサンス期のピラスター★91を引き継ぐような付柱として捉えられます。あるいはむしろ額縁のようだと言ってもいい。床が周囲から持ち上がっているにもかかわらず、室内から構造要素が消滅してしまえば、トリッキーではあるけれども浮遊感は強まります。

支え支えられる支持関係を見えがかり上は欠いてしまった奇妙な浮遊空間の中から、透明なガラスを通して浮かび上がってくるのは外部の自然、とりわけ樹木です。これらの樹木は当然建物を支持しておらず、建物とは関係のない要素ですが、建物を覆いテラスを屋

★91

★91――ピラスター
Pilaster　壁面から浮き出して柱のように見えるよう表現されたもの。付け柱とも呼ばれるが、構造的意味はなく、壁面のリズムや空間の分節と秩序が目的である。

根のように架け渡す樹木は、この住宅がまるでツリーハウスででもあるかのように感じさせてくれます。樹木は、円柱の原型です。ユベール・ロベールの「大木の下の小屋」のイメージが暗に示しているように、原始の小屋の傍らで大きな枝葉を拡げて木陰を作る大木は、小屋を守るさらなる構造体の隠喩になります。ファーンズワース邸の室内から構造が追いやられて屋外のH形鋼柱が額縁のように見えるとき、ガラス越しに見える樹木はあたかも虚の柱であるかのようにその存在を際立たせていきます。このような人工的な構築と自然との関係を混ぜ合わせていくような効果を、ファーンズワース邸は惹き起こします。ミースはファーンズワース邸の建築の意図として、自然と建築との、より高次な関係を生み出そうとしたと語っています。[*46] 建築を通して感じられる自然が、生な自然よりも高貴な存在となる。建築というフィルターによって自然をより純化すること。

　ロージエ神父の原始の小屋とファーンズワース邸が根本的に異なる点があるとすれば、それは床の解釈ではないでしょうか。ロージエ神父は原始の小屋で床を定義していませんでした。ところがミースは床を第一に考えていたと思うのです。ファーンズワース邸においては、フォックス川の氾濫に備えて高床にしたという機能的理由が第一のようです。たしかにそれも大きいでしょう。ところが近年の気象の変化によってフォックス川は当初ミースが想定していた水位を凌ぐようになってきていて、洪水で床上まで川が浸水することがあるのです。私は濁った濁流によって水かさが増すフォックス川が床下ぎりぎりまでおしよせているファーンズワース邸の写真を見た時、不謹慎ながらその美しさに目が離せませんでした。川の水平線とスラブの水平線が見事に同期する姿が衝撃的な美しさだったからです。

　しかし高床にしたのは、その理由だけではないと思います。ミースの建築においては、まず床がある。バルセロナ・パヴィリオンな

*46

*46——Mies van der Rohe, quoted in Christian Norberg-Schulz, "Ein Gesprach mit Mies van der rohe", *Baukunst und Werkform*, 11, 1958

フォックス川からの洪水により浸水
Maritz Vandenberg, *Farnsworth House: Ludwig Mies van der Rohe*, p.27 より

どにおいても基壇にのせて高床があります。ギリシャ神殿の基壇の上も、周囲から1段上がることで列柱の間から見える外の風景がパラックスの効果を引き起していたのでした。ギリシャ神殿は、地面と縁が切れた舞台としての床という存在を生み出しました。その存在に気づくのは、18世紀末からはじまる遺跡発掘ブームの中でギリシャ・ローマを旅した建築家や芸術家たちでした。水平な浮き床は、近代建築の発明である鉄とコンクリートを使ってギリシャ神殿の基壇の可能性を拡張したものだと考えることができます。水平な浮き床は、切石組積造の歴史においてはきわめて困難な課題でした。したがって水平な浮き床が必要な場合は木造でスパンを短く建造する他はなかった。しかし引っ張りに強い物性を持つ鉄は、スパンを飛ばした水平床を可能にしました。床の水平性こそが、近代建築の可能性の中心だったわけです。

ファーンズワース邸において、床は地面と縁を切って浮いています。1段上がっているテラスに至ると、床だけでもすでに建築であることを感じさせる。さらにもう1段上がると、床と屋根だけがあって壁面、皮膜がないゾーンに入ります。これはロージエのプリミティヴ・ハットと同じです。ここはダイニング・スペースとして使えて、床と屋根だけの場所で夕食を摂れるようになっています。そこからさらにガラスの皮膜がある空間に入っていきます。柱、床、屋根、皮膜という順につけ加わり、最後にはコアという完全に覆われた空間に行き着きます。この建物のシークエンスを辿るプロセスが、建築の構成過程を時間的に追体験するようになっているし、さらに大げさに言えば建築の進化を辿るような大きな時間の流れを含みこん

でいるようにも思えてきます。ひとつの建築物の中に埋めこまれたミースによる建築史の試みだとも言える。

ロージエ神父の建築起源論とならんでミースが親しんでいた建築家・建築史家がいます。ゴットフリート・ゼンパーです。[＊47] ロージエ神父とゼンパーは建築の起源においては対立する思想を持っていました。しかしミースは両者の歴史的な建築思考を統合させようと考えていたように見えます。ゼンパーは、火を起こす炉が建築のはじまりを印づけるものであり、そしてテキスタイルの被覆が人間を風雨から守る原始的な存在だったのだと主張します。ファーンズワース邸がゼンパーの建築起源論をも踏襲しているのは明らかです。キッチンと水廻りを含みこむコアには暖炉が埋めこまれていて、この住宅の中心となっています。このコアは四周に開かれています。4面ガラス貼りのこの住宅は、自然の中で火を囲む姿を思い起こさせます。原始の小屋を覆うテキスタイルはここでは透明なガラスに置き換えられ、遮ることのないこの皮膜を通して、火と自然が一体化するわけです。

もう一度床の問題に戻りましょう。敷地へのアプローチから考えると、北側から徐々に建物に近づきながらも大きく東へ迂回し、南側に廻りこみながらメープルの懐に入ってテラスを上がり、玄関へと辿り着きます。室内でもぐるっと廻る回遊動線になっていますから、この建物の動線は敷地外部も含みこんだスパイラル状になっていることがわかります。近代建築の中で、敷地も含めたスパイラル状の動線を作り出している住宅といえば、ルイス・カーン[★92]の「フィッシャー邸」が思い浮かびます。フィッシャー邸[★93]は、敷地全体を黄金分割してその比によって2つのヴォリュームのずれる角度を割り出していると私は考えているのですが、黄金分割[★94]によって生じる対数螺旋が室内の動線にも連動していて、徐々に空間のヴォリュームもスケールダウンしていくのです。ファーンズワース邸はそこまでの

＊47——Gottfried Semper, *Der Stil in den technischen Künsten*, Verlag für Kunst & Wissenschaft,1860,English translation, *Style in the Technical and Tectonic Arts;or,Practical Aesthetics*, The Getty Research Institute Publications Program,2004

★92——ルイス・カーン
Louis Isadore Kahn 1901-74 建築家。ロシア帝国（現・エストニア領）サーレマー島生まれ。06年一家で米フィラデルフィアに移住、帰化。24年ペンシルベニア大学卒業後35年独立。公共住宅の設計に取り組み、37年以降市と合衆国の住宅局顧問。イエール大学アートギャラリー（51）、ペンシルベニア大学リチャーズ医学研究棟（60）を皮切りに建築家としての経歴を開始し、ソーク生物学研究所（63）、バングラデシュ国会議事堂（82）、キンベル美術館（72）など。

★93——フィッシャー邸
Fisher House ルイス・カーン設計、1967年竣工、米フィラデルフィア郊外ハトボロ、住宅、石積みの基礎に木造、2階建て。医師のクライアントに合わせ、住宅と医院を分節する予定だったが、角度をつけて接続された2個のほぼ立方体は、最終的に一方が居室、他方が寝室に充てられている。

★94——黄金分割
golden ratio 古代ギリシャから芸術作品に応用されてきた、最も美しく見えるとされる比率。線分ABを点Cによって内分し、AC：BC＝AB：ACとするときの比を指す。比はAC：BC＝約1.618：1、または1：約0.618という無理数になる。長方形を黄金比で分割すると、相似の長方形を次々と内につくれる。近代の建築でもジュゼッペ・テラーニ、ルイス・カーン、フランク・ロイド・ライトなどが設計プロセスで黄金比を用いている。

形式化がされているようには見えませんが、幾何学的な構成とスパイラルの運動は、この2つの建築に共通する特性です。

緑、太陽、動線

フィリップ・リュオー[★95]が新緑の時期に撮影した深い陰影のあるファーンズワース邸の写真を見てみましょう。時期によってもちろん緑のヴォリュームは大きく変化しますが、この新緑の時期にはファーンズワース邸は驚くほど深い緑に包まれます。ベッドが置かれる東側には数本の比較的小振りな樹木が密生し、大きな緑のヴォリュームを形づくっています。建物はそのヴォリュームの中に一部貫入しています。密生した葉の間から、朝日が差し込んできます。ピーター・カーターは四季を通してファーンズワース邸に通い、ファーンズワース邸の朝の魅力を語っています。[*48]彼によれば、ファーンズワース邸で寝ていると明け方早く葉の陰から日が差してきて目が覚めるといいます。かつてウィトルウィウスは、寝室は東に面して朝日で目が覚めるようにするべきだと記していますが、まさにその通りの配置計画です。ファーンズワース邸は全面ガラス貼りですが、ベッドが置かれているあたりは緑で被覆されていると言ってもいい。リュオーの写真は、ファーンズワース邸がまるで張り出す樹木によって架構され、繁茂する緑によって覆われることを想定していたかのように存在していることを表現しています。

この住宅の周囲には他にも南と西、北にそれぞれ大きな樹木が存在しています。面白いことにこれらの樹木は、この住宅の4つの大きなアクティヴィティに対応しているように見えるのです。南側にあるメープルの巨木は、途中で大きく枝を周囲に広げて一部分をまるでファーンズワース邸のテラスを覆う屋根のように張り出させています。この住宅の南側はリヴィング・スペースにあたり、日中の

★95——フィリップ・リュオー
Philippe Ruault 1949- 写真家。フランス・ポワトゥー地方セリゼ生まれ。87年ポンピドゥー・センターでリチャード・ロジャースの展示など、いくつもの展示に携わっている。1988〜2002年に日本の『建築文化』に有名建築の写真を掲載し、建築家（ジャン・ヌーヴェル、OMAなど）のモノグラフも手がけている。

*48——Franz Schulze, Farnsworth House, *illustrated booklet to the Farnsworth House*, 1997

多くの時間を過ごす場所です。西側にはもう1本の樹木がテラスに迫ってきています。そのあたりは夕方になるとダイニングのためのスペースとして使われ、時にはテラスに出て夕食をとったりすることも出来るようになっていたようです。そして北側には大きく引きをとってもう1本の樹木があります。住宅の北側はキッチン・スペースが割り当てられています。

ピーター・カーターも指摘しているように、この住宅は太陽の動きとともに室内を移動しながら一日を過ごすように設計されています。壁が透明なガラスとなることによって、室内は閉じて自律したものではなくなり、外部の影響をそのまま反映したものになりました。住宅は周辺の自然の変化を刻々と反映していきます。自然とともに生きることを目指した住宅が、ファーンズワース邸なのです。ファーンズワース邸は、コアの回りを一周することができます。一周できるという点もミースの建築の展開にとって、重要なポイントだと思います。なるべく壁を使わずに人間のアクティヴィティをいかに共存させるかということを試しているのです。それがもっとも純化されたのがファーンズワース邸だと言えます。実際に空間に身を置くと、キッチンにいるときは他のスペースは見えないし、動かなければ個室とほぼ同じです。動き始めると、他の部屋が現われてくるという関係があります。室内のアクティヴィティの関係性だけに限って言えば、想像されるほどオープンではないとも言えます。絶妙なプランニングだと思います。厳密に場所を作って、そこに個性を与えている。そしてその場所性につねに自然の時間が作用している。家具は可動のものもありますが、動かすと全部崩れてしまうような均衡の中に設えてあります。きわめてサイトスペシフィック★96な空間経験を壁なしで実現したことがファーンズワース邸の面白いところで、壁を仕切らずに場所が作れるというミースの探究の成果だと思います。

★96——サイトスペシフィック
site-specific　美術作品などが特定の場所を前提として成立している様子を指す言葉。60年代からの傾向に適用できる。70年代から若手彫刻家の間で同じ意味を指す言葉が使われ始め、ランド・アート、環境芸術、公共芸術など特定の場所に成立した作品、あるいは展示空間を訪れる人々の作用や自然現象を取り入れた一回性の作品などについていう。

壁で仕切らずに異なる場所を作ろうとすると、当然距離に依存した解決をせざるをえなくなります。結果として、ミースの建築は大きくなる。箱形の閉ざされたヴォリュームを開き、自律する壁の構成をスタディするようになって、ミースの建築は大きくなっていきます。「煉瓦造田園住宅」、「バルセロナ・パヴィリオン」、一連のコートハウス・プロジェクト。屋外空間も大きく含みこみながら、連続する空間の中にさまざまな場所を作るスタディを、彼は重ねていくわけです。

ファーンズワース邸は、純粋に室内面積だけでも１５０平方メートルを超えています。ポーチを含めると２１０平方メートル以上になります。独身者のワンルームであることを考えると、これは破格に大きい。各機能ごとに部屋を割り当てれば、その半分以下でも十分納まるでしょう。ファーンズワース邸の発展形として、「50×50

住宅[★97]」と名づけられたプロジェクトを構想していて、結局実現することはありませんでしたが、こちらは家族用とはいえさらに大きな規模でした。ちなみに50×50住宅も周辺には鬱蒼と茂る木を配して計画されていたことが、配置図からわかります。さらに似た形式で設計された「ケイン邸[★98]」は、ファーンズワース邸の約4倍の面積がありました。ケイン邸は家族と使用人のための住宅で、ファーンズワース邸に比べると家族構成が複雑です。使用人と子どものための個室を別室にせざるをえず、完全にワンルームの原則は崩れてしまっています。しかし外周部のガラス皮膜を間仕切りからオフセットして回遊性を維持する点においては、ファーンズワース邸を継承しています。ケイン邸もやはり周囲を濃密な森で囲わせており、ミースにとってファーンズワース邸の系列の建物は、周辺の緑を合わせて設計していることがはっきりと読み取れます。

　ミースの建築は緑に囲われ、そして大きいです。イリノイ工科大学キャンパスの「クラウン・ホール」のグリッドは、60フィートあります。同じキャンパス内の他の建物の多くが24フィートであることを考えると、破格に大きなグリッドです。クラウン・ホールは建築学の学生が利用することになっていた施設です。ミースはこの規模に設定した理由を次のように述べています。建築は精神の問題を扱うから、グリッドが大きくなるのだと言うのです。用途による大きさのヒエラルキーが存在しており、それを彼は聖アウグスティヌスの秩序と呼んでいます。物理的な機能によって大きさが決定されるだけではなく、精神が関わる度合いに対してもスケールが対応しているとミースは考えていたわけです。「哲学的にいうと、バラはバラである時にのみ実在し、ジャガイモはジャガイモである時にのみ実在する」。ミースはこのスケールのことを学生に伝える時に、こんな言い方をしたと言われています。

★97——50×50住宅
50x50 house　ミースが1950〜52年に計画した未実施案。50フィート（15.24メートル）四方の屋根を、四隅ではなく四辺の中央に据えられた柱で支え、内部に4つの開口で隔てられた4枚の壁で囲まれた台所を配置し、外壁はガラス壁のみ。公共住宅ながら、周囲を草木で覆うことを前提としたコートハウスのプランとなっている。

★98——ケイン邸
Leon J. Caine House　アメリカ・イリノイ州ウィネットカに計画された住宅の未実施案。平屋建て、4本のH形鋼の柱が3列並んだ鉄骨造。内部に仕切り壁が散在し、外壁はガラス壁。

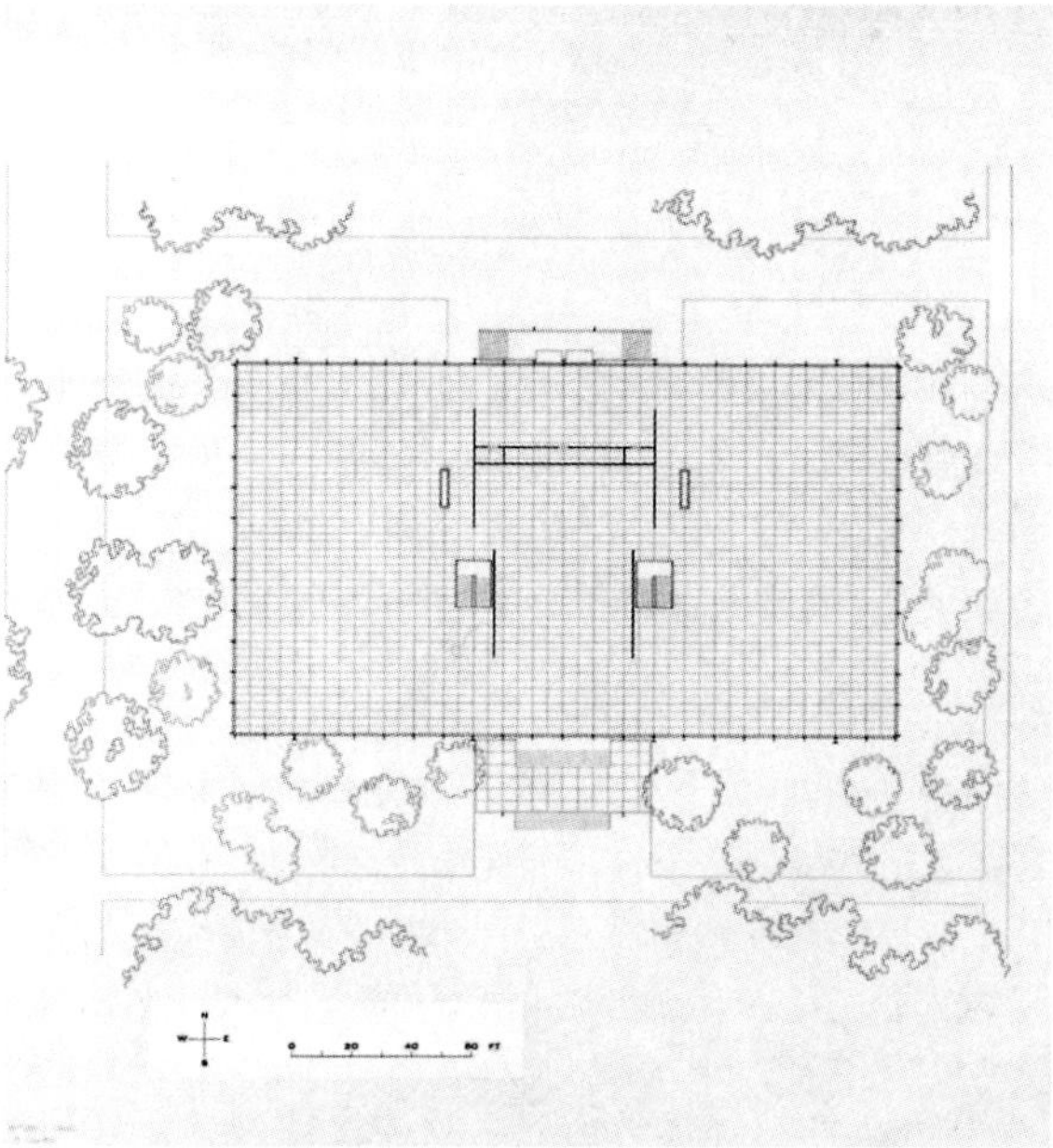

ミース「イリノイ工科大学　クラウン・ホール」 平面図

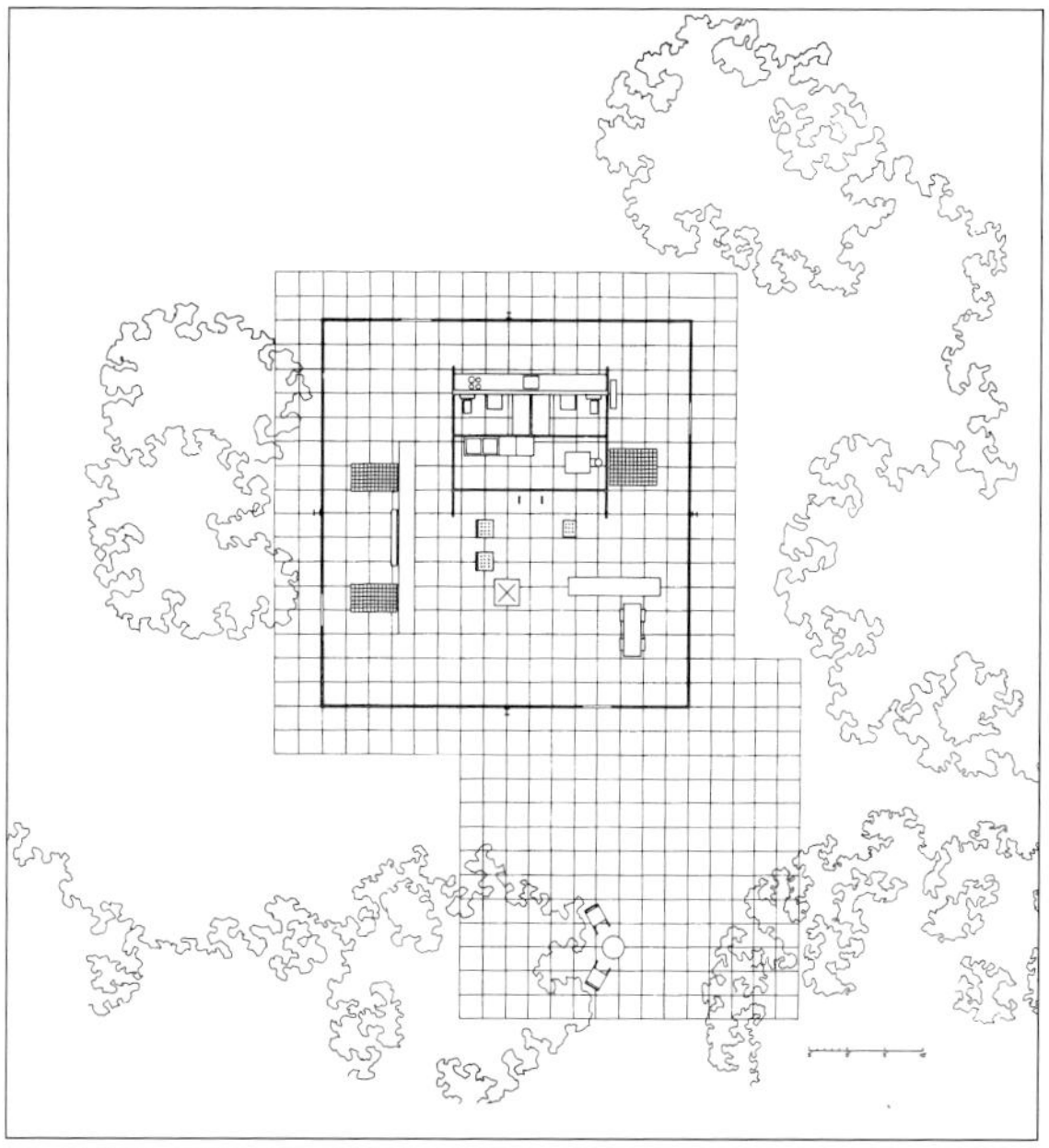

ミース「50×50 住宅」計画案　平面図

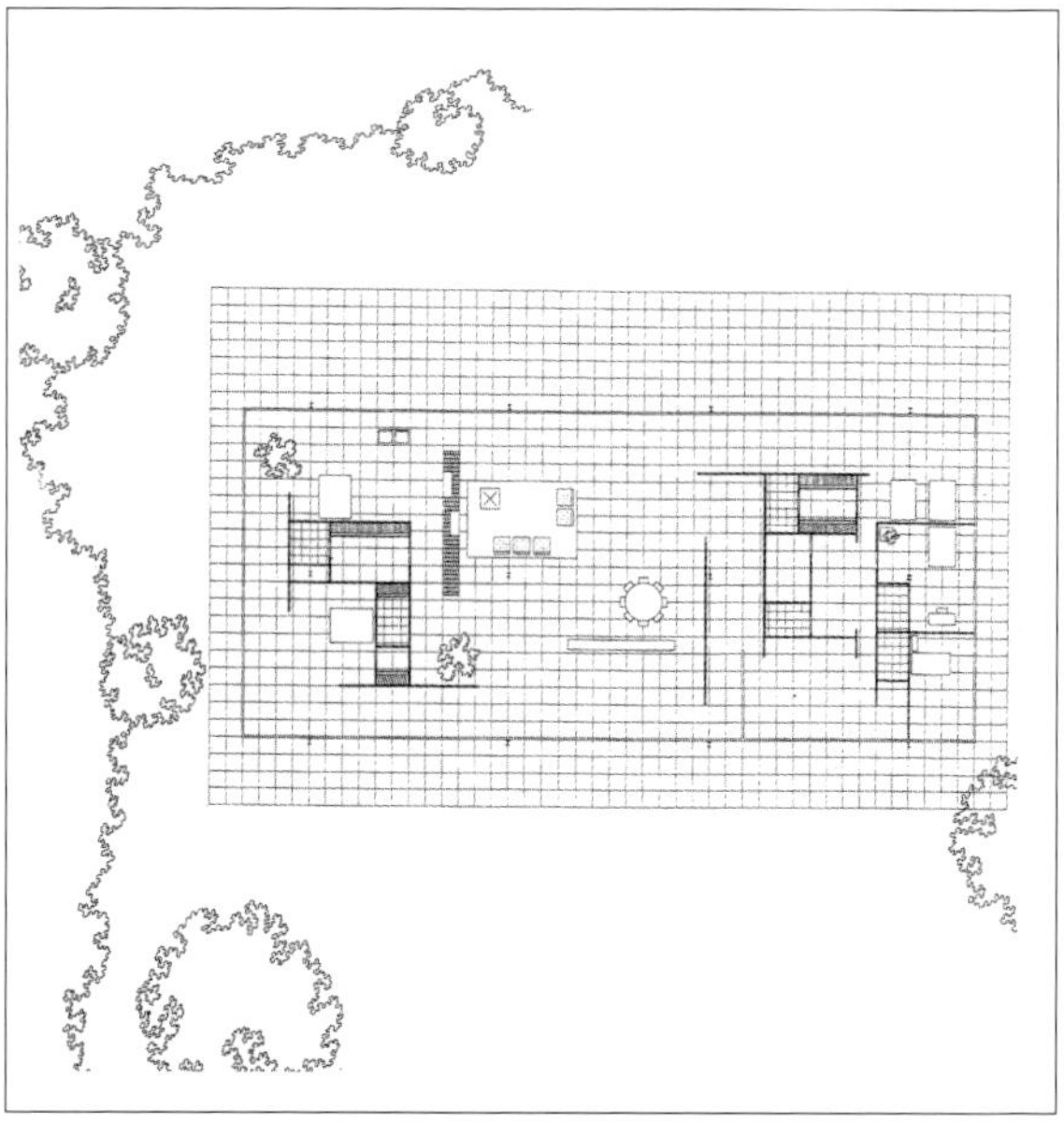

ミース「ケイン邸」計画案　平面図

ミース「50×50 住宅」計画案　模型

つなぐもののないつながり

ファーンズワース邸が、浮遊しているという事態。この事態を引き起しているのが、構造材を室内から追い出していく構法でした。基礎は深く埋設されていてコンクリートの立ち上がりも最小限に抑えられており、地中まで根入れした約２００ミリメートル×２００ミリメートルのＨ形鋼の鉄骨柱は、まるで地面に直接刺さっているかのように立ち上がっています。鉄骨柱は梁よりも勝って地面から屋根まで通しで入っています。一般的に鉄骨造の場合は柱の上に梁を載せることで荷重を円滑に伝達させるわけですが、Ｈ形鋼の鉄骨柱のフランジ部分に横から梁材にあたる約３８０ミリメートル×１００ミリメートルの溝形鋼を溶接しています。柱が地面から空に至るまで通しで入ることによって、垂直性が際立ちます。

１８６５年にイギリスでアーク溶接の特許が取られてから、溶接技術はイギリスを中心に発達してきますが、アメリカで普及していくのは第一次世界大戦後でした。剛接合の不静定構造の計算技術の発展とともに、溶接による構造が成立していきます。ファーンズワース邸の柱梁の接合では、Ｈ形鋼鉄骨柱のフランジ小口部分には溶接跡が一切見られず、Ｈ形鋼と溝形鋼がそのまま接着されているかのように見えます。隅肉溶接ではなく、プラグ溶接によって溶接面を目立たなくしているからです。溝形鋼とＨ形鋼の接合面の一方に貫通穴を開けて、その中を埋めるように溶接する方法です。その上で溶接跡を消すためにサンドブラストをかけた上で白く塗装されています。

屋根は、水平性を重視して陸屋根★99になっています。プレキャスト・コンクリートの溝形スラブを敷いた上に防湿層と断熱、フェルトルーフィングにタールを塗布して砂利が敷かれています。屋根端部は軽量コンクリートフィラーで嵩増ししてパラペットを立ち上げ

★99――陸屋根
flat roof　傾斜がついた屋根をもたず、屋上に人が立つことのできる屋根。実際には当然ながら水はけ用の傾斜と防水層が施され、スラブがそのまま屋根になるわけではない。

る替わりに緩勾配をつけています。鼻隠しはH形鋼を切断加工して作られていて、防水押さえにアングル材が被せてあります。屋根排水は、コアの上部屋根面のルーフ・ドレインに集められ、内樋としてコア内部の機械室に配管され、そのまま地上まで排出されています。ファーンズワース邸は12本の柱によって完全に浮いているように見えますが、コアの下部に1本の丸い設備系統を束ねる管が通っています。

こうしたディテール処理の結果としてファーンズワース邸の各部材は、接合しているにもかかわらず、まるで分離しているかのような矛盾した表象を与えていくことになりました。建物は現実には浮いてはいないし、分離もしていない。しかしそれにもかかわらず、浮いていたり分離したりする表象が立ち現われる。ミースの建築は、こうした事態を現象させます。何かと何かを接合する時、通常は間につなぐものが入ってくる。例えばギリシャ建築の柱と梁の接合の間には、装飾的な要素が間に入ってきます。あるいは鉄骨造の柱と基礎の接合でも、ベースプレートがつけられてボルトがそれを接合していきます。こうしたつなぐ要素が装飾の起源でもあったわけです。ところがこのミースのジョイントが特殊なのは、そうしたつなぐ要素を完全に省こうとしている。つなぐものを省くことによって、つながれるものだけのつながりが生まれています。つながれるもの同士が直接つながっていることによって、それぞれの要素が独立した印象を経験する人に与えていくことになっているのではないでしょうか。

こうした接合の方法は、連鎖的に奇妙な表象を生み出していきます。支持と被支持の関係が転倒するわけです。柱にガラスの枠が溶接され、その枠にガラスが嵌めこまれているので、ガラス、枠、柱へと力の伝達が行われて構造のヒエラルキーが成立しているはずですが、梁が柱に片持ちで横づけされているために、このヒエラルキーが転倒して見えたりすることがあるのです。極端に言えば、ガラスが柱を支えているかのような奇妙な表象すら引き起こしかねないのです。

ファーンズワース邸の構造システムは、ミースにとっても前例がないものでした。しかしこの発想をミースはどこでどのように見出したのでしょうか。１９４１年にピッツバーグにあるカウフマン・

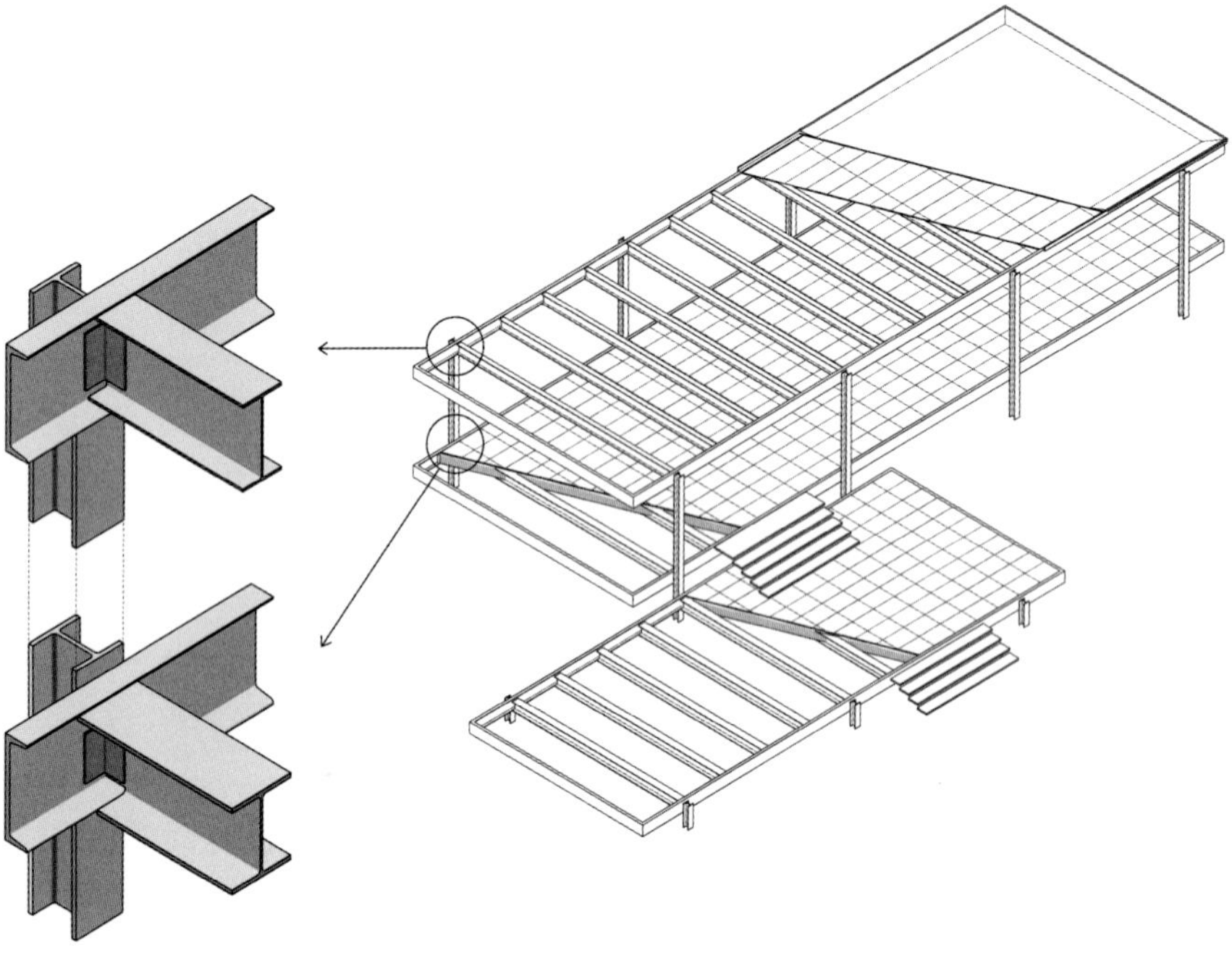

ファーンズワース邸　接合図のディテール　アクソメトリック図

*49——Arthur Drexler (Editor), *The Mies Van Der Rohe Archive*, Vol.13, Garland Architectural Archives, 1992, p28-65

デパート[★100]のために、ミースは什器のデザインを依頼されます。[*49]彼はそのために多くのスタディを重ねていますが、最終的にそのデザインはどれも実現することはありませんでした。そのスタディの中に興味深い痕跡を見出すことができます。ガラスケースを支持する脚部は最初、ガラスケースを貫通して描かれていましたが、その脚が箱から側面に飛び出し、キャンティレバーで脚部が側面から箱を支持する構造に変容していきます。この什器デザインにおける構造システムの発見こそ、ファーンズワース邸の構造システムの起源なのではないでしょうか。ガラス什器が巨大化したのがファーンズワース邸だと言ってもいいかもしれません。

ファーンズワース邸の接合部のディテールと関連して、シカゴのイリノイ工科大学にあるクラウン・ホールを少し見てみましょう。イリノイ工科大学はミース・ファン・デル・ローエがドイツからアメリカに招かれて赴任した大学です。平面はワンルームで中心に家具が置かれて階段室がありますが、室内に柱や壁が一切ありません。外周の皮膜面に柱を添わせています。この柱は、天井面を突き抜けてさらに上まで伸びています。この天井面から突き抜けて屋根の上に露出しているのが梁になります。逆梁で屋根の上に梁を露出させることによって室内に一切の構造要素を出さずに、室内の天井面を完全に平滑なフラットな面にするということをミースは強く意図しているようです。正面から見るとこの梁は見えずに、柱が建物を通り越して自立して伸びているかのように見えます。屋根面から突出している柱の部分は梁の小口面になり、視覚的な両義性を持っています。ファーンズワース邸でも起きていた柱の自立がさらに極端になされつつ、構造的な解決になっていると言うことができます。

「ベルリン新国立ギャラリー」に至ると、柱は完全に皮膜の外部に出ています。この屋根は実際の施工の現場ではすべて溶接して一体化され、それをジャッキアップしてそのまま柱の上に据え付けた

★100——カウフマン・デパート Kauffman's アメリカ・ピッツバーグの百貨店。1871年に創業し、買収や企業連衡を経て2006年にメイシーズに看板が変わり、現在も店舗は営業を続けている。20世紀前半のオーナーエドガー・J・カウフマンはフランク・ロイド・ライトの代表作「落水荘」(35)のクライアント。

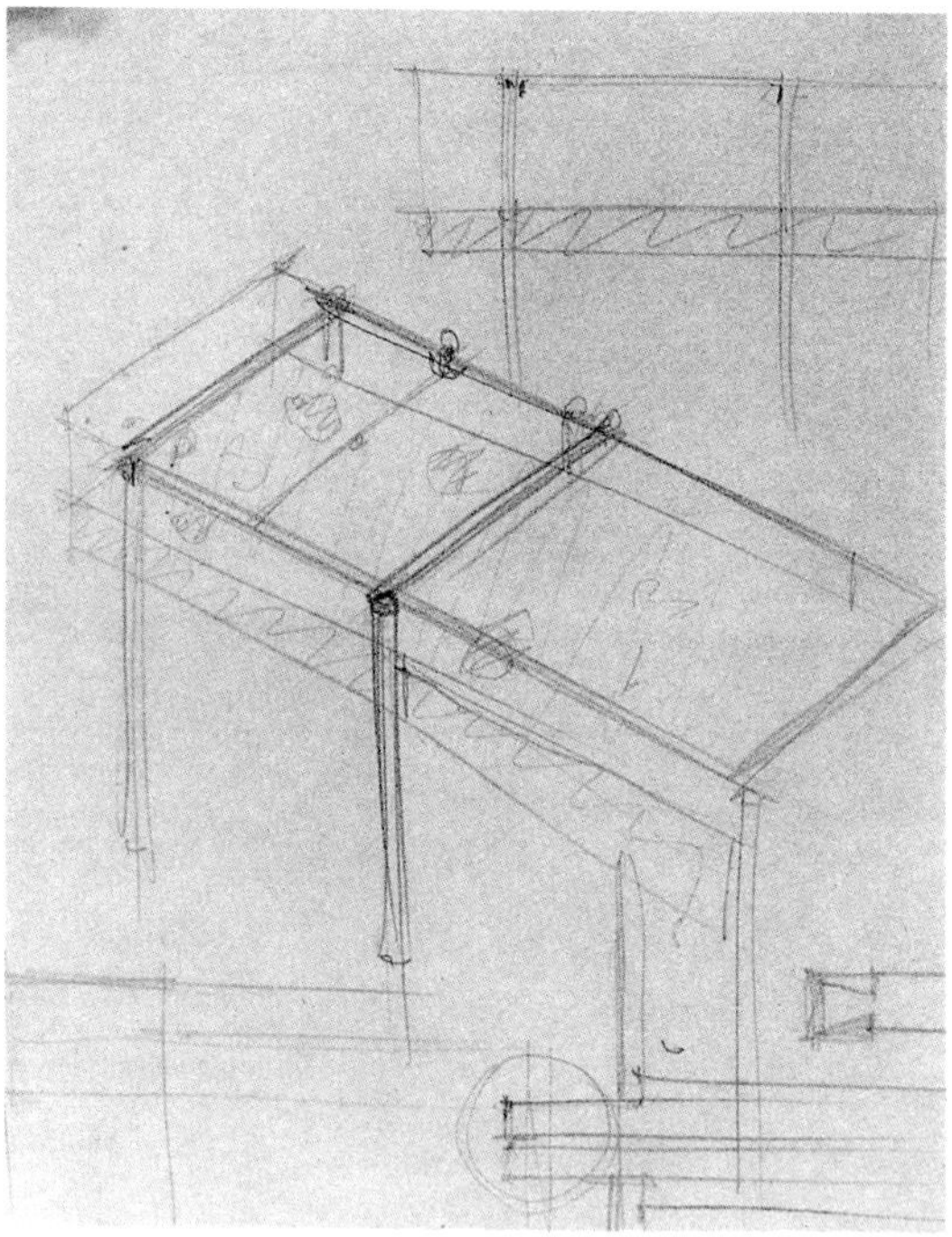

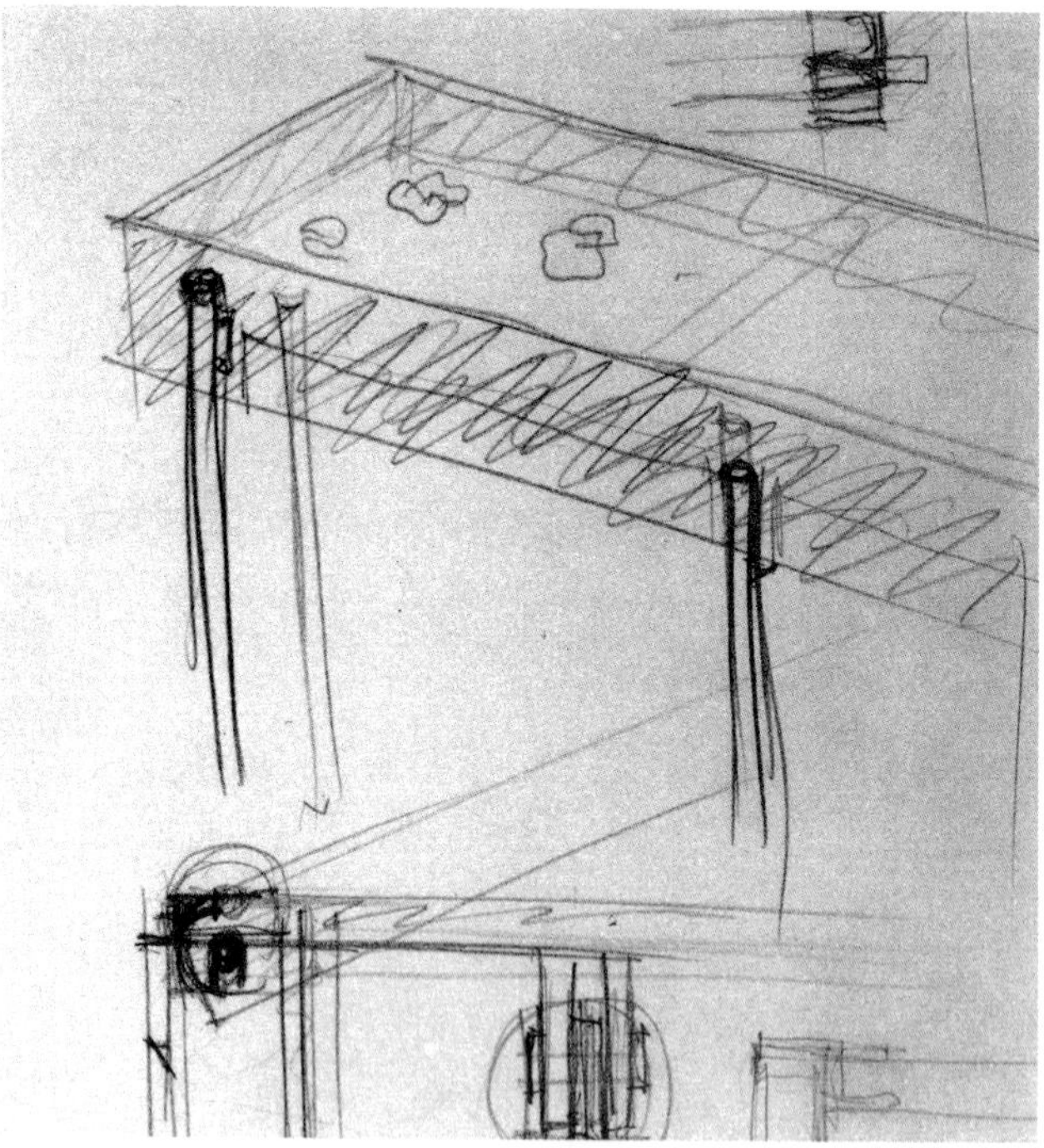

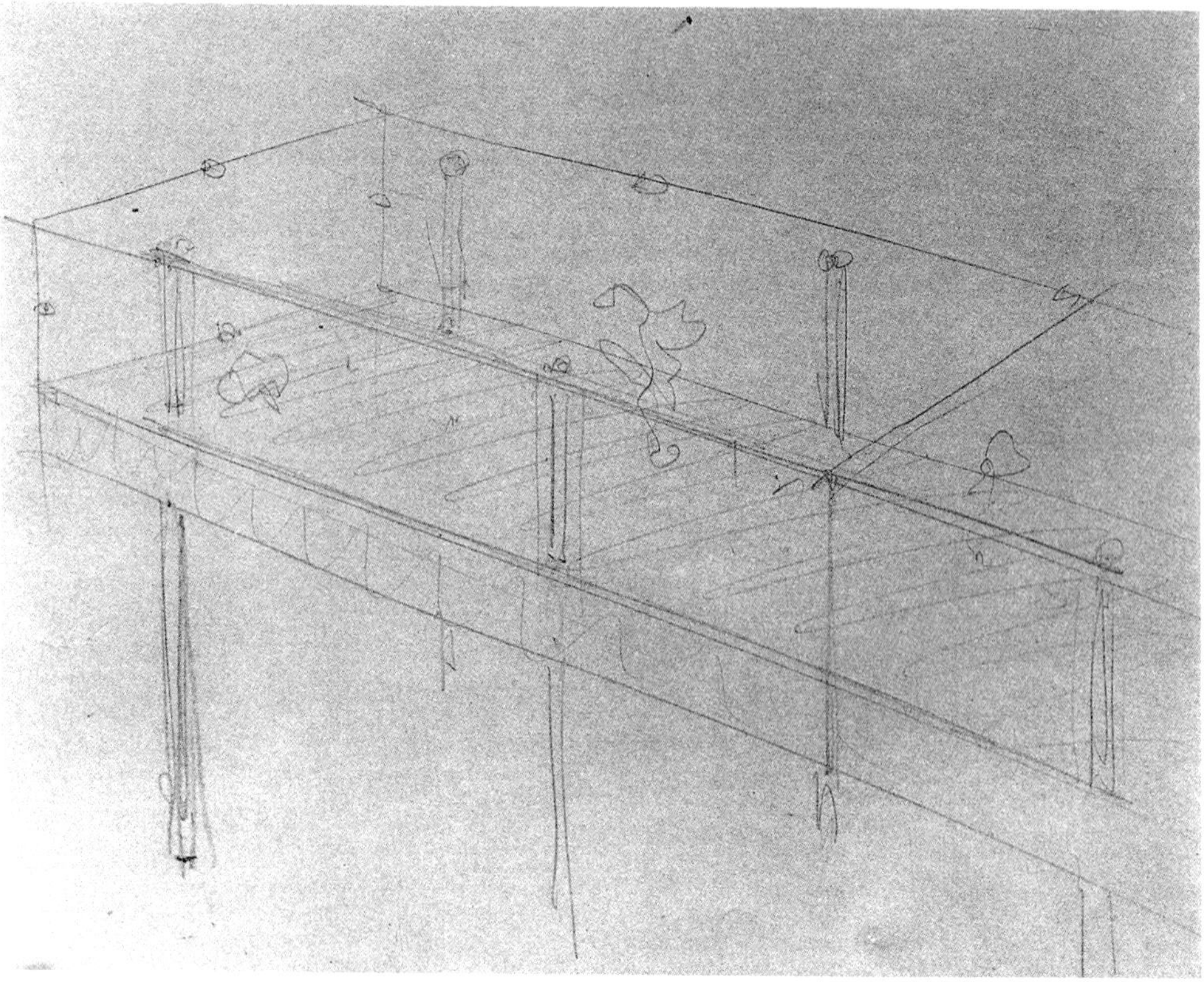

カウフマン・デパートのための什器のスケッチ（3点とも）

ようです。ここには、ひとつの大きな屋根が浮いているという事態を、施工プロセスも含めて表そうとする意志が現われています。この建物の柱は、H形鋼を組み合わせた十字柱です。バルセロナ・パヴィリオンやチューゲントハット邸以来の十字形です。皮膜と柱が接合したファーンズワース邸ではH形鋼になったものが、さらに皮膜と柱が分離したために十字形が復活してきたのでしょう。屋根面をひとつの剛体として柱とは剛接《ごうせつ》せず、間に支承を入れて屋根架構の変形を吸収させる方法をとっています。それによって、剛な一体化した屋根が、浮いて知覚される。

ミースは、物と物との接合にこだわり、「神は細部に宿る」という箴言さながらにディテールがどうあるべきかを徹底的に思考しました。それは、建物がありうべき事態の表現としてディテールが最も重要だからです。ディテールに普遍が埋めこまれるということであり、そこに事態が立ち現われるということだったのではないでしょうか。そこには接合の時間性が現われ、その結果動詞や形容詞でしか表現できないような事態が立ち現われています。

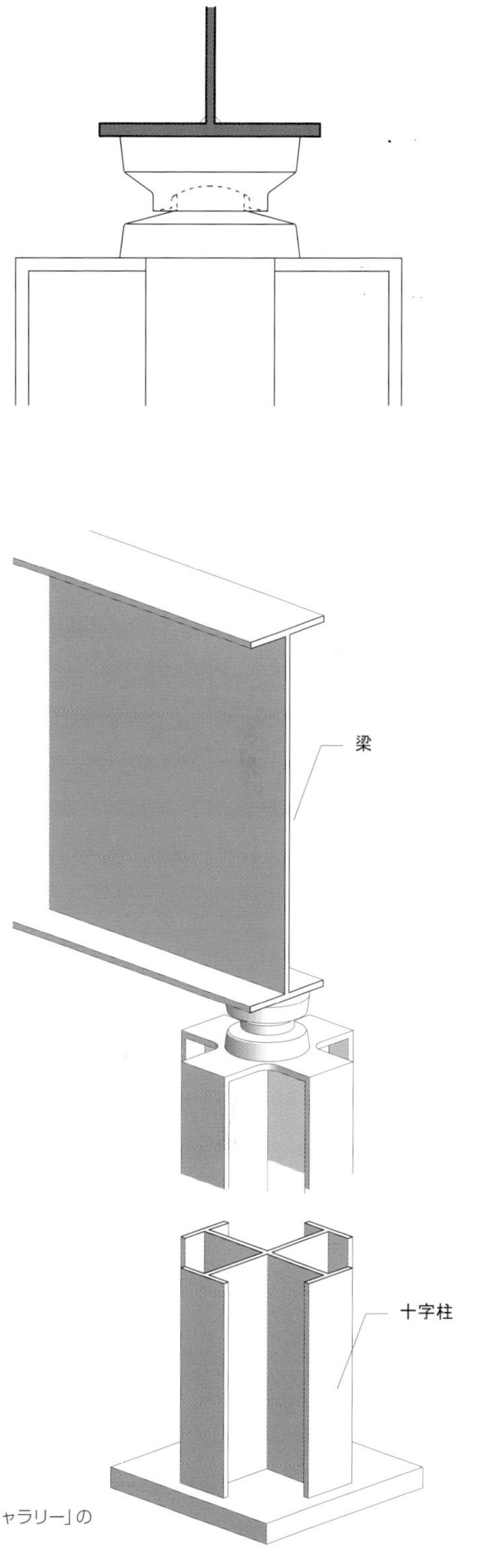

「ベルリン新国立ギャラリー」の
十字柱と梁の接合

事態と偏在

独身者

ファーンズワース邸は、独身者のための週末住宅です。大きなワンルームですが、機能によって大まかにキッチン、ダイニング、リヴィング、ベッド・スペースと領域化もできる場が視覚的にも空間的にも連続しています。ミースは独身者のための住宅に関心を抱き、ファーンズワース邸以前にもそのプロトタイプをいくつか設計しています。ミース自身がドイツで一度は結婚して子どもをもうけたものの、別居して独身生活に近い生活を送り、アメリカに移ってからもシカゴのアパートで1人で生活を続けていたことを考えると、独身者の生活は自身の生活スタイルにも合致していたと考えられます。家庭生活や家族関係に縛られ、プライヴェートな閉じた場所として家を構想するよりは、開かれた大きな部屋を思い思いに使うことをミースは自身でも好んでいました。

1931年のベルリン建築展でミースは、独身者のための住宅のモデル・ハウスを展示しています。[*50] ベッド・スペースが2つあることから夫婦2人のための住宅と解釈する向きもありますが、ミースは独身者であってもゲストの存在を常に意識したプランニングをしていますから、独身者向けと解釈しても妥当だと思います。いずれにしても子ども室という閉域が住宅からなくなることによって、全室内は連続し流動化していくことになります。バルセロナ・パヴィリオンなどで試されてきたスタディが、ここでは生かされています。つまり壁をずらし、組み合わせることによって、建具で閉じることなく異なる場を壁によって生成させる原理が住宅で適用されているわけです。壁と壁とをずれて重ね合わせることによって、巧妙にプ

*50——Wallis Miller, Mies and Exhibitions, *Mies in Berlin*, Harry N.Abrams Inc., New York, p338-349

ミース「独身者のための住宅のモデルハウス」 パース

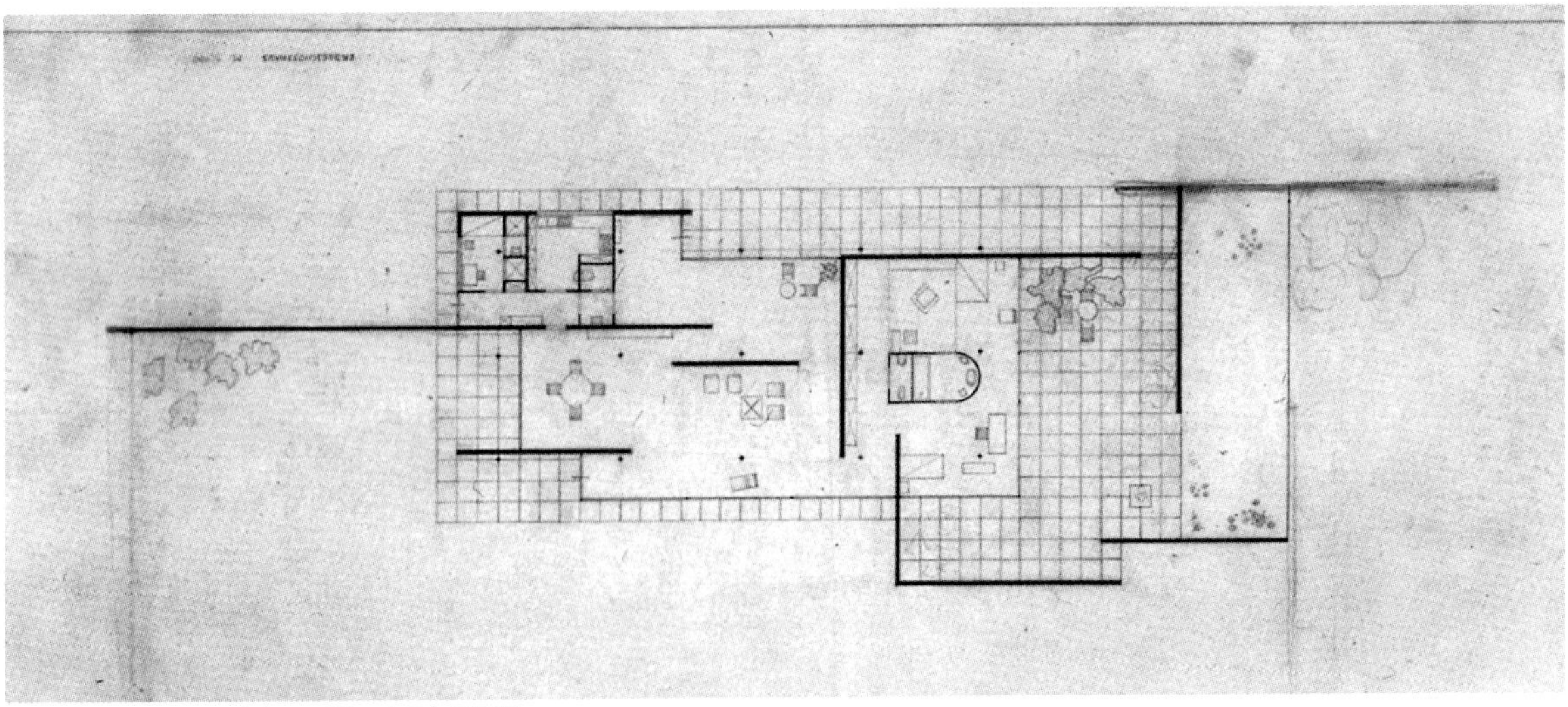

ミース「独身者のための住宅のモデルハウス」 平面図

ライヴァシーを成立させようとしていることがわかります。例えばリヴィングからベッド・スペースへと近づいて行くと、正面の壁によって室内は見えず、左に折れて少し進んでもベッドは壁の影に隠れて見えず、ガラス越しに屋外のテラスが目に入ってきます。この構成では、ベッド・スペースに扉はなくても機能としては成り立つ感じがします。

ここでは壁と並んで柱も重要な役割を果たしています。バルセロナ・パヴィリオンと同じようにミースは壁と柱を分離させています。柱は均等なグリッドにのって配置されています。流動的になった室内の中で、柱は視線のフレームの立枠となり、その背後に立つ壁やガラススクリーン、テラスの風景、家具などが連動し合ってダイナミックな風景を形づくっています。独身者の住宅という舞台の上で、室内と室外を浸透させたパララックス効果という現象が生成する場がここに生まれています。

重なり合うアクティヴィティ

独身者のための住宅では、壁の構成によって空間を連続させながらも諸機能の場を成立させようとしていましたが、ファーンズワース邸では、もはやほぼ壁に頼らない構成に変化しています。最小限閉じなければならないトイレとバス・ルームをコアの中に封じこめ、コアの背面にキッチンセットを造りつけて、コアの位置の操作によって裏側にキッチン・スペースを生み出しました。コアの東と西でベッド・スペースとダイニング・スペースを領域づけ、コアの表側に暖炉を造り付けてリヴィング・スペースとしました。リヴィング・スペースとベッド・スペースとの間には、可動式の家具を置いてさらに領域化を際立たせようとしています。

ゲストの存在を考慮に入れた週末住宅ですから完全に1人の時ば

かりではなかったでしょうが、1人でこの住宅で過ごすことを想像すると、このワンルームの意味が明確になるような気がします。もし仮に、この住宅を機能ごとに4分割して壁で分節したらどうでしょう。部屋が4つに分節されていた場合、キッチンで料理をしている時は他の3つの部屋は不在で閉ざされている。リヴィングで寛ぐとき、他の3つの部屋は空虚な存在と化している。部屋が細分化されればされるほど、自分がいる場所といない場所との対立が際立ってきます。よく、かつて家族と住んだ大きな住宅に残されて1人で暮らすお年寄りが、部屋がありすぎて落ち着かないとおっしゃることがあります。自分のいる場所は限られて、自分のいない場所、自分が占拠していない場所がよそよそしく存在し、なおかつそれが自分の家の一部を形成していることからくるおぞましさ、欠落感を表わしているのだろうと思います。

　それに比べると、ファーンズワース邸にはコアの内部を除いて不在の場所はありません。居場所によっては死角になる場所があるとはいえ、すべてがつながっていている。リヴィング・スペースからダイニング・スペースが見えて、その向こうにテラスがあって樹木が見える。情景が重なり合ってこの住宅の空間が作り出されている。異なるアクティヴィティ同士が重ね合わされているのは、ミースの空間の最大の特徴とも言っていい。しかもそれが単なる視覚的な重ね合わせではなくて、人間の痕跡というか人間の影や姿が妙に脳裏に焼きつくのです。誰もいないにもかかわらず、そこで人が何かをしていた痕跡を感じ取ることができる。ファーンズワースがここで寛いでいた、ご飯を食べていた、寝ていたというそれぞれの行為は時間差をもって行われているはずですが、それが同時的に重なってくる感じなのです。行為の時間がつながっている。この住宅には時間が流れています。時間が流れているというと当たり前のように思われるかもしれませんが、本当の意味で時間が流れている住宅とい

うのは、世界でも希有な存在だと思います。部屋ごとに行為が完結して廊下を経由して移動するとなると、こういう時間感覚は起きてこないはずです。とぎれとぎれの別々の時間が部屋の移動とともにリセットされて、断絶された様相のもとに生活が続いていくことでしょう。ファーンズワース邸では、透明でつながるがゆえに異なる行為が重なって立ち現われてくるのです。

　こうした行為の連鎖と残像による時間のデザインは、前節でも論じたように太陽の動きと連動して成立しています。東から差しこむ朝の木漏れ日で包まれるベッド・スペース。日中のリヴィング・スペースからは、フォックス川に差す日差しの反射が目に入ってきます。そして夕暮れには西日がテラスを赤く染め、一日の終わりにすべての時間を包みこんで静止したかのような日没の時間が来ることでしょう。

　この効果を成立させるために、家具が果たしている役割は大きいです。ファーンズワース邸は浮遊する抽象的な空間で、構造モデュールからサッシュの割りつけ、床のトラヴァーチン★101のモデュール★102までが一致して設計されています。建築要素が全て関係し合う中に置かれた家具は、その存在が引き立ちます。プリマヴェーラで覆われたコアは、実はその厳密なモデュールからわずかにずれています。トラヴァーチンの目地とコアの位置が合っていないのです。これはこのコアが、構造的な意味でのコアではないということを示しているように見えます。実際このプリマヴェーラの箱は、構造的な支持とは無関係ですから、動かないけれども文字通り家具だと言ってもいい。おそらく人が通る場所の寸法を厳密に作りたかったということもあるでしょう。キッチンの裏として最適な寸法、ベッドを入れるのに親密なスケール感を出す寸法などでも位置を決めているでしょうから。しかしそれでもモデュールを合わせることはできるのにあえてずらしているのは、これはコアが家具であるという事態を表現

★101——トラヴァーチンとプリマヴェーラ
travertine / Primavera　トラヴァーチンは石灰石質で温泉、洞窟、河川などの水底に蓄積してできる堆積岩。層状の模様が入りやすく、また緻密なものから多孔質のものまで密度は様々である。産出地の伊ティーヴォリに名前が由来しており、ローマ・コロッセウム、パリ・サクレ・クールなどの主材料となっている。ミースはバルセロナ・パヴィリオン以降多用している。現在はトルコ、イラン、メキシコ、ペルーなどで産出。プリマヴェーラはツリガネカズラ属の高木で家具用の木材の一種。ホワイト・マホガニーとも呼ばれる。

★102——モデュール
module　建築の寸法を定める際に基準とする寸法。西洋の伝統では柱の底面の半径を基準に柱の高さ、柱間の長さ、建物全体の寸法あるいは装飾部分の大きさなどを整数倍あるいは整数分の一で割り付けていく。特定の柱に荷重が集中しないよう均等に柱を分配する場合、柱の中心同士の間隔を指す。日本の伝統でも畳の短辺などがこれに当たる。

しているのです。コアを超越的なモデュールに従わせず、動くものに近づけたいということなのではないか。厳密に位置が決定されているにもかかわらず、動く気配がするもの。このコアを背にして、この住宅のすべてのアクティヴィティが繰り拡げられる。

　そして、キャンティレバー・チェア。この椅子は文字通り片持ちで浮いているという事態を表現しようとしている装置です。ここに人が座っていると、椅子に身をあずけて重力に抗って浮いている姿が妙に印象的です。特にミースのような巨体が座っている時には。何もない舞台の上に一脚の椅子が置かれると、それだけでその椅子は印象的に立ち現われますが、それと似て、宙に浮くファーンズワース邸の床の上のキャンティレバー・チェアは、そこに人を乗せると一段と浮いている事態を顕在化させます。こうした家具によって行為の場が生まれ、さらに行為の痕跡を持続させているのです。

モンタージュ

　こうした重ね合わされる時間のデザインの意図をなんとか伝達しようとして、ミースは表現のメディアを考え出しました。それが、透視図に写真を貼りこんだモンタージュ[★103]です。ミースは１９２０年代にコンペ案の表現手法としてフォトモンタージュを盛んに描いていますが、これらは都市空間の中で建物の外観の見え方をスタディしたものです。その後アメリカに移って後、室内空間の表象としてモンタージュが作成されるようになります。フィリス・ランバート[★104]はこれらの内観モンタージュが、ミースのユニヴァーサル・スペース概念の形成に大きな役割を果たしたと指摘しています[＊51]。ただランバートは指摘するだけで論を終えているので、ここではもう少し踏みこんでみましょう。

　レザー邸は、ミースがまだドイツにいる間に着手された、アメリ

＊51——Phyllis Lambert, Representation as a mode of study, *Mies in America*, Harry N. Abrams Inc. Publishers, 2001, p204-205　ランバートは、パウル・クレーやセルゲイ・エイゼンシュテインにおけるシネマトグラフィックな運動のイメージが、ミースのモンタージュにも共通して見られることを指摘している。また以下も参照のこと。Andres Lepik, Mies and Photomontage, 1910-38, *Mies in Berlin*, Harry N. Abrams Inc., New York, p324-329

★103——モンタージュ
montage　映画で、視点の異なるショットを接続することでシーンを構成する手法。ここではコラージュとも、写真同士であればフォトモンタージュとも呼ばれる、異種の素材を1つの作品に取り込む手法を指している。

★104——フィリス・ランバート
Phyllis Lambert 1927-　建築家、社会事業家。カナダ・モントリオール生まれ。フランスでの結婚生活後渡米し、イリノイ工科大学建築学科を1963年卒業。父のシーグラム社社長サミュエル・ブロンフマンによる社屋新築の際、ミースを紹介し、シーグラムビル（58、ニューヨーク、38階建）となった。75年文化遺産保存団体ヘリテージ・モントリオール、79年カナダ建築センターを設立。自身も60年代モントリオールにサイディ・ブロンフマン芸術センター（2010年よりシーガル舞台芸術センター）を竣工させた。

カのワイオミングに建つはずだった住宅ですが、結局未完に終わっています。レザー邸の模型と内観モンタージュがミースによって作成されています。ガラスのサッシュ枠が描かれ、その手前に柱が位置しており、これらの位置関係からこの図が一点透視図法で描かれていることがわかります。ガラスの向こうには、ワイオミングの山の遠景写真が貼りこまれています。さらにその手前にはパウル・クレー[★105]の絵画の一部が拡大されて貼りつけられ、さらにその手前に木製の家具と思しきものの立面が貼られています。このモンタージュ上のレイアウトを平面図と対応させてみると、興味深いことがわかります。パウル・クレーの絵画は、平面図上では画面と平行に配置されています。つまりこの視点からは絵画の小口しか見えないはずなのです。小都市の美術館のモンタージュにおいても、同様の操作を見て取ることができます。これは偶然の産物ではなく、ミースの意図的な手法なのです[*52]。これはパウル・クレーの絵画を90度回転させたというよりは、回転する視線の変化を二重写しに重ね合わせていると解釈するべきです。

*52――この分析に関しては、以下の論文に示唆を受けた。小八重龍太郎「ミースによる「貼り込み画」に関する研究」（2003年度東京大学大学院修士論文・未公刊）

ミース「フリードリヒ街のスカイスクレーパー案」　外観パース

★105――パウル・クレー Paul Klee 1879-1940　画家。スイス・ミュンヘンブーフゼーで、音楽一家に生まれ、1898年ミュンヘンで美術を学んだ。06年に結婚ししばらく家事に従事。11年から「青騎士」展に参加。14年のチュニジア旅行以来鮮やかな色を取り入れ、抽象絵画を始める。第一次大戦従軍前後から新進画家と認知され、21～31年バウハウス教授。その後デュッセルドルフを経てナチス政権成立とともに33年ベルンへ亡命。経済的また身体的な困難が生じたが、37～39年には再び復調し旺盛に創作活動を行った。

ミース「小都市の美術館」計画案　内観モンタージュ

ミース「レザー邸」計画案　パウル・クレーの作品をもちいた内観モンタージュ

対象物の90度振った角度からの見えを同一の画面に描き出すこと。これはキュビスム[★106]が発見した絵画の原理でした。正面からだけでは捉えられない肖像の三次元的な形姿を捉えるために、90度廻りこんだ見えを同一の画面に落としこむ試みに、ピカソ[★107]とブラック[★108]は挑戦したのでした。ミースのモンタージュもこのキュビスムの試みの延長線上で解釈することができます。このモンタージュは90度のターンという行為を含みこんでいます。見る者が90度回転して知覚する2つのイメージを重ね合わせているわけですから。透視図法は三次元空間を正確に捉える二次元表象だと考えられていますが、空間の出来事の経験までをそこに描き出すことはできません。一点透視図法で正確なグリッドを描き出したとしても、そこにどんな運動やどんな時間が流れているのかは推測することすらできない。ミースはレザー邸や小都市の美術館に生成したであろう視線の回転の運動を表象として定着させようとしました。

コーリン・ロウは、よく知られているように透明性という概念を2つに分類しています[*53]。1つはガラスの透過性に代表される「実の透明性（literal transparency）」、もう1つは重なり合う面が作り出す仮想的な「虚の透明性（phenomenal transparency）」です。ロウはル・コルビュジエの建築の中に、相互に貫入し合う面による層状のシステムを見出してこれを虚の透明性として分析し、他方グロピウスのバウハウス校舎[★109]のガラス面を文字通り透明な実の透明性だとしているわけです。そして虚の透明性を実現している例として、ジョルジュ・ブラックのキュビスムの絵画作品を取り上げています。その文脈に照らし合わせると、レザー邸やファーンズワース邸のガラス貼りの建築は文字通りの透過性によって実の透明性に分類されるように見えます。しかし、そうではない。ユニヴァーサルな空間の中に、回転する運動とともに面が相互貫入しあうミースの室内空間は、虚の透明性を生み出していると考えるべきなのです。

★106——キュビスム
cubisme　1907年のピカソ「アヴィニョンの娘たち」に始まり、刺激を受けたジョルジュ・ブラックとともに開始した手法で、同一対象を複数視点から見た際の形状や空間構造を、一平面の絵画に並べるもの。命名は批評家ルイ・ヴォークセルが「立方体」という言葉でブラックを評したことで広まった。当初は対象を細片に分割する分析的キュビスムの傾向が強かったが、10年頃から新聞紙の文字に始まり、コラージュ、パピエ・コレなどが導入された総合的キュビスムに展開する。ブラックの従軍で終焉。

★107——パブロ・ピカソ
Pablo Picasso 1881-1973　スペイン・マラガ生まれ、フランスを中心に活動した画家。アフリカ彫刻に影響を受けたキュビスムが有名だが、それまでにも青の時代、バラ色の時代など複数の作風を経験しており、その後も新古典主義、シュルレアリスムへの接近、彫刻や陶器への没頭、ベラスケス「ラス・メニーナス」模写に始まる連作など多様な展開を示した。「アヴィニョンの娘たち」(07)、「ゲルニカ」(37)など。

★108——ジョルジュ・ブラック
Georges Braque 1882-1963　フランス・アルジャントゥイユ生まれ、画家。当初はル・アーヴルで装飾家として身を立てたが、パリに出て画家に転身し、フォーヴィスムの傾向を示した。色面分割で世界を認識するセザンヌとピカソ「アヴィニョンの娘たち」の影響を同時に受け、ピカソとの共同作業のようにキュビスムに傾倒。「レスタックの家」(08)など。第一次大戦従軍後、キュビスムからは離れ静物画や挿画などを手がけた。

*53——Colin Rowe, Transparency : Literal and Phenomenal, *The Mathematics of the Ideal Villa and other Essays*, MIT Press, 1976, p160-183, First published in *Perspecta*, 1963（日本語訳コーリン・ロウ『マニエリスムと近代建築』伊東豊雄＋松永安光訳、彰国社、１９８１年、p191）

ファーンズワース邸の設計においては、ミースはモンタージュを作成することはありませんでした。ファーンズワースとの関係の中で、クライアントを説得するための材料を特別に用意しなくてもよい状況にあったのかもしれません。モンタージュを描いていないとはいえ、ファーンズワース邸の実際の空間において起きていることは、実現しなかったレザー邸や小都市の美術館のモンタージュにおいて表現されているものとてもよく似ています。異なるアクティヴィティや自然の遠景や家具やらが、人の動きとともに重なり合って時間の経験を作り出していく場を作ることが、ミースの意図だったのだから。

レザー邸のモンタージュの中で、パウル・クレーの絵画が画中画として登場します。ミースはパウル・クレーの絵画などを持っているアート・コレクターでもありました。彼は自分の部屋にクレーを飾りながら愛でていましたが、クレーの絵画をいわば身体化して楽しんでいたような気がします。なぜならクレーの絵画とミースの空間が似ているような気がするからです。ミースが所持していたクレーを並べてみると共通点が見えてきます。絵画の画面は見る者に一気に全体が与えられ、クレーの絵画も一瞬で捉えられる視認性のよさを持っています。しかし絵画の内部では、視線を辿ることを線がうながし、時間をかけた視線の旅を導きます。辿っていくうちに当初思い描いていた全体性は崩れ去り、あるいは別のゲシュタルト★110が生まれたりする。ミースはクレーのこうした時間性を身体化しつつ、建築を考えていたのかもしれません。

微小表象

これまで私は、ミースの建築の中における時間性を強調し、ファーンズワース邸の中においてもシークエンシャルな経過性が強くある

★109——バウハウス校舎
ヴァルター・グロピウス設計、1926年竣工、ドイツ・デッサウ。ヴァイマールから移転したバウハウスの2代目校舎で、アトリエ棟、技術訓練棟、管理棟、共有棟、学生棟、また周辺の教員住宅からなる。アトリエ棟のガラス外壁、ヘルベルト・マイヤーの書体による校名表示が有名。同地でのナチス台頭のため32年バウハウスはベルリンに移り翌年閉校を余儀なくされる。大戦中、校舎は学校や研修施設に使われるが空襲に遭い原形を止めないまま使用されたが、76年から東独政府が「科学文化センター」として原型を復して使用し、東西統合後94年にバウハウス・デッサウ財団が管理している。

★110——ゲシュタルト
Geschtalt 元はドイツ語で形、像。ここでは人間の心理、認識を個別の部分の総和としてよりも、全体の構造の中での諸部分の関係として捉える、ゲシュタルト心理学を踏まえた意味。実際には線が存在しないのに人間が認識してしまう境界、どちらが背景でどちらが図柄か同時に決めることのできない白黒の反転図形などが典型例である。

ことを分析してきました。しかしこれだけですべてが分析し尽くせたとも思えません。なぜなら、ファーンズワース邸やクラウン・ホールの空間内部における静寂性や静止性の存在も無視できないからです。私が初めてイリノイ工科大学キャンパス内にあるクラウン・ホールに足を踏みいれた時、ちょうど大学は春休みで閑散として誰もいないその空間は、とても学生が日常的に利用する施設とは思えないほど巨大で空虚で静謐さに包まれ、そして何よりも神聖な空気を漂わせていました。鉄骨のただのがらんどうの箱が、なぜどのようにしたらこうした空気を内蔵することができるのか、そのときはよくわかりませんでした。プロポーションとディテールに秘密があるということだけは確かでした。階段室を中心にしてゆっくりと歩き回りながら、しかし何か時間が止まったような奇妙な時間感覚を感じた記憶が残っています。こうした静止した時間感覚をこれらの建築が内包していることもまた、事実なのではないでしょうか。ちょうどクレーの絵画が一瞬で与えられた静止した時間を持ちながらも、その中に継起する視線の運動を同時に携えているのと同じように、ミースの建築は矛盾する時間の感覚を含みこんで成立しているということなのでしょうか。

　ミースはドイツ時代にあからさまに運動の主題を建築に導入し、箱の解体とともに運動しながら連続して経験される空間を発見していくことになりました。しかしファーンズワース邸やクラウン・ホールに至って、ミースは大きなワンルームの中に静止した空間を作り出し始めたように見えます。このことがミースに均質空間を見出す根拠になったわけです。私はこの本の中で、ファーンズワース邸やクラウン・ホールに潜在する時間性と運動を顕在化するように努めてきました。ドイツ時代の作品に比べれば、ファーンズワース邸やクラウン・ホールの時間性と運動は、静謐さのなかに息を潜めて徴候として存在しているかのように感じられます。コーリン・ロウもクラウン・ホールの中に回転する運動を指摘しながらも、しかしその運動はほとんど知覚されないと書いています。それは、なぜなのか。また、ミースが生み出した空間が座標軸のような均質空間として知覚されるのは、なぜなのか。

それは、ミースがほとんど何もない状態にまで建築を還元しようとしたからです。ほとんど何もない状態とは、何もない状態とは本質的に異なります。ミースが言うほとんど何もない状態とは、即物的な「もの」としての存在を最小化することによって、「こと」としての世界が立ち現われることを意味します。それはむしろ、座標軸を消すことなのです。こととしての世界を知覚しえないことによって、人はその空白に耐えきれずにガイドラインとしての座標軸を見出し始めるのです。

建築構成要素としての壁は、室内に強いヒエラルキーを作り出します。壁は絶対的な強さで室内を分節化する。いわば超越的な普遍に統御された個別のヒエラルキーが建築内に立ち上がる。一方で、建築の要素を弱いものにしていく、つまり柱を外部に追放したり壁をなくしたりしていくことによって、物質としてはほとんど何もない状態を作り出す。その結果木の葉の揺らぎや椅子や、川面の光の煌きやガラスの反射などといったさまざまな建築外の要素が生成させる事態が、建築要素と等価に近いものになっていく。そのことによって純粋に出来事が生起する舞台のような空間へと変容させる。これが、空間をほとんど何もなくし建築を弱くさせることの効果だったはずです。建築の物質性を削ぎ落として、現象としての事態を多く立ち上がらせること。「Less is more」の効果がこれだと言ってもいい。この効果を引き出すためには、建築を弱くしほとんど何もないぎりぎりにまで削ぎ落としていく必要がある。自ずと空間に働きかける建築的な強制力が薄らいで、建築が作り出す動線の拘束とそれが生み出す運動の知覚は薄れていくことになります。ただ

ミースがこの効果と運動とを両立させることに賭けたことは間違いないと思います。

ライプニッツは、私たちの内には自分自身では区別できない微小な表象ないし知覚が無数にあると言います[*54]。例えば群集の全体が発するざわめきのような轟々たる騒音は、ひとりひとりの人間の小さなささやき声が集まったものであり、私たちはそれらをひとつひとつ聞き分けることは出来ないけれども、感覚はしている。私たちの知覚の閾域以下にも無数の表象が存在していると言います。そしてこれらの微小表象の結果として、現在は未来を孕みかつ過去を担っているとまで言います。ファーンズワース邸の室内の奇妙な静けさとざわめき。がらんどうでありながら、濃密な密度を持った空気がある空間。時間が静止したようでいながら、微細な運動と残像が感じられる空間。これらの空間特性を記述し尽すためには、明白に知覚される現象のみを対象とした分析では不十分なのです。神は細部に宿るというわけです。

偏在する空間

八束はじめ[★111]は、ミースの建築を神なき神の家と呼びました。この言葉は、文字通りに受け取ることができます[*55]。つまりミースの建築は超越的ではないのです。このことはチャールズ・イームズ[★112]と比較してみるとよくわかります。イームズはミースに深い影響を受けた建築家です。イームズはミースのニューヨーク近代美術館の展示を観て衝撃を受けます。展示室の内部は壁一面を模型の写真が天井から床まで隙間なく埋められている。またそこにはミースがデザインした椅子が会場に置いてあって、原寸大のものから実物を縮減した模型までが、同じ場所に混在している。イームズはこれを観て、スケールが移り変わっていく「パワーズ・オヴ・テン[★113]」という映像を

*54――ライプニッツ「唯一の普遍的精神の説について」（所収、『ライプニッツ著作集』第8巻、工作舎）。さらに、「人間知性新論」では、次のような記述がある。《それゆえこれらの微小表象は、考えられているよりもずっと大きな効力をもつ。集合的全体では明晰だが、部分としては錯然としているあの何とも言えぬもの、好み、感覚的性質の諸形象を形成するのはこれら微小表象である。われわれを取り巻く物体のなす、無限を包み込んだ印象や、各存在が宇宙の他のすべてとの間にもつ繋りを形成するのもこれら微小表象である。これら微小表象の結果として、現在は未来を孕みかつ過去を担っているとさえ言えるのだ。》（ライプニッツ「人間知性新論」［所収、『ライプニッツ著作集』第4巻、工作舎］）

*55――八束はじめ『ミースという神話：ユニヴァーサル・スペースの起源』彰国社、2001年、p113 ここで八束は、ホセ・クエトグラスを引きながらバルセロナ・パヴィリオンをはじめとするいくつかの建築を神の家と呼び、分析している。そして「ミースの空間の神学は神なき神学、あるいは空間というかたちで物神化された神学」であると論じている。ただ神なき神学の意味内容については論じられてはいない。Jose Quetglas, Fear of Glass：The Barcelona Pavillion, Beatrice Colomina ed., *Architecturereproduction*, Princeton Architectural Press, 1988

★111――八束はじめ
1948- 建築家、建築理論家。山形県生まれ。1979年、東京大学大学院工学系研究科都市工学専攻博士課程（大谷幸夫研究室）退学後、磯崎新の事務所を経て、82年独立。芝浦工業大学教授。白石市情報センター「アテネ」（97）など。著作に『批評としての建築』（85）、『ロシア・アヴァンギャルド建築』（93）、『ミースという神話』（01）、『思想としての日本近代建築』（05）。『メタボリズム・ネクサス』（12）。

★112――チャールズ・イームズ
Charles Ormond Eames, Jr. 1907-78 建築家・デザイナー。アメリカ・セントルイス生まれ、同市ワシントン大学退学、建築事務所開設後フィンランド人建築家エリエル・サーリネンの知遇を得て工業デザインを手がける。41年レイ・カイザーと再婚。成形合板を用いた家具や添え木の製作、『アーツ&アーキテクチャー』誌編集、ケース・スタディ・ハウス#8（49）、FRP樹脂を用いた椅子、ショートフィルム「パワーズ・オヴ・テン」制作（68／77）などに携わった。

作りました。[*56] しかし、イームズの場合は今いる自分の場所が階層的に全世界に続いていくという全体主義的な入れ子構造があります。マクロへ、そしてミクロへ。これは古典的なアントロポモルフィスム[★114]です。ファーンズワース邸では、ミクロからマクロへという階層構造はない。神が細部に宿るということは、階層構造のズームインの状態を指しているわけではないのです。人工物としての建築と自然がひとつの次元で接合しあっている世界が立ち現われています。これがユニヴァーサルなのです。

レム・コールハース[★115]は、後世になってミースのこうした思考に気づいた数少ない建築家のひとりであったと思います。彼は『S,M,L,XL』（1995年）の中で、冒頭にミースによる「クレーラー・ミュラー邸」の原寸模型を論じています。[*57] かつて私は、コールハースの試みを反転する崇高を探求する試みであると論じたことがあります。[*58] コールハースは、近代建築のマスター・ピースとサルバドール・ダリ[★116]のパラノイド・クリティカルメソッドを接ぎ木することによって、大文字の建築をひとつひとつの建物の水準へと引きずりおろす戦略を取りました。その時に最も意識していたのが、ミースでした。コールハースの試みは、実はミースによって先取りされていたのです。コールハースはミースの試みを拡大解釈していったと言ってもいい。

あちらにも、こちらにもいる。あの時食事をしていた姿と、この時寛いでいた姿が、空間の手前と奥とで重なり合って見える家具を通して重ね焼きされるようにして同時に存在している空間。個別の中に実在している普遍。リヴィングにも寝室にも共通して立ち現われる「部屋であるということ」。それが事態であり、普遍の原因を形づくるものでした。ここにもあり、あそこにもあるということ。偏在するものを重ね合わせ、時間の流れの中にあるものを一瞬に封じこめていくこと。ミースのユニヴァーサルという概念は、おそらくそういったものだったのではないでしょうか。

＊56——Powers of Tenは、チャールズ・イームズとレイ・イームズによって1968年に製作されたフィルムである。Powers of tenは10のべき乗を意味する。

＊57——Rem Koolhaas, S,M,L,XL, The Monacelli Press Inc., 1995, p62-63

＊58——後藤武「反転する崇高——レム・コールハース論①—③」（所収、『建築文化』1997年8月号、彰国社、p157-161、同10月号、p143-147、同12月号、p112-121）フリードリヒ・ニーチェを読解するピエール・クロソフスキーの超越性を引きずりおろす戦略に触れながら、大文字の建築の超越性をまるで贋金つくりのように解体しようとする戦略をコールハースの中に読み解いた。

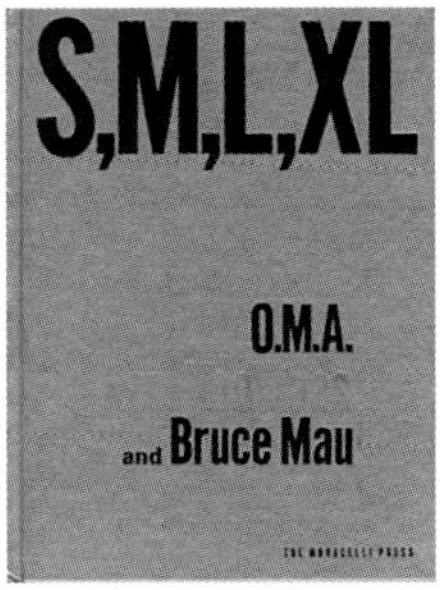

レム・コールハース /OMA
ブルース・マウ『S,M,L,XL』表紙

★113——パワーズ・オヴ・テン
Powers of Ten　イームズ夫妻によるフィルム。1968年にパイロット版、77年にカラー版が作られた。タイトルは10のべき乗を意味し、日常風景からカメラのフレームを拡大して10の25乗mの宇宙まで、また縮小して10のマイナス16乗mの陽子・中性子までを一連のシーンで示した。

★114——アントロポモルフィスム
anthropomorphism　人間以外の事象を人体やその作用に喩えて考える態度を指す。

★115——レム・コールハース
Rem Koolhaas 1944-　建築家。ハーヴァード大学教授。オランダ・ロッテルダム生まれ。1975年にOMA（Office for Metropolitan Architecture）を設立。イギリスのAAスクールで建築を学ぶ。クンストハル（92）、中国中央電視台本部ビル（09）など公共建築のほか、ボルドーの住宅（98）のような個人住宅でも知られる。1978年に『錯乱のニューヨーク』（鈴木圭介訳、ちくま学芸文庫、99）、1995年に『S,M,L,XL』を出版する。『S,M,L,XL』ではOMAの活動をまとめ現代社会と建築の関係性を問うた。プリツカー賞（00）。

★116——サルバドール・ダリ
Salvador Dalí 1904-89　画家。スペイン・フィゲラス生まれ。マドリードで詩人ロルカ、映画監督ブニュエルらと知り合い、シュルレアリスム映画「アンダルシアの犬」（28）をブニュエルと共同制作。27年、アンドレ・ブルトンらシュルレアリストと知り合い、29〜39年には団体に正式に参加していた（フランコに対する態度をめぐり対立）。30年代初めには写実的な像を重ね合わせて視覚イリュージョンをもたらす手法を偏執狂的批判的方法（Paranoiac-critical Method）と自称していた。

第2章　メタモルフォーゼ——柱の自然史

Metamorphosis : Natural History of Columns

柱の自然史とは

第一章では、ファーンズワース邸を中心にしてミースの構築思想を具体的に明らかにすることを試みてきました。その際に建築の外部に位置する樹木の役割に着目することで、ミースの構築思想の中には自然哲学的な側面が色濃く反映していることを示してきました。とりわけファーンズワース邸をひとつの極とするミースの作品群にそのことが当てはまります。そして、ミースのいわゆるユニヴァーサル・スペースが単純に均質空間と呼べるものではなく、個別に普遍が内在するような偏在する空間であることを論じました。第二章ではその議論をさらに深めるために、ファーンズワース邸だけでなく、ミース建築の進化を初期作品から晩年に至るまで大きく辿って、ミースの構築思想と自然哲学の関係を浮き彫りにしたいと思います。ミースの構築思想の中で最も中心的な役割を果たしている柱に焦点をあてて、ミース建築の進化を考えてみることにしましょう。ミースの柱の中でも、最も象徴的な意味を持つのが十字柱です。ミースの建築において最初に明確な柱の形態が現われたのが十字形であり、その後皮膜との位置関係の変化によってヴァリエーション変形を重ねながら、晩年に最終的に帰着したのも十字形だったのです。

この章には、「柱の自然史」というタイトルが付けられています。自然史とは、当然自然界に属する動物や植物の発展を歴史的に記述するものです。人工物である建築の歴史が自然史として語られることは普通ありえません。ところがミースは、人工物である建築を自然史に接続させることを夢想していました。鉱物としての石、植物としての木など自然界の物質をその組成のままで建築に導き入れることもあれば、ケイ素の酸化物を高温溶融させるガラスや鉄鉱石を還元させて生産する鉄など、自然界の物質を人工的に変化させて建築の世界に投入することもあるわけです。近代建築とは、端的に言えば後者に可能性の中心を見出した試みでした。これらの物質の組成とそれに加えられた変形を建築において表現することに、ミースは関心を示しました。大げさに言えばミースは、この世界の物質のカテゴリーを横断する力を表出させる展示スペースとして建築を構想していたのです。

十字柱の起源

バルセロナ・パヴィリオン設計のさなかに、突然ミースは壁から独立柱を離して設置するアイディアを思いつきます。たしかに第一案とされるスケッチには柱の存在はなく、第二案ではじめて平面図上に柱が描き出されています。[*1] 最初は柱の数は全部で6本でしたが、その後4本を2列にならべて合計8本の独立柱となり、実現した建物でも8本の独立柱が建設されることになりました。これまで見てきたように、バルセロナ・パヴィリオン以前では、煉瓦壁の中に埋め込まれた柱や壁柱を作ってはいたものの、完全に独立したかたちでの柱は、この時が初めてでした。この独立柱は、十字形をしています。しかし、なぜ十字形なのでしょうか。ミース自身がこの問いに答えたことはないので、私たちはあくまで仮説的な推論の旅に出るしか術はないのですが、この問いを考えるために、まず鉄の十字柱の歴史的な系譜を遡ってみることにしましょう。

１７９０年代にイギリスで、鋳鉄製の十字柱が製作されはじめました。鋳鉄という言葉が出てきましたので、ここで材料としての鉄の進化過程を簡単に示しておきましょう。[*2] 18世紀の初頭に鋳鉄の工業生産に成功して以来、製鉄技術は鍛鉄、練鉄、鋼鉄へと発展していくことになりました。この進化の過程は簡単に言えば、炭素の含有量を減らす技術の発展過程だと言うことができます。

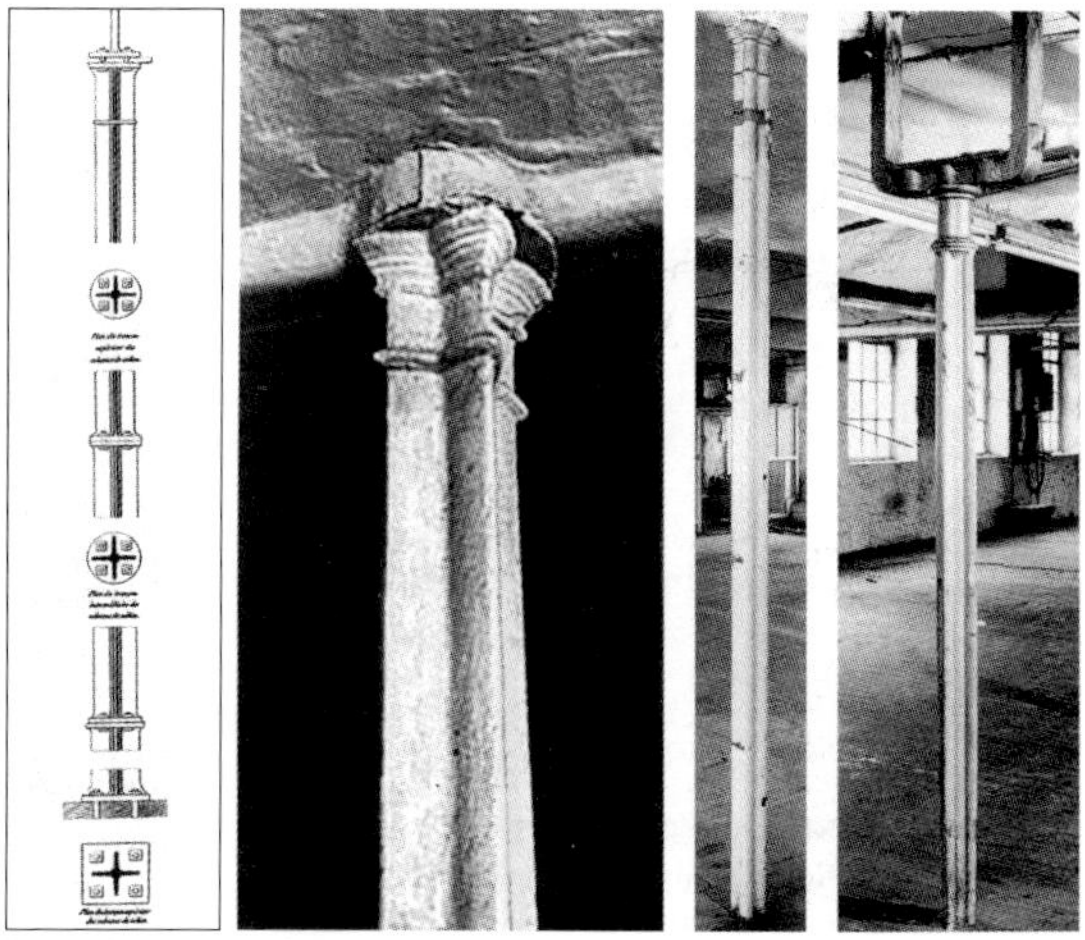

初期鋳鉄十字柱のヴァリエーション
La colonne: Nouvelle histoire de la construction, p.264-265 より

炭素が多いと鉄は脆くなってしまいます。そこで炭素を取り除くことによってより強度の高い鉄を生み出す試みが続いたわけです。１８５６年のベッセマーによる転炉法を契機にして鋼鉄生産がはじまり、引っ張りにも強い鋼鉄が流通していくことになりました。

鋳鉄に戻りましょう。鋳鉄は鋳型に流し込んで固める方法で製作されていましたから、鋳鉄製の十字柱は一体成形のものでした。イギリスで製作された十字柱は、主に工場などのビルディング・タイプで使用されました。シュルーズベリーにあるディザーリントンの亜麻糸工場の十字柱などがその例です。[*3] ゴシック建築の束柱をミニチュア化したかのような鋳鉄十字柱は、装飾的なディティールが施されたり、エンタシスがつけられたりとさまざまなヴァリエーションを生み出していきました。フランスでは、１８３３年にシャルル・ロオー・ド・フルーリによるパリ植物園の温室で、鋳鉄による十字柱が使用されました。さらに１８３９年、サント・ジュヌヴィエーヴ図書館の計画でアンリ・ラブルーストは、閲覧室の柱の基部を金属製の書棚に埋め込む案を提示しました。[*4] その書棚の中に埋め込まれた部分の柱は、鋳鉄製の十字柱でした。書棚は金属製の面材で出来ていて、書籍を入れるために面材を直角に加工していきます。その中に埋め込むとなると、角が４つある十字柱は理にかなった形態だと言えます。また金属棚に埋め込むことで水平方向の動きを固めることが出来、片持ち柱に近い存在を想定していたのかもしれません。しかし結局、この案は実現することはありませんでした。最終的にはサント・ジュヌヴィエーヴ図書館の柱は、現在あるように石の柱基に置き換えられて建設されています。一方ドイツでは、フリードリッヒ・アウグスト・ステューラーが１８５５年に新美術館を設計して竣工させますが、その展示室の柱に鋳鉄の柱を採用しています。ステューラーの鋳鉄柱は外から見ると円柱に見えるのですが、十字柱の外側に被覆をした二重構造になったものでした。議論を先取りすれば、ミースはこのステューラーによる被覆の十字柱を継承するデザインをバルセロナ・パヴィリオンで実現させたのでした。

鉄の結合術

では、ミースはどのようにして19世紀の鉄の構築の歴史を知るようになったのでしょうか。ペーター・ベーレンスの事務所でミースは、アドルフ・フォン・ヒルデブラントやアロイス・リーグルの著作とともに、アルフレッド・ゴットホルト・マイヤーの『鉄の構築：歴史と美学』という著作に出会います。[*5] この著作は19世紀の新しい材料である鉄による構築の特性を、様式の観点から明らかにしようとしたものでした。ゴットフリート・ゼンパー、そしてチャールズ・ダーウィン、さらにヨハン・ヴォルフガング・フォン・ゲーテの形態学に基づく自然史を、近代建築の鉄というマテ

Heavenly Houses 6 | ファーンズワース邸／ミース・ファン・デル・ローエ

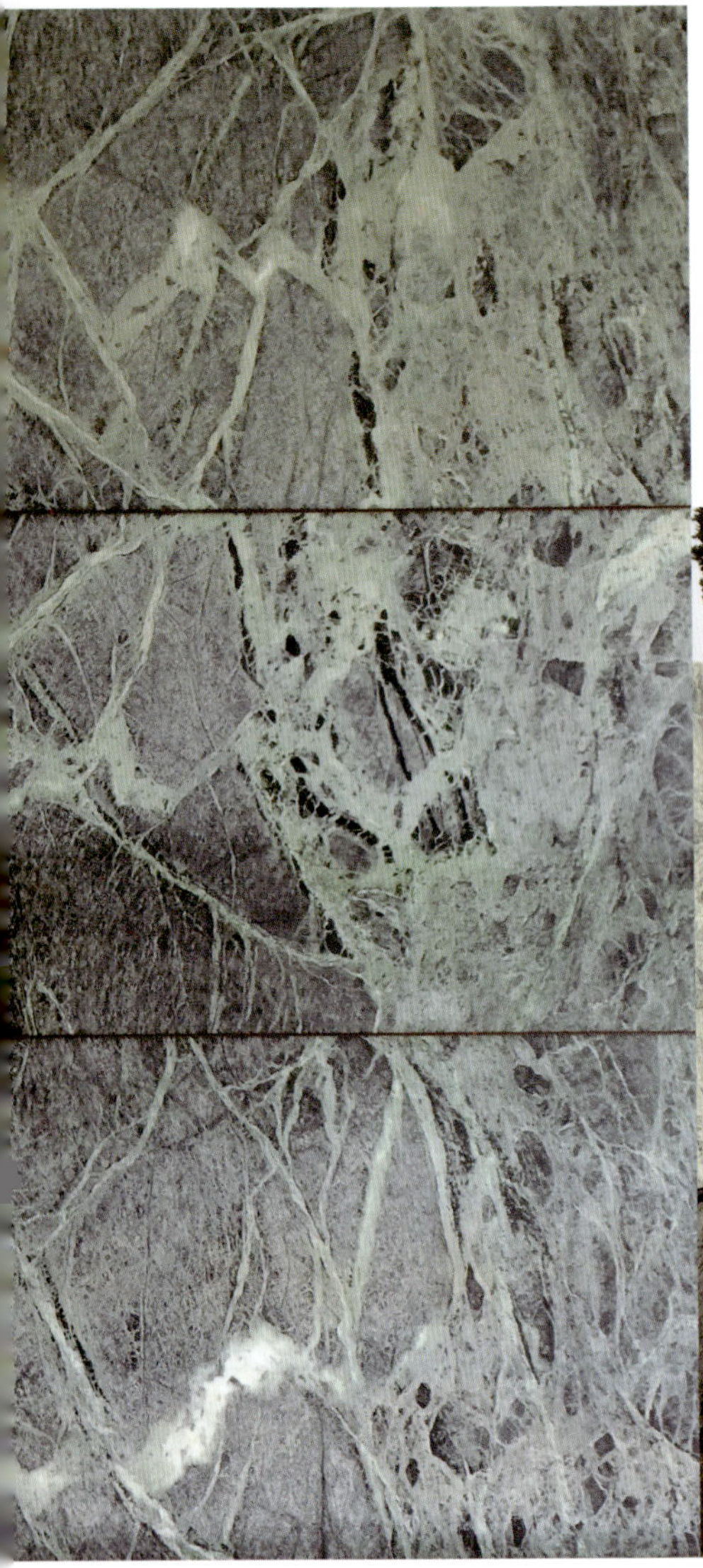

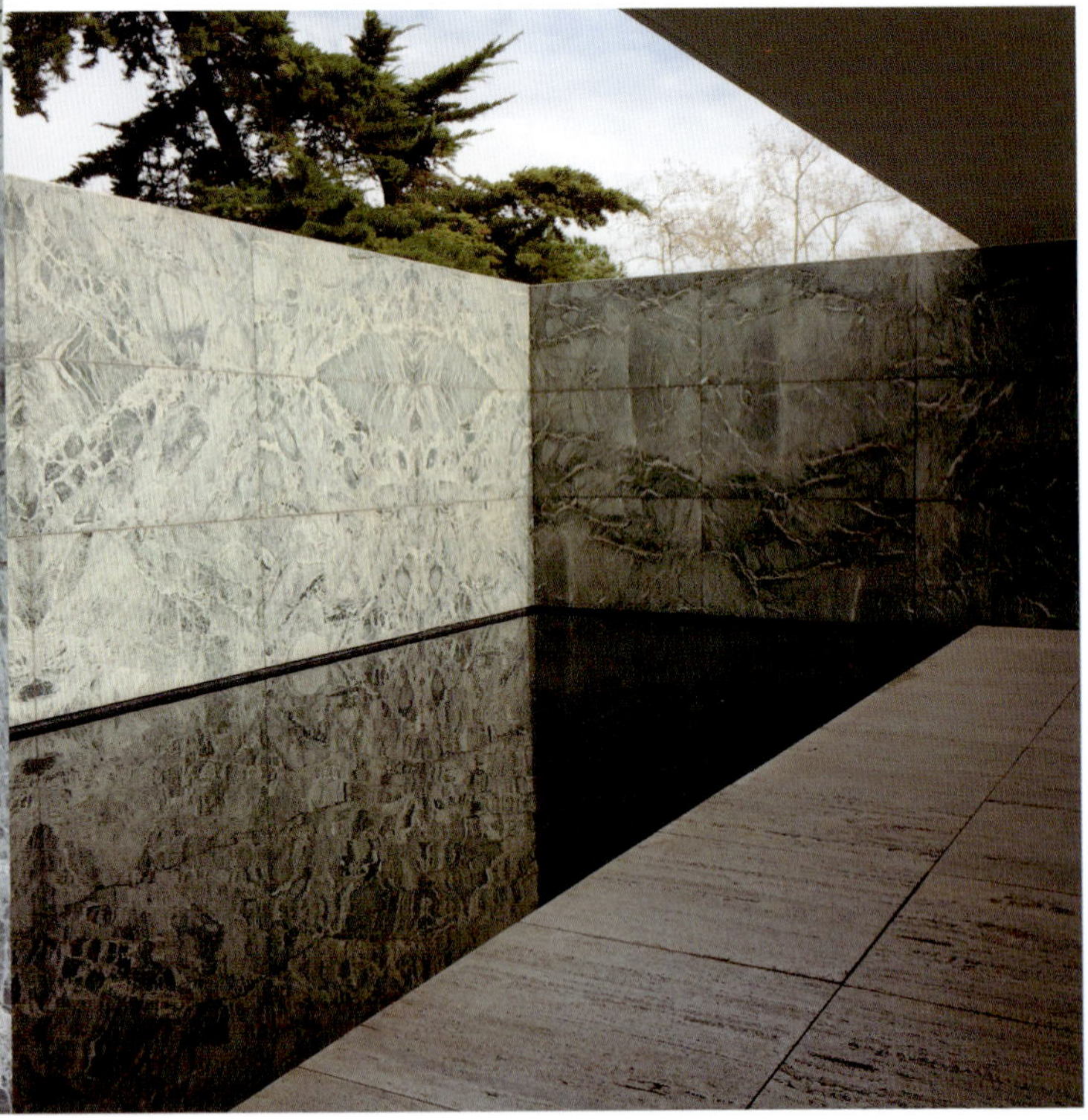

バルセロナ・パヴィリオンより

リアルに適用しようとした試みだと言ってもいい。実際にマイヤーはこの著作の冒頭でゲーテの『イタリア紀行』の言葉を引きながら、石という物質に宿る力とかたちの生成について論じています。[*6] ゼンパー流の進化論に則りながらマイヤーは、フランスのアンリ・ラブルーストによる鋳鉄十字柱のモノリティスムと、ドイツのステューラーによる被覆された複合柱としての十字柱を対比的に捉えて歴史的発展構造を描き出しています。ゼンパーにならってマイヤーは、かたちの生命は内的なメタモルフォーゼによって発展していくと考えていました。

　ミースの有名な箴言「Less is more」はミース自身の言葉と捉えられがちですが、この言葉はマイヤーのこの著書からの直接的な引用です。第四部：芸術形式の第二章圧延鋼の美学において、1900年の万国博覧会におけるグラン・パレの階段の構法を論じている箇所で、マイヤーはドイツ語で「Weniger ware mehr gewesen」、つまり英語で言えば「Less is more」という表現を使っています。[*7] ミースはこの言葉をメモ書きして後に自分の言葉のように用いることになったのでしょう。ミースにとって、進化論的に鉄の様式成立を説くこの美術史家の仕事が、重要な意味を持っていたことがよくわかります。

　ミースの中に鉄の思想を胚胎させたもうひとりの重要人物がいます。それが、ゲオルク・ホイザーです。やはりベーレンスの事務所でミースが出会った著作のひとつだと推測されます。ケルンの建築家だったホイザーもまた、ゼンパーとダーウィンの大きな影響の下に鉄の構築を思考した人物でした。1880年に彼は、「新しい建築様式の萌芽」と名付けられた論文を発表しました。[*8] この論文では、石による古典的なまぐさ構造から、ゴシックの交差リブ・ヴォールトをへて、I形鋼を中心とした鉄の構法が成立する過程を分析しています。そして1890年には「芸術と技術におけるダーウィニズム」を発表しました。[*9] ここでは明確に建築の様式史に進化論を適用しようとしています。デュボワ・レイモン、エルンスト・ヘッケル、ゲーテの自然哲学に影響を受けたホイザーは、建築造形の変化が自然淘汰のプロセスによって引き起されると考えます。新しい技術は、その発生当初は在来の古い技術を模倣します。しかしそのうちに新たな変異が発生し、それらの変異を介して作り手の中に新しい材料と技術に対する問題意識が形成されていくことになります。ホイザーにとって彼の時代は、鉄の造形が自らの問題に目覚めた時代であり、鉄の造形の成立過程に立ち会っているという意識を持っていました。ゲーテの自然哲学に傾倒していたホイザーは、自然と人工物に通底して存在するかたちの原理があると考えていましたし、動物の骨格が工学的な構造に比較可能だとも思っていました。だからこそ、自然淘汰という概念を人工物である建築にあてはめて考えようとしたのでしょう。

　ホイザーは、鉄という材料の特性について興味深い指摘をして

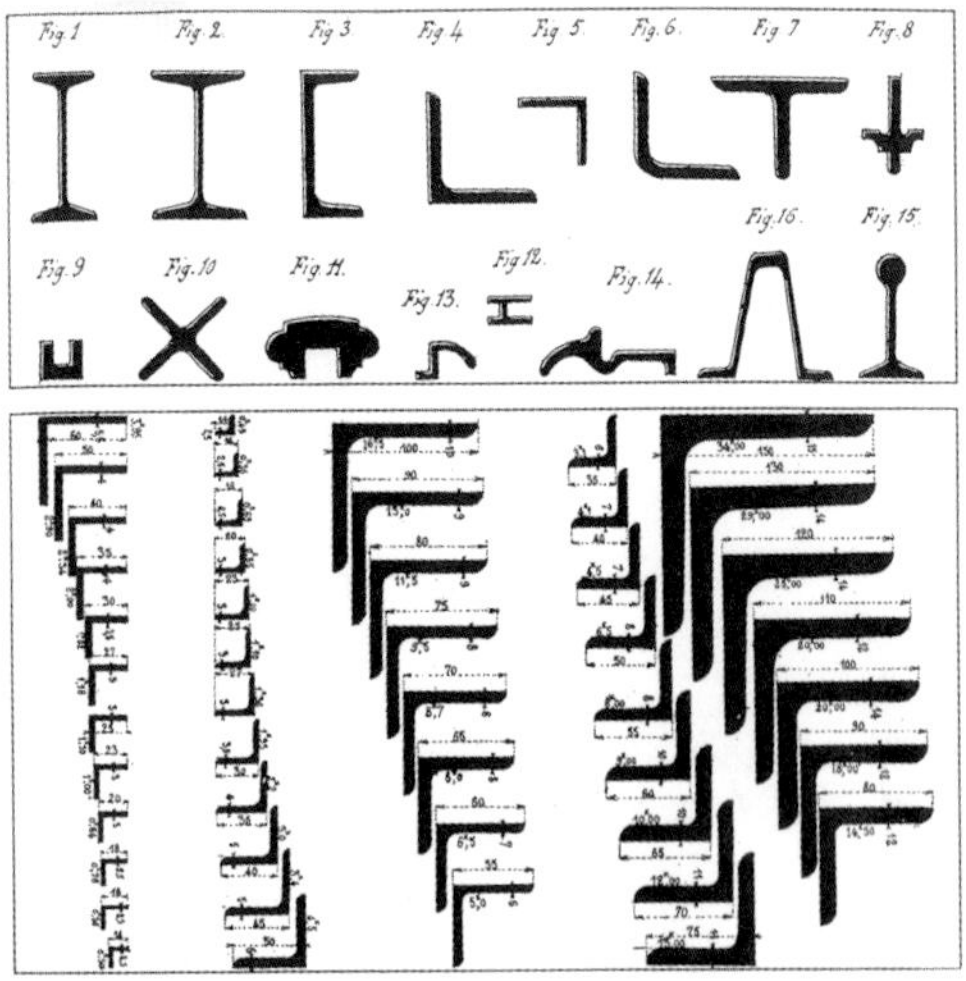

「建材によるアルファベット」（上）「スケールのヴァリエーション」（下）
Bertrand Lemoine, *L'ARCHITECTURE DU FER: FRANCE: XIXe SIÈCLE*, P.27 より

出土したバルセロナ・パヴィリオンの基礎
La colonne: Nouvelle histoire de la construction, p.451 より

います。生きた自然の状態から切り出されて建材となる石と異なり、鉄は製鉄炉で溶融された後成形される材料です。圧延された鋼はさまざまなかたちに変形されていきます。ホイザーは鉄という材料の本質的な特性として、この変形のプロセスに着目します。石は切り出し方の技術に基づいて構築の思想が作り上げられているけれども、鉄は変形の方法に基づいて固有の構築の方法が成立するというわけです。金属板はリブ状になったり波状になったりする。線材はL型、U型、C型へと折り曲げられる。梁はT型、箱形などへ、柱は無垢の円柱、中空の円柱、十字柱、などへとヴァリエーション変形されていく。材料に加えられる行為の結果としてかたちのヴァリエーションが生成し、それが規格となっていく。この生成プロセスは、石や木などの自然材料に比べて、鉄という材料に特有のものです。ライプニッツになぞらえれば、鉄の結合術とでも言えるでしょう。

　19世紀のパッサージュを分析したヴァルター・ベンヤミンは、マイヤーの著作を引用しながら、鉄という材料とともに19世紀後半に建築の世界に極小性の尺度がもたらされたと論じています。*10 エッフェル塔には１万２０００の金属部材と２５０万個のリベットが使われているとマイヤーは論じていますが、その箇所を引用しながらベンヤミンは、小さな部材が寄せ集められて大きな建築がつくられていくプロセスに着目し、それを極小性の尺度と呼んだわけです。そして、その極小性の尺度はモンタージュ原理の早い時期の現象形態だとベンヤミンは論じています。モンタージュ原理は、セルゲイ・エイゼンシュタインがピラネージの描き出す建築空間の表象などにインスパイアされながら、映画の編集技法として見出されていることがよく知られています。しかしこの原理は当然映画の技法だけにとどまるものではありません。鉄という物質を変形してパーツを生み出し、その結合術によって新たな構築を生み出していく技術の中に、ベンヤミンはモンタージュ原理を見出したわけです。ミースが自らの空間原理を表象するために用いたフォト・モンタージュの技法をもう一度想起してみましょう。鉄の構築技法と空間の表象技法。この2つは全く別の技法でありながら、ミースの構築思想の中で共鳴し合っているように思われます。

　ミースの鉄の構築思想は、マイヤーとホイザーの思想を色濃く投影しています。バルセロナ・パヴィリオンの十字柱は、形鋼の規格材であるアングルを4本縦に束ねてリベットで留め、アングルとアングルのあいだにカットTを差し込んでから、光沢のあるクローム鍍金の板金を被覆してカットTを下地としてビス留めしてあります。再建されたものではなく、オリジナルヴァージョンでは、中空の基壇の内部では、この十字柱の中心にH形鋼が組み込まれていました。*11 H形鋼のウェブに4本のアングルを抱き合わせていたわけです。再建時の掘削時にこの基礎が出土したと言われています。H形鋼は地上に出る手前で切断され、アングルだけが地上に露出し、H形鋼のウェブが挟まれていた箇所は中空となり、随所にカットTが同じ幅で挿入されることになっていたわけです。床に敷き詰めるトラヴァーチンの4枚の角に、こうして通し柱を挿入することを考えれば、4枚のトラヴァーチンの角のかたちである十字が最も理に適っているとも言えます。いずれにしても意図的に単純な規格鋼材を選び、それらを複雑に組み合わせて成立させようとする意図が明確に現われています。さらに構築要素のすべてを規格鋼材の組み合わせで成立させようとしたファーンズワース邸には鉄のメタモルフォーゼと呼ぶしかないような事態が起きています。

　事態は空間の構成要素すべてに波及しています。バルセロナ・パヴィリオンの十字柱は、基壇の内部でしっかりと基礎を埋設させて自立柱に近い構造形式をとっています。もちろん鉄骨梁で柱頭を繋いでいましたから純粋に自立柱ではないわけですが、梁の存在を天井内に周到に隠してフラットな天井面を作り上げているために、柱は限りなく自立しているように見せています。ミースの建築はこうして、視覚的な分離と断片化を徹底していきます。こうした試みをベンヤミンにならって、鉄によるモンタージュ原理の探求だと考えてみましょう。

被覆と反射

　バルセロナ・パヴィリオンの十字柱には、クローム鍍金の板金による被覆が施されています。柱の骨組みは前述の通り規格鋼材の組み合わせで出来ているわけですが、それらをすべて包むようにして、鏡面のように反射するクローム鍍金が巻かれている。これもまた不思議なディテールです。ゼンパーは、無垢の石で出来たエジプト芸術と木の芯の表面を金属で被覆したメソポタミア芸

リリー・ライヒと協働したテキスタイル展示の情景　*La colonne: Nouvelle histoire de la construction*, p.478 より

術を対比的に捉えていましたが、マイヤーはこの対比をラブルーストとステューラーの柱の対比に準えて鉄の構築の進化論を構想しました。[*12] ミースはこれらの歴史の弁証法をふまえて、表面と内部を異なる素材で構成する複合性を意図的に選び取っていることがよくわかります。

　十字柱に被覆をする意図が明確に理解できる例をひとつあげてみましょう。１９２９年のバルセロナ万国博覧会の会場で、バルセロナ・パヴィリオン内ではありませんでしたが、ミースはリリー・ライヒと協働でテキスタイルの展示を行っています。[*13] 金物の展示什器に掛けたテキスタイル、ガラスの自立壁などとならんで会場内には、床から天井まで貫く十字形の金物が設置されました。展示室内ですからこれは構造体ではありません。この金物には、天井近くから床にまで至る細長いテキスタイルが吊るされて展示されました。90度の角度を振った向かい合う2面に色の違うテキスタイルが向き合うように配されていたことがわかります。これはあくまで展示什器と展示品ではありますが、バルセロナ・パヴィリオンの十字柱と相関していることは明らかです。展示動線を廻りこむことで、２つの色のテキスタイルが見えるようになります。布で被覆された十字柱。クローム鍍金の十字柱とテキスタイルの十字柱。建築の起源をテキスタイルとの関係で考えようとしたゼンパーの思想の反響を見ることができます。同じかたちが異なるテクスチャーによって置き換えられるメタモルフォーゼを見てとることもできるでしょう。

　鏡面のような十字柱の被覆は、周囲を映し出します。十字柱に正対した時には、背後の風景が映りこみます。左右に少し廻りこむように動きはじめてみましょう。十字柱に対して角度が生まれたことによって、アングルの2面に映る像が見えはじめます。90度面に映る像は、90度振った角度に存在する風景になります。2振った角度の2つの風景が像として柱に映りこむことによって、背後の眼に見えないはずの風景がパノラマ状に視界に入りこんで

バルセロナ・パヴィリオン

くることになります。それも、柱の一側面だけのことですから、背後の風景は縦長の断片的な映像として視界に入りこんできます。バルセロナ・パヴィリオンの基壇の上で動きはじめると、こうして３６０度の風景が断片的に眼に入りこんできて、パララックス効果を引き起していきます。壁と壁のあいだから背後の緑が入りこんできたり、ガラスが重なって見えたりして、きわめて複雑なモンタージュを生み出していきます。柱、壁、ガラス、背後の緑。そして今は存在していませんが外部の列柱や樹木の配列。これらの距離の違いが生み出すパララックス効果。柱の被覆は眼に見えていない背後の風景を反射によって取りこむことで、この効果をさらに複層化していると言えます。ミースがフォトモンタージュで描きたかったのは、こうした効果だったのでしょう。

　そこで思い出されるのが、シンケルのパノラマ画です。ミースの建築思想の形成に最も大きな影響を与えたシンケルは、風景画家でもありました。これは単に建築も設計し風景画も描いていたということではありません。シンケルにとって建築をつくることは、建築を通してはじめて見えはじめる風景の設計だったのですから、建築の設計と風景画の描写は分ち難く結びついていたわけです。シンケルは当時の新しい発明技術であったパノラマ画に興味を抱き、みずからもパノラマ画を描いています。パノラマ画の展示用に特別の仮設建築をつくるほどに、彼はパノラマ画に情熱を注ぎこみました。パノラマ画は参加者が客観的に絵画や舞台を見るのとは異なって、パノラマ画の中に取りこまれて没入することになります。シンケルが魅了されたのはその点だったはずです。ミースはパノラマ画に興味を示すことはありませんでしたが、視界の裏側の世界を映しこんで見せる技法や、90度角度を振った視野を重ね合わせるモンタージュのドローイングなどの試みは、シンケルがパノラマ画に感じた可能性と通底するものがあるはずです。

庭園の技法

バルセロナ・パヴィリオンの設計手法が、庭園の設計手法とりわけイギリス風景式庭園の設計手法を踏襲していることは、キャロリン・コンスタントの指摘によって明らかにされています。[*15] パヴィリオンという名称自体が、17世紀末にイギリス風景式庭園の中に点景として挿入されるモチーフとして生まれたものだったわけです。パヴィリオンは特別な機能を持たず、ピクチャレスクな散策の途中で一時休憩し、風景を眺める視点を提供するものでした。

　コンスタントはバルセロナ・パヴィリオンの初期のプランにおいて、３つの彫刻のための台座が置かれている位置に注目しています。南北に細長い基壇の上の対角線上に３つの台座が置かれています。まず基壇の上には南北方向に平行した階段で上がっていきますから、動線は自ずと南北方向に導かれていきます。さらに基壇の上に層状に配置された壁と柱によって、動線は層を縫うように南北に動いていく。その動線上に３つの台座が位置づけられています。訪問者の視線を惹きつけて動線の向かう先を示す彫刻。建築によって通路を作るのではなく、要素によって視線を統御することによって見えない動線を作っていく作為がここにはあります。これはまさしくイギリス風景式庭園の理論でもあるわけです。結局実現案では彫刻は1つに減らされて、ゲオルク・コルベの彫像が北側の池の中に設置されることになりました。コンスタントは、３つから1つに彫刻を減らした理由として、空間の連続性を強め、彫刻によって視線と空間を分断させないことを意図したのではないかと分析しています。そしてさらに重要なことは、彫刻を見せるための空間という目的以上に、建築の要素と周辺環境の要素の相関関係そのものを見せるための場としてパヴィリオンを設計することに自覚的になったことを意味していると言います。[*16]

初期イギリス風景式庭園の理論家であり詩人アレクサンダー・ポープが自ら作庭に携わったトゥイッケナム庭園のグロッタが、バルセロナ・パヴィリオンのイメージと共通性を持っていることをコンスタンティが指摘しています。ある種の美術館をイメージしていたポープのグロッタには、鉱物の標本が集められていました。そしてグロッタはカメラ・オブスクラのガラス・レンズを通して外界を内部に投影する世界の縮図として構想されていました。多様な光と反射の場としてのグロッタ。

十字の相似

さて少し視点のスケールを変えて、さらに十字柱の根拠を探ってみることにしましょう。第二回バルセロナ万国博覧会の会場は、バルセロナ市街から地中海へと向かうモンジュイックの丘の斜面に計画されました。[*17]スペイン広場に建つ2本の鐘塔を起点にして、レイナ・マリア・クリスティナ大通りがナショナル・パレスまで真っすぐに通り、海へと抜ける強い軸線を作り出しています。その大通りのほぼ中央には円形の大噴泉があり、そこを交点にして大通りと直交する細長い広場、グラン・プラザ・デ・ラ・フエンタ・

バルセロナ・パヴィリオン　基礎スラブ工事完了時の写真
8本の列柱が見える。列柱の奥には、樹木が列をなして配置されている。Ignasi de Sola-Morales, Cristian Cirici, Fernando Ramos, *MIES VAN DER ROHE: BARCELONA PAVILION*, p.15 より

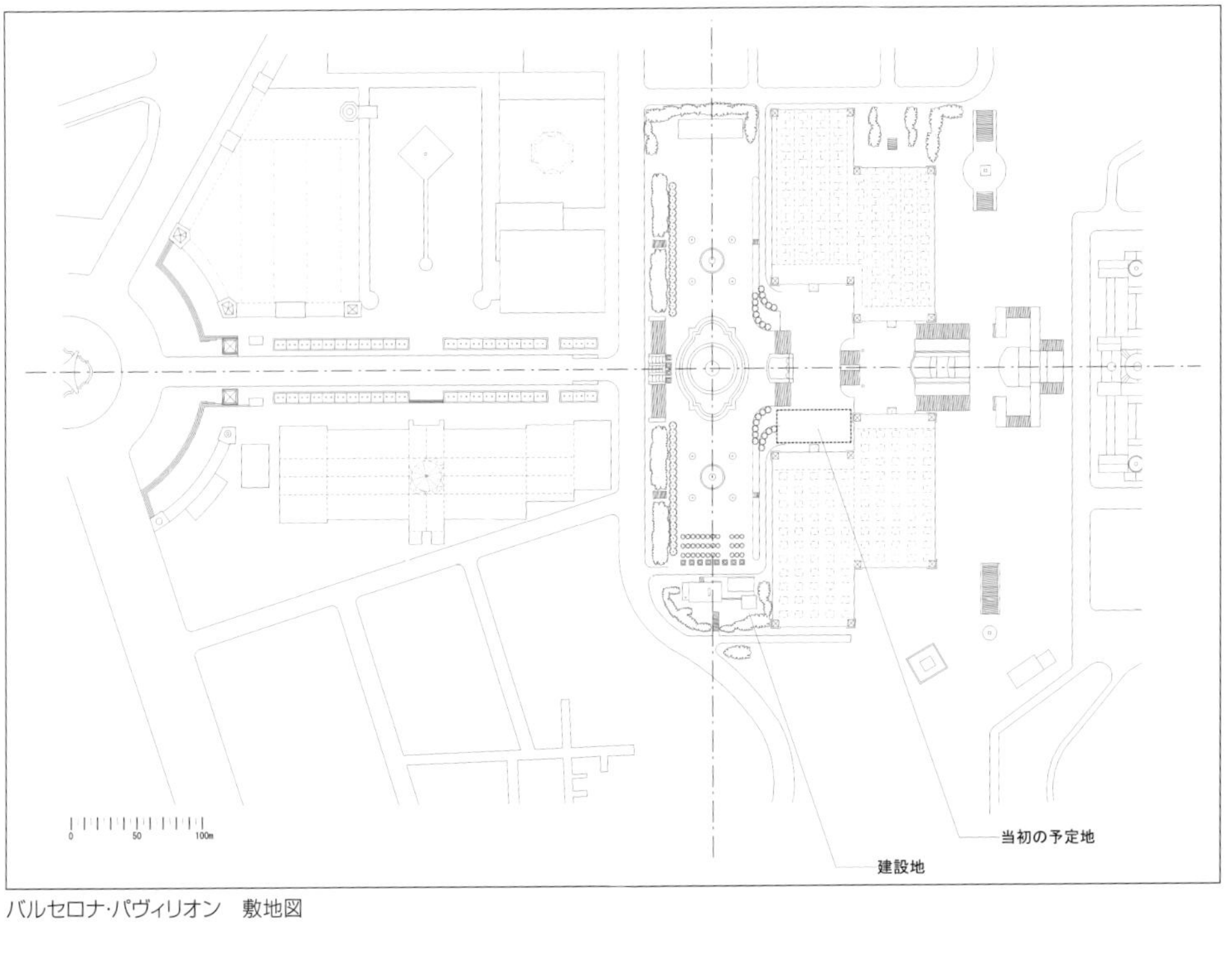

バルセロナ・パヴィリオン　敷地図

Heavenly Houses 6
ファーンズワース邸／ミース・ファン・デル・ローエ

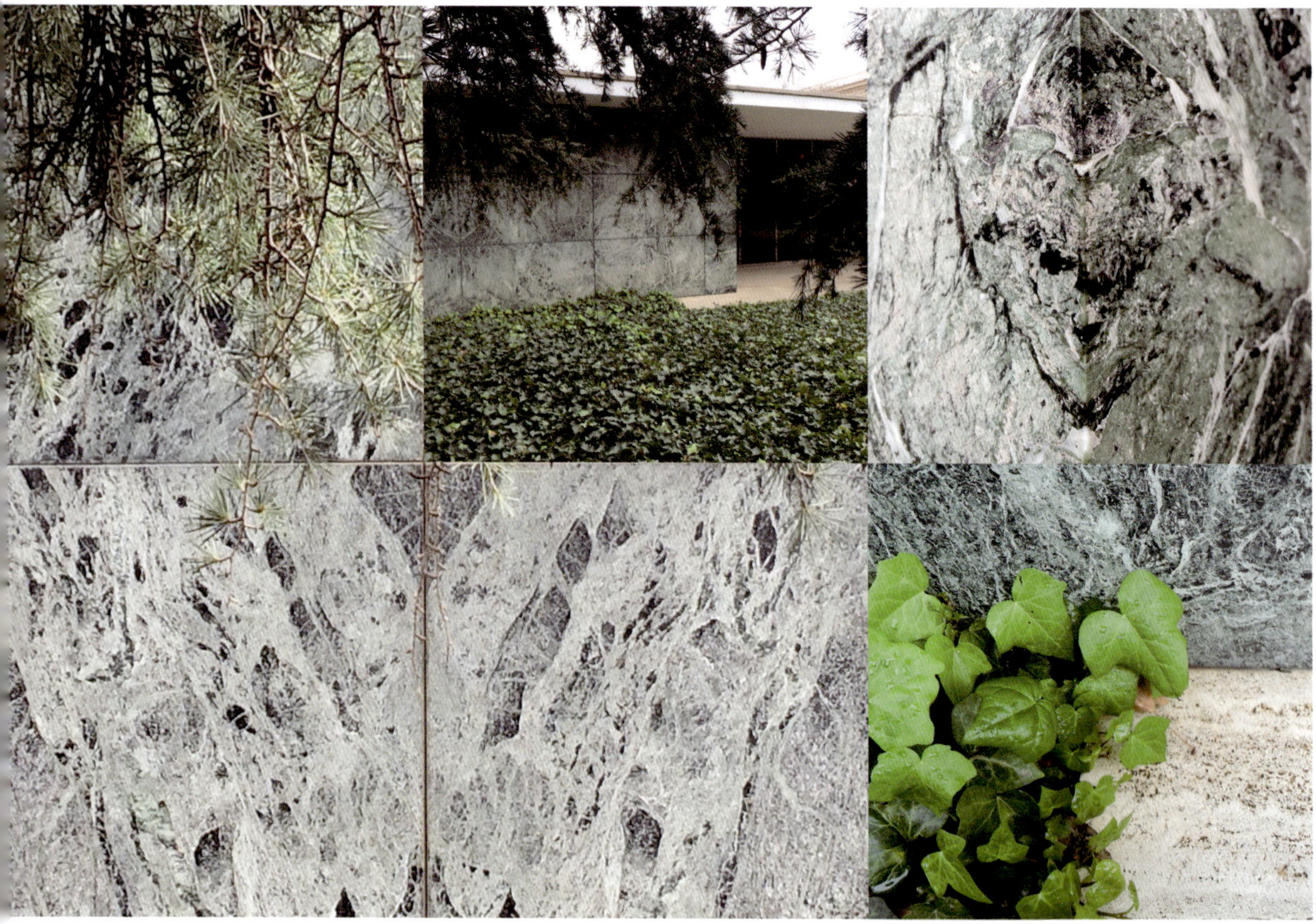

バルセロナ・パヴィリオンより

マジカがあります。

　バルセロナ・パヴィリオンには、計画当初別の敷地が用意されていました。アルフォンソXⅢ世宮のすぐ東側、レイナ・マリア・クリスティナ大通りを挟んですぐ向かいには、対称的な位置にフランス・パヴィリオンが予定されていました。博覧会運営委員会から提示されたその敷地をミースは拒否し、別の敷地に建設する要望を提示します。それが、再建されたバルセロナ・パヴィリオンが現在建っている敷地でした。ミースが選んだのは、大通りと直交するグラン・プラザ・デ・ラ・フエンタ・マジカの西端、厳密に言えば博覧会場の外でした。グラン・プラザの西端には、8本のイオニア独立柱の列柱が建ち、それが博覧会場の西のエッジを形成するものでした。ミースはこの列柱のすぐ外側、列柱に寄り添うような位置に敷地を求めました。つまりミースのバルセロナ・パヴィリオンは、会場の外から列柱を通して会場を見透かす位置に定められたわけです。

　この列柱は撤去されてしまっているために、バルセロナ・パヴィリオンとの関係が近年指摘されることはないようですが、敷地の選定にあたってこの列柱が重要な役割を果たしていたことは指摘しておく必要があると思います。ついでに言えば、当時はグラン・プラザ中央の円形大噴泉の大通り側にも4本の巨大イオニア独立柱の列柱が建立されており、その2本目と3本目の柱のあいだを大通りからナショナル・パレスへと至る軸線が通っていました。その軸線と直交して、グラン・プラザの中心にある円形大噴泉の中心から、この8本の列柱の4本目と5本目のあいだの中心を抜けて、西端の階段のセンターを通る軸線を想定することができます。バルセロナ・パヴィリオンの設計は、この軸線を強く受け止め、軸線の力を内側に折り畳むようにして構想されていると言えます。バルセロナ・パヴィリオンの設計案のうち、第二案では柱は総数6本でしたが、その後8本に修正されて実現案へと至ります。8本の柱は、4本ずつ2列になっています。イオニア式の独立柱の本数も8本で、4本目と5本目のセンターに軸線が通っていましたから、その軸線で折り返せば4本ずつとなります。バルセロナ・パヴィリオンの建物の外にあるこれらの列柱がパヴィリオンの設計を大きく決定づけているはずです。

　ウルフ・テゲトフは、ひとつの興味深い仮説を提示しています[*18]。それは、バルセロナ・パヴィリオンの建物は、グラン・プラザのアナロジーになっているというものです。バルセロナ・パヴィリオンには基壇が設けられており基壇上には階段で上がりますが、グラン・プラザも一段レベルが高くなっており、階段でアクセスすることになります。スペイン広場からナショナル・パレスへ至るレイナ・マリア・クリスティナ大通りの軸線は、細長い矩形のグラン・プラザのちょうど真ん中を貫通し、グラン・プラザに対して直交しています。グラン・プラザの縦横比は、バルセロナ・パヴィリオンのそれに近い。グラン・プラザの構成要素には、噴水の水があり、北側に聳えるアルフォンソXⅢ世宮の壁があり、そして植栽の緑がある。グラン・プラザの前には、独立柱があり、レイナ・マリア・クリスティナ大通りに向き合う方向に4本の列柱が建っていました。バルセロナ・パヴィリオンの構成要素は、抽象化して考えればすべてグラン・プラザの中にあるわけです。プイグ・イ・カダファルクによる博覧会配置計画の十字構成を相似的に反復する一要素として埋め込まれたのが、バルセロナ・パヴィリオンだと考えてもいいはずです。

　バルセロナ・パヴィリオンの代名詞ともなっている十字柱。直交する軸線という主題を前提として矩形の組み合わせで設計を進めたとすれば、柱は矩形の交点において限りなく点と化さなくてはならない。しかし現実においては当然座屈に耐えうる断面積が必要な訳で、柱としての機能を満たしてなおかつ直交する2つの直線の交点に最も相応しいかたちとして、十字が採択されたと考えるのが妥当でしょう。さらにトラヴァーチンの床を貫通する片持ち柱として床目地を尊重することを考慮すると十字になるだろうことは、すでに論じました。しかしそもそもプイグ・イ・カダファルクによる博覧会配置計画が十字プランであるため、軸線が直交する事態を単純に形象化すれば十字になります。ミースは軸線の交差という事態と柱のディテールとを相似関係に置こうとしたのではないでしょうか。

　こうしてグラン・プラザとバルセロナ・パヴィリオンは相似的に関係し合うことになります。グラン・プラザに植えられていた幾何学的な緑の配列は、バルセロナ・パヴィリオン前の8本の独立柱と関連づけて構成されています。中心の軸から振り分けて柱4本分の幅で緑の帯をなし、それが独立柱の背後に4列の層を作り出しています。パヴィリオンの動線は、グラン・プラザの軸と直交する方向に動きます。パヴィリオンの基壇に上がる階段は、イタリア庭園の階段と同じく軸線に直交して配されており、歩んできた方向を振り返り見るのに適した配置です。独立柱の列柱と平行して基壇の上を歩きながら、緑の配列までを視野に入れたパララックス効果が生み出されていきます。

物質のメタモルフォーゼ

　次はバルセロナ・パヴィリオンの背後にある緑に眼を向けてみましょう。バルセロナ・パヴィリオンの北側コートの外壁には、アルプス産緑色大理石が貼られています。有機的な肌理のパターンが特徴的です。外壁のさらに外には、鬱蒼とした糸杉などの針葉樹が生い茂っています。ウルフ・テゲトフはまた、緑色大理石と針葉樹のパターンがとてもよく似ていると指摘しています。[*19] かたや平面に切り出された二次元の無機的なパターン、かたや三次元的な奥行きをもった有機的な植物。かたちと色が類似していて質の異なる2つの物質が併置されて、外壁は背景の緑に浸透しはじめている。これは明らかにミースによって意図された併置の効果ではないでしょうか。

　南側コートの外壁はトラヴァーチンで、その外壁の上端には、線状にプランターボックスが仕込まれていました。復元された現在のバルセロナ・パヴィリオンにはこのプランターボックスは再現されることがありませんでしたが、オリジナル作品には、プランターボックスが仕込まれていたのです。これはきわめて重要なディテールです。そのプランターボックスから蔦植物が壁に垂れ下げられ、外壁は緑によって縁取りされていました。こうしてみるとバルセロナ・パヴィリオンのテクスチャーからは、鉱物と植物の密やかなかたちの共通性を利用して、ランドスケープと建築とを浸透させようとする意図が浮かび上がってくることになります。グラン・プラザ上の幾何学的な配列の緑と、バルセロナ・パヴィリオンの背後に広がる混沌とした緑。この2つの対比的な種類の緑に挟まれて、バルセロナ・パヴィリオンは存在しています。このパヴィリオンはこの2つの種類の緑を建物の要素として遠隔的に取りこもうとしていることがわかってきました。

　ゲーテは、地質学と植物学、動物学の研究の成果を統合して、自然界におけるかたちの発生とメタモルフォーゼの原理を形態学として構築していきました。ゲーテ形態学は、ライプニッツのモナドロジーとの類似性がしばしば指摘されます。地質学研究の中でゲーテは、花崗岩という岩石の内部で作用する動的なデュナミスの力によって、異なった変成岩が生成するプロセスを岩石のメタモルフォーゼとしてとらえています。[*20] 驚くべきことにゲーテは、自己逸脱と呼ばれるこうした花崗岩のメタモルフォーゼの一変異

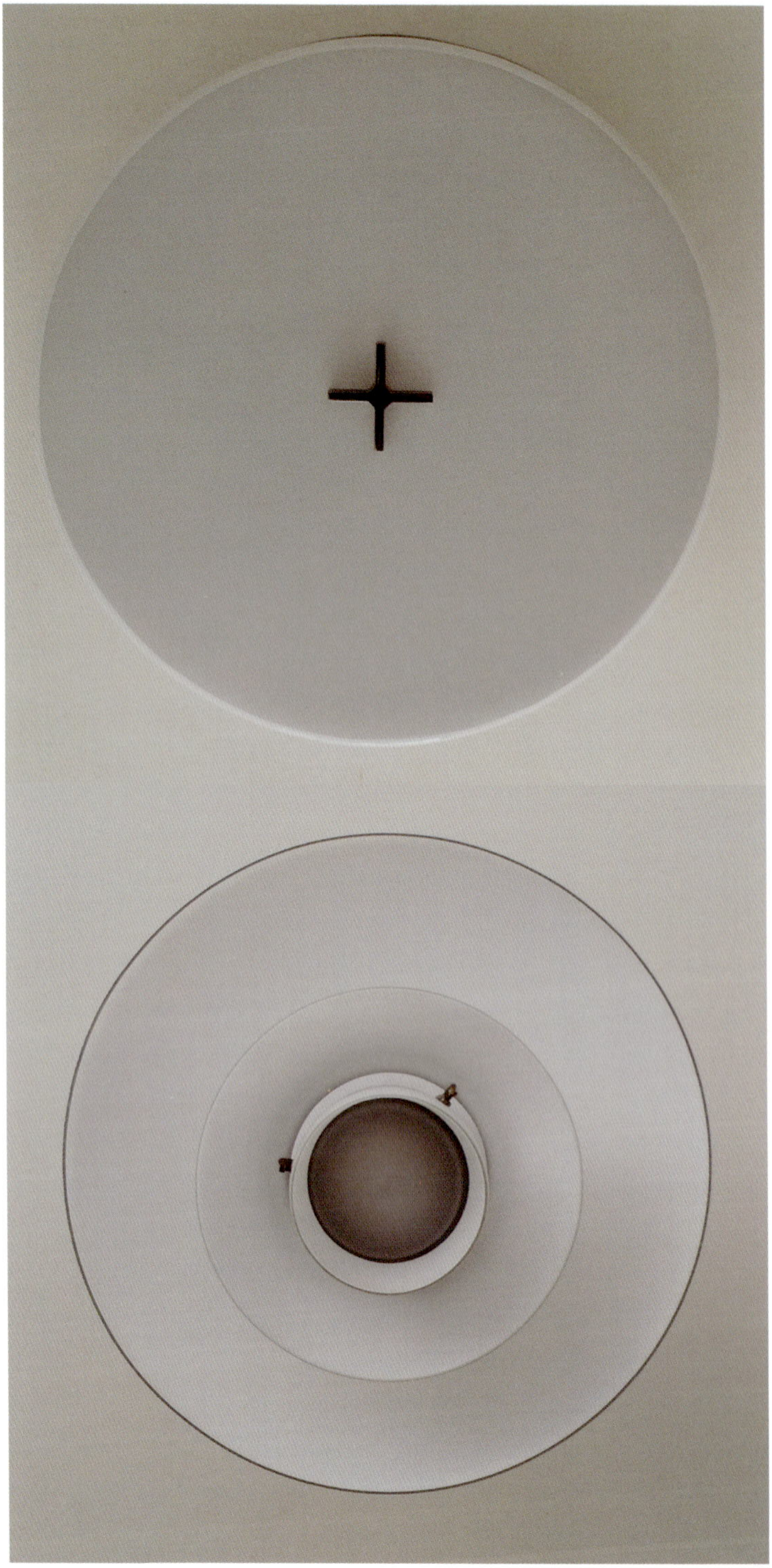

チューゲントハット邸より

として、大型羊歯植物と珊瑚の生成を考えているのです。荒唐無稽と笑われてしまうかもしれませんが、これはつまり無機物から有機物の生成です。ゲーテにおいては有機物と無機物の二分法を越境して、かたちのメタモルフォーゼは引き起こされるわけです。

　ミースが建材として石を使う手法は、他のどんな建築家とも異なる特性があります。ミース自身は明言してはいませんが、そこにはゲーテ形態学が色濃く投影されているように私には見えます。[*21] ゲーテ形態学との関わりからバルセロナ・パヴィリオンを考えてみると、パヴィリオンの構成要素であるガラスと水の意味も自ずと明らかになってきます。ゲーテは、牛乳が凝結する現象に着目しながら、鉱物もまた牛乳とは遥かに異なる時間軸の中で変成し凝結してきていることに注意を促しています。[*22] 液体は凝結する。かたちなきものは、凝結によってかたちをもつ。すべてのかたちは、凝結という運動のプロセスの一様態です。静止したかたちは、運動の変異体なのです。鈴木了二は、バルセロナ・パヴィリオンで使われている大理石が2つの異なる産地から選ばれていることに着目しています。ティノス産が固形的な破片の集積であり、アルプス産は流体的な波動のうねりに近いと言います。池を囲む壁のためにアルプス産が選ばれていることによって石の流体性を表現しており、ティノス産が石の粒子性や固体性を表現しているというわけです。石の流体性、ガラスの液体性。水は液体で変幻自在にそのかたちを変化させていきます。ケイ素の酸化物を高温で加熱することで溶融させた後冷却して生み出されるガラスは、粘度が高くなり凍結した液体だと考えることもできます。水とガラスはどちらも視覚的には透明性を属性として持ちます。

　垂直面には、異なる色味を持つガラスのスクリーンが立ち上がり、大理石の壁と重なり合い、壁を色づけながら透過させている。一方で水平面には北側と南側に2つの池があり、薄く水が満たされている。バルセロナ・パヴィリオンの2つの池については、鈴木了二の素晴らしい分析があります。[*23] アルプス産大理石で囲われた北側の池は、囲われているがゆえに鏡面のように静かに波うつことなく、池の底面に敷かれた黒タイルの効果によって、壁面を映し出しています。底なしの垂直面を反射の効果によって作り出しているかのようです。南側の池は、壁の中に水が引きこまれるディテールも相まって、徹底的に水平性が強調される。再建されたものは玉砂利が敷かれていますが、オリジナルでは青いタイルが敷かれていたようなので、空との対称性が意図されていたはずです。

庭に住む

　バルセロナ・パヴィリオンは、グラン・プラザの幾何学的な緑や列柱、さらに背後の緑という2つの性質の異なる外部空間を取りこみながら、基壇の上に動的な空間が生み出されました。この構成はほとんど機能らしい機能が求められなかったパヴィリオンだからこそ、純粋に空間の実験場として成り立ったのだと言えるでしょう。チューゲントハット邸は住宅の機能をシビアに求められながらも、バルセロナ・パヴィリオンに近い空間効果が生み出された例です。北側を道路に接し、道路から南に向けて下る斜面地に計画されたチューゲントハット邸は、東側と南側とのみに大きく開いて外部空間と接合しています。[*24] 斜面地に対して基壇を大きくとって、奥行き3スパンの十字柱の列柱を6メートル間隔で配しています。3スパンとったおかげで、柱を起点にして空間が大きく旋回しつついくつかの居場所が設定されることになりました。チューゲントハット邸の十字柱は、バルセロナ・パヴィリオンと少しかたちを変えてあります。十字の小口を曲面にして、なめらかな回転を示唆しているかのようです。このかたちは、ゴシック建築の束柱を思わせもします。ダイニング・テーブルの脚も十字柱になっています。架構を支える垂直的な要素は、すべて十字にするという徹底ぶりです。

チューゲントハット邸の東側に設けられたガラス貼りの温室。その中には羊歯植物などの観葉植物が置かれています。19世紀において鉄骨建築が温室というビルディング・タイプとともに発展したことを縮減的に示そうとでもしているかのようです。その温室から90度角度を振った室内側の面には、縞瑪瑙の見事な肌理を持つ壁が設えられています。朝日を浴びた羊歯植物たちは、この縞瑪瑙の壁にその影を映し出します。無機物の縞瑪瑙と羊歯植物の影はオーヴァーラップし、かたちと物質が変換し合うことによって相互浸透していきます。三次元の建築空間の中で、かたちのメタモルフォーゼは光を媒介として上演されているというわけ

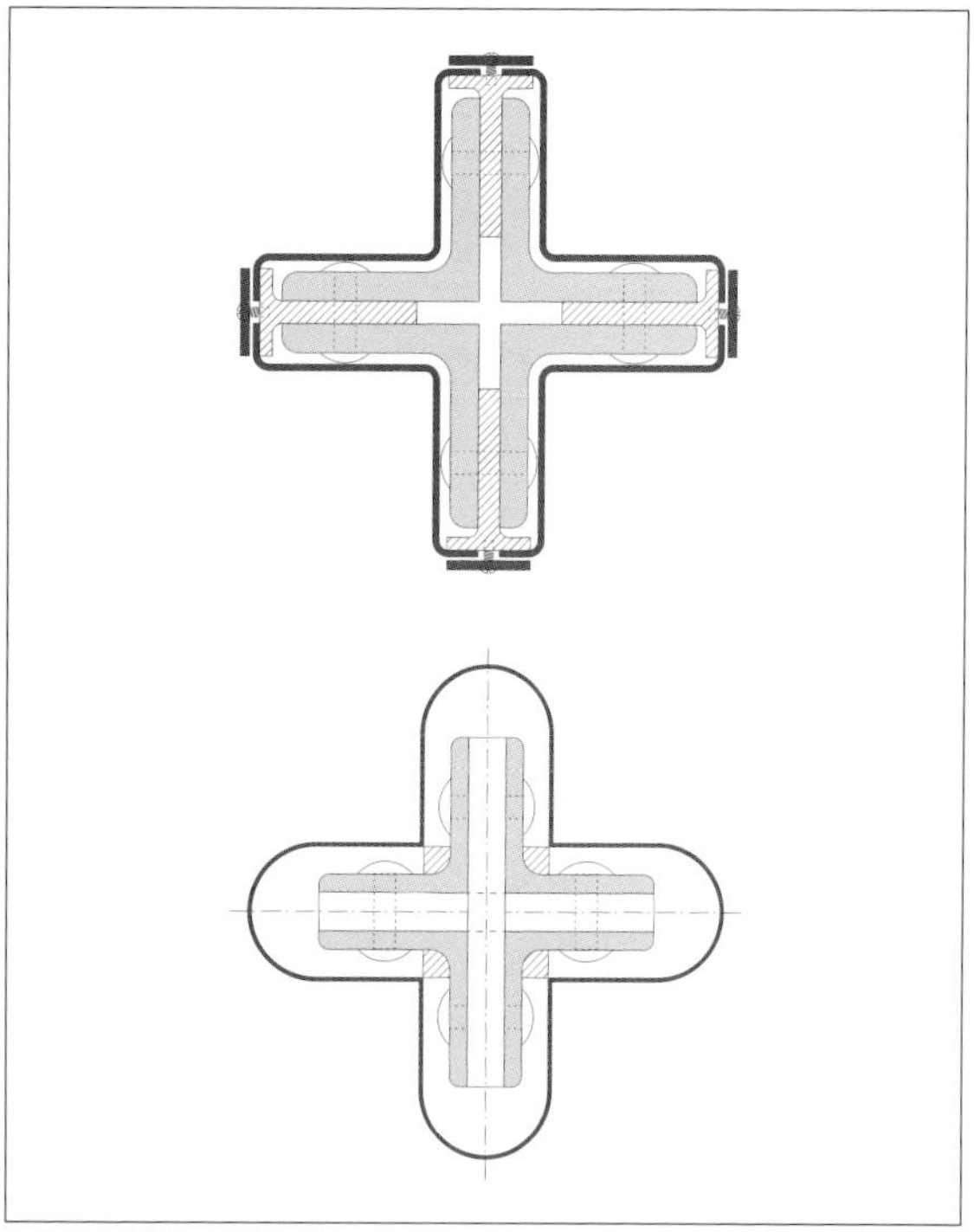
十字柱の比較　上がバルセロナ・パヴィリオン、下がチューゲントハット邸

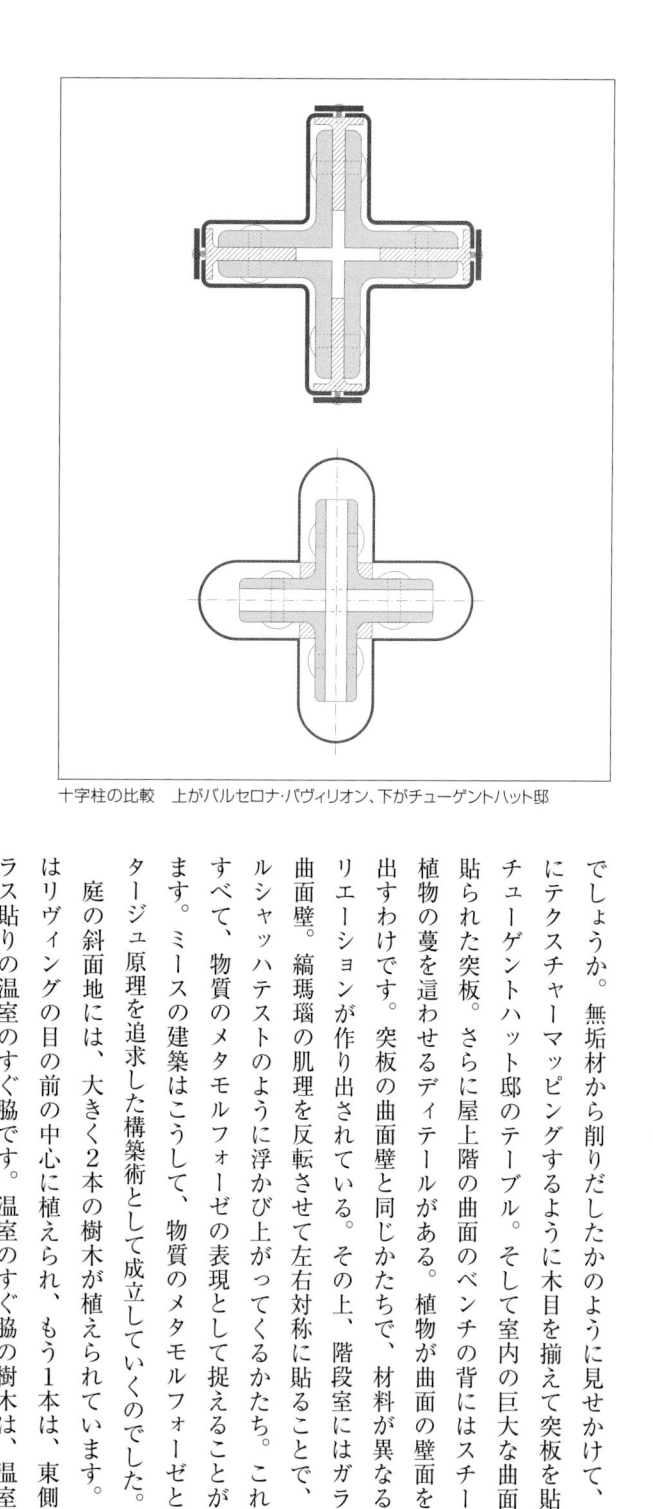

でしょうか。無垢材から削りだしたかのように見せかけて、表面にテクスチャーマッピングするように木目を揃えて突板を貼ったチューゲントハット邸のテーブル。そして室内の巨大な曲面壁に貼られた突板。さらに屋上階の曲面のベンチの背にはスチールで植物の蔓を這わせるディテールがある。植物が曲面の壁面を作り出すわけです。突板の曲面壁と同じかたちで、材料が異なるヴァリエーションが作り出されている。その上、階段室にはガラスの曲面壁。縞瑪瑙の肌理を反転させて左右対称に貼ることで、ロールシャッハテストのように浮かび上がってくるかたち。これらもすべて、物質のメタモルフォーゼの表現として捉えることができます。ミースの建築はこうして、物質のメタモルフォーゼとモンタージュ原理を追求した構築術として成立していくのでした。

庭の斜面地には、大きく2本の樹木が植えられています。1本はリヴィングの目の前の中心に植えられ、もう1本は、東側のガラス貼りの温室のすぐ脇です。温室のすぐ脇の樹木は、温室内部の植物とガラスを介して重なり合って見えてきます。リヴィングの前の樹木は、ファーンズワース邸と同じように基壇で足元を切り取られて、ガラス越しに映像のように知覚される。これは私自身が確かめられたわけではないので、あくまで情報として記しておきますが、ピーター・アイゼンマンは、ミースの家具の置き方と樹木の配列が同じルールであることを指摘しています。[*25] 家具においては、つねに2つの椅子が対で置かれるのですが、チューゲントハット邸においては、樹木の配列も同じようにして2本対で植えられているというのです。リヴィングの前と温室の前の2本の樹木のことを指しているのかもしれません。ミースがプランニングにおいて樹木の配列を重要視していたことを裏付ける指摘です。

チューゲントハット邸は、3スパンの奥行きが確保できたこと、

Heavenly Houses 6
ファーンズワース邸／ミース・ファン・デル・ローエ

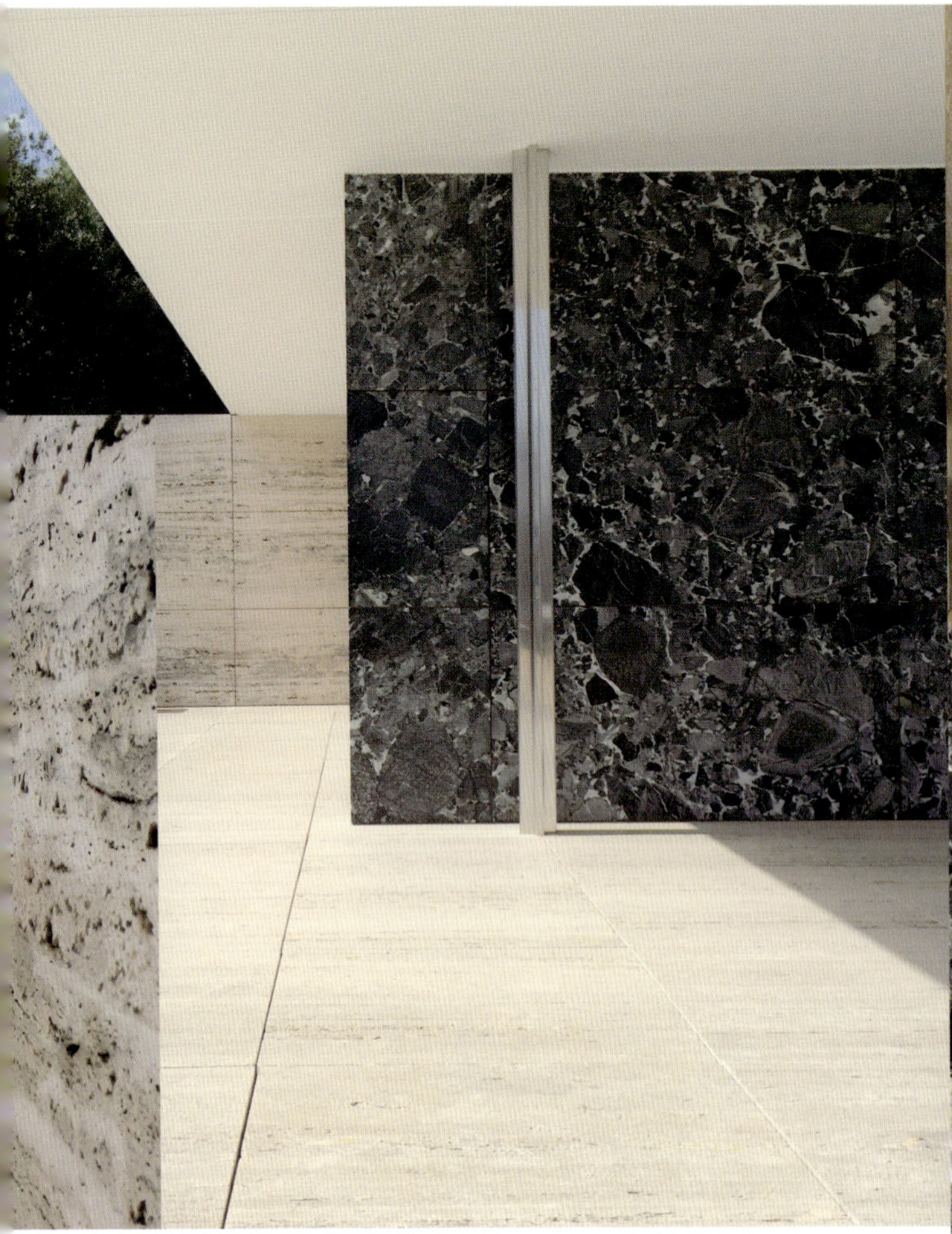

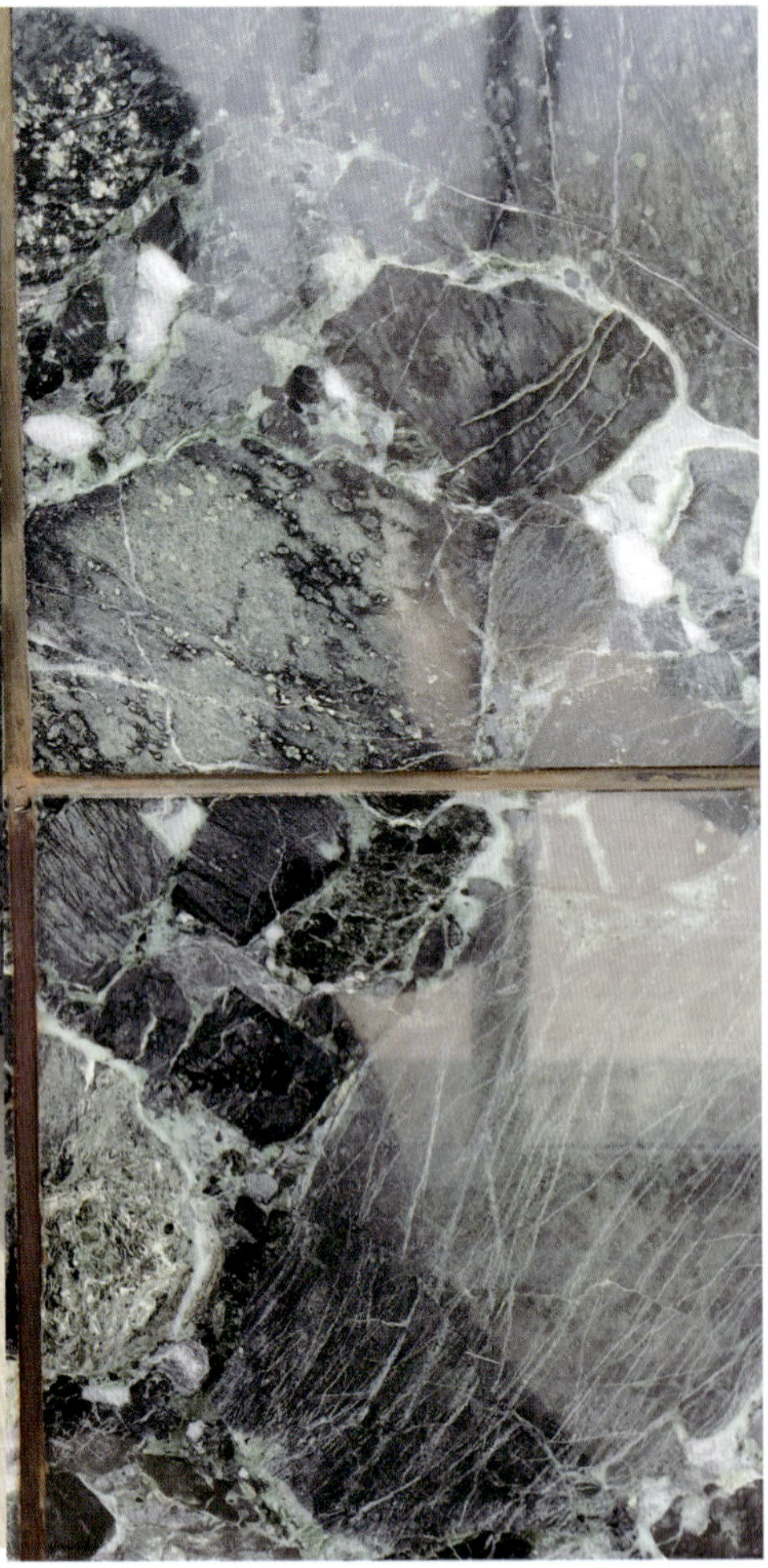

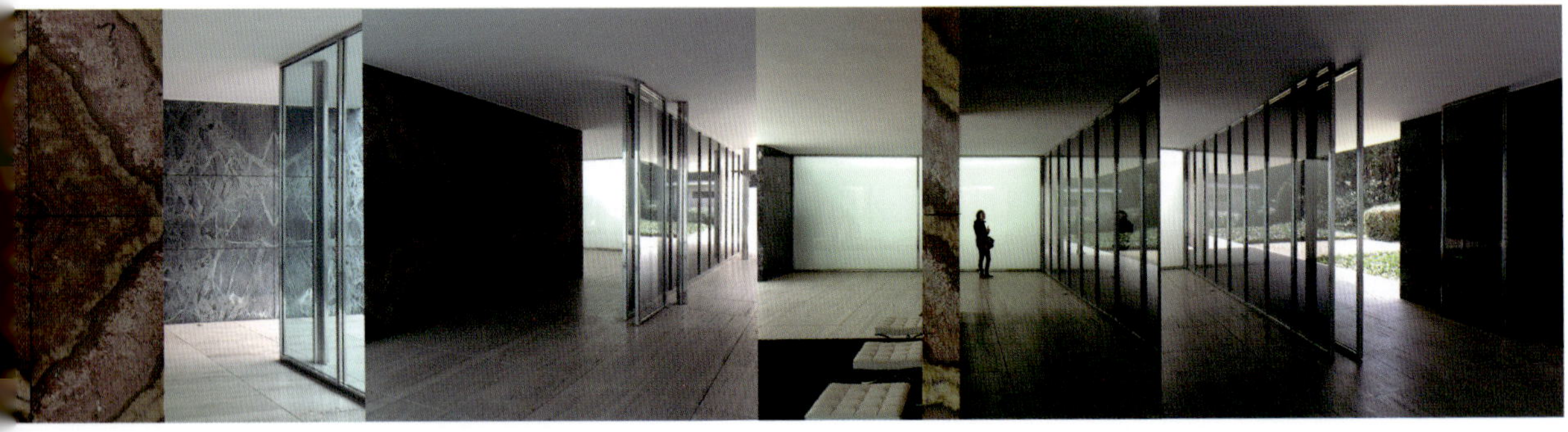

バルセロナ・パヴィリオンより（上・下とも）

温室を含みこんだことによって、外部空間を空間構成に巻きこむことにある程度成功しましたが、実際バルセロナ・パヴィリオンほどにオールオーヴァーに外部に接続されていくような空間にはなりえていません。あくまで北側は閉鎖されているからです。住宅に求められるプライヴァシーを解決しながら、内部と外部を含みこんだオールオーヴァーな空間を求めて、ミースはさらなる展開を求めていきます。実現はしなかった1929年のノルデ邸のプランニングに、そのことがはっきり表われています。ノルデ邸は、比較的小さな矩形の変形敷地に建つ予定でした。ミースの計画は、建物を敷地の中心部に据えてこの矩形の四方向へと延びていくオールオーヴァーなプランニングを目指しています。[*26] 建物はコンパクトに中央にまとまっていながらも、すべての部屋が大きく外部に面するようになっています。南側のリヴィングには、チューゲントハット邸と同じようなウィンター・ガーデンと名づけられた温室が設けられていて、チューゲントハット邸のヴァリエーションとして考えられていることがわかります。しかしチューゲントハット邸ほど裏と表の二分法にはなっていません。

1930年のクレフェルト・ゴルフ・クラブ案は、最初期のスケッチを見るとバルセロナ・パヴィリオンを踏襲したプランニングがされています。[*27] しかしそれ以後ミースは、建物を4方向に細く引き延ばしていきます。巴型のように引き延ばされたプランは、4方向に大きく外部空間に晒されています。4方向のうち2方向は十字柱の列柱廊です。シンケルのシャルロッテンホフ宮殿を思わせる列柱廊が、細い鉄の十字柱に置き換えられているようです。列柱のあいだを歩きながら、外部と内部が交互に入れ替わっていく様子がダイナミックに感じられるプロジェクトです。これらの一連の住宅の設計においても、執拗に樹木が計画されていることは強調しておくべきでしょう。四方に大きく展開するプランニングは、外部と内部を大きく相関関係に置くことはできますが、プライヴァシーの問題などで制約が出てしまいます。そこでミースは、コートハウスのプランニングに踏みこんでいくことになりました。

ミースが一連のコートハウス計画に踏みこむきっかけは、バウハウスでの教育の経験からでした。都市の小さな敷地の中で囲われた壁に庭を設ける住宅形式をバウハウスで課題に出しはじめたことで、自身のプロジェクトでもコートハウスを試み始めるようになりました。外周の壁に囲われることでプライヴァシーの問題を回避し、耐力壁も外周に担わせることで室内空間と庭をほとんどガラスの皮膜にすることができます。その結果として、庭に住んでいるかのような住宅が生み出されます。ガレージのあるコートハウス案では、庭も含んで外周を壁で囲った中に車の動線を巻きこんでいます。車の回転半径に合わせて湾曲した壁を設け、それに合わせて室内の壁も湾曲させて動線に変化を持たせています。車の動線をも室内に貫入させたことで、より内部と外部の相互関係は密接になったと言えます。

一連のコートハウス案においても、樹木と緑の扱いは特徴的です。計画案であったとしても、どの案にも例外なく建物のすぐ近くに大きな樹木が配され、中庭がある場合にはその中に樹木が植えられています。立面図の表現で見ると、低い平屋の陸屋根の建物よりもはるかに高く聳えて枝を広げる樹木は、室内と庭の両方にまたがって覆いをかけているかのようです。コートハウスであれば、例えばウルリッヒ・ランゲ邸のように煉瓦の外周壁の上部におそらくバルセロナ・パヴィリオンと同じプランター・ボックスを埋めこむ予定だったのでしょう。[*28] 壁の上部から蔦が垂れ下がる立面図の表現を目にすることができます。計画段階の立面図に蔦を繁茂させるということは、はっきりと計画意図として緑の壁にすることが含まれていたとしか考えられません。

外の柱

バルセロナ・パヴィリオンの設計過程で見出された十字柱は、こうして多くの建築においてミース独特の空間を制御する重要な要素として捉えられてきました。１９３７年にアメリカに渡りシカゴのイリノイ工科大学に迎え入れられて後、イリノイ工科大学のキャンパス計画の中でミースは、柱の形態に関して大きな変更をしていきます。独立した十字柱は消え、代わりにH形鋼の柱が現れてきます。チャンネル材とアングルで梁を形成してそれをH形鋼で受け、それに最小限の形鋼を組み合わせて煉瓦壁とガラス・サッシュを結びつける。すべての要素が論理的に結びつけられ、その結びつきが視覚的に表現されること。

そしてその過程でファーンズワース邸のデザインも生み出されていきます。構造体、サッシュ、屋根周り、階段。ファーンズワース邸は建築を構成するほとんどすべてを規格品の形鋼の組み合わせで作りきろうとする意志に貫かれています。H形鋼や溝形鋼、アングル、カットT、等々といった規格部材は、アッセンブルされて構造体と名づけられ、サッシュと名づけられ、そして建築と呼ばれる。組み合わせのヒエラルキーの変化によって、異なるものへと生成変化していくのです。おそらくミースはこの事態をバウクンスト、つまり構築術と呼びたかったに違いないと思います。第一章でも論じたように、ファーンズワース邸のH形鋼は、チャンネル材に対して側面に外側から溶接されています。その結果として柱は室外に出ることになりました。この出来事がファーンズワース邸の空間をそれまでの空間と明確に区別するものとなりました。柱に支えられた空間であることを字義通りに表現することを止めた空間は、無限定で抽象的な場へとわずかに変容する。

この発見を、ミースはとても重要視していたように思えます。ファーンズワース邸は、1スパンの門型ラーメンでした。細長い矩形の平面ですから当然だと言えます。フォックス川と平行に向き合うことが配置上重要でしたから細長くなるのももっともです。ファーンズワース邸のすぐ後、ミースはファーンズワース邸よりもさらにオールオーヴァーな建築形式を探しはじめます。チューゲントハット邸の後の探求とも似ています。ハーバート・グリーンウォールドに対するプレファブリケーション住宅のプロトタイプの提案として考えられた50×50住宅案がそれです。[*29] 約15メートル角の屋根架構を持つ矩形の住宅案です。この屋根の下に夫婦２人、もしくは夫婦２人に子ども１人の家族のための住宅を間仕切りで区画することなく提供すること。それも規格化住宅として。計画案は周囲を鬱蒼とした緑に囲われた敷地で、４辺にうまくプライヴェート・スペースを振り分けることで平面上の解決をしようとしています。柱はファーンズワース邸と同じくH形鋼で、外付けになっています。特徴的なのは、各辺の中心に柱が位置していること。矩形のコーナーはガラスどうしの突き付けで納め、柱は矩形の平面を十字を切るような位置に置かれています。屋根架構はグリッド状に組まれています。柱が各辺の中心にくると矩形の頂点付近は大きく撓んで変形しますから、構造的には非常にアクロバティックな解決だと言えます。しかしこうした構造的な解決をすることで空間は方向性をなくし、オールオーヴァーに回遊するものになります。特に2辺が直角に交わるコーナーがガラスの突き付けになり構造部材がないことで、スムーズに空間が連続することになります。

ファーンズワース邸や50×50住宅案では、H形鋼は外部化しているとは言っても、ガラスの皮膜面は形鋼部材を介してH形鋼の柱と接合していました。その意味では、柱と皮膜は一体化していたと言えます。H形鋼の柱とサッシュとを最小限の形鋼部材で結合する方法は合理的に見えるものの、以後ミースは柱をさらに外へと自立させていこうとします。ファーンズワース邸や50×50住宅案では、かつてのチューゲントハット邸の温室やコートハウスの中庭のように、外部空間を囲いこんで建築化する仕掛けはありません。ファーンズワース邸には、屋根だけかかるテラスがありますが、コートハウスほど大掛かりな仕掛けではないでしょう。外部空間までを含みこんで建築化すれば自ずと建築面積が増えますし、建築的には冗長な表現になりかねない。ミースは徐々にそうした冗長な外部空間を外に追い出していったのだと思います。室内から温室を追い出し、壁で庭を囲いこむ冗長さを排し、それでも建築を外部空間と接続させようとした時、柱は外に出ることになったのではないでしょうか。

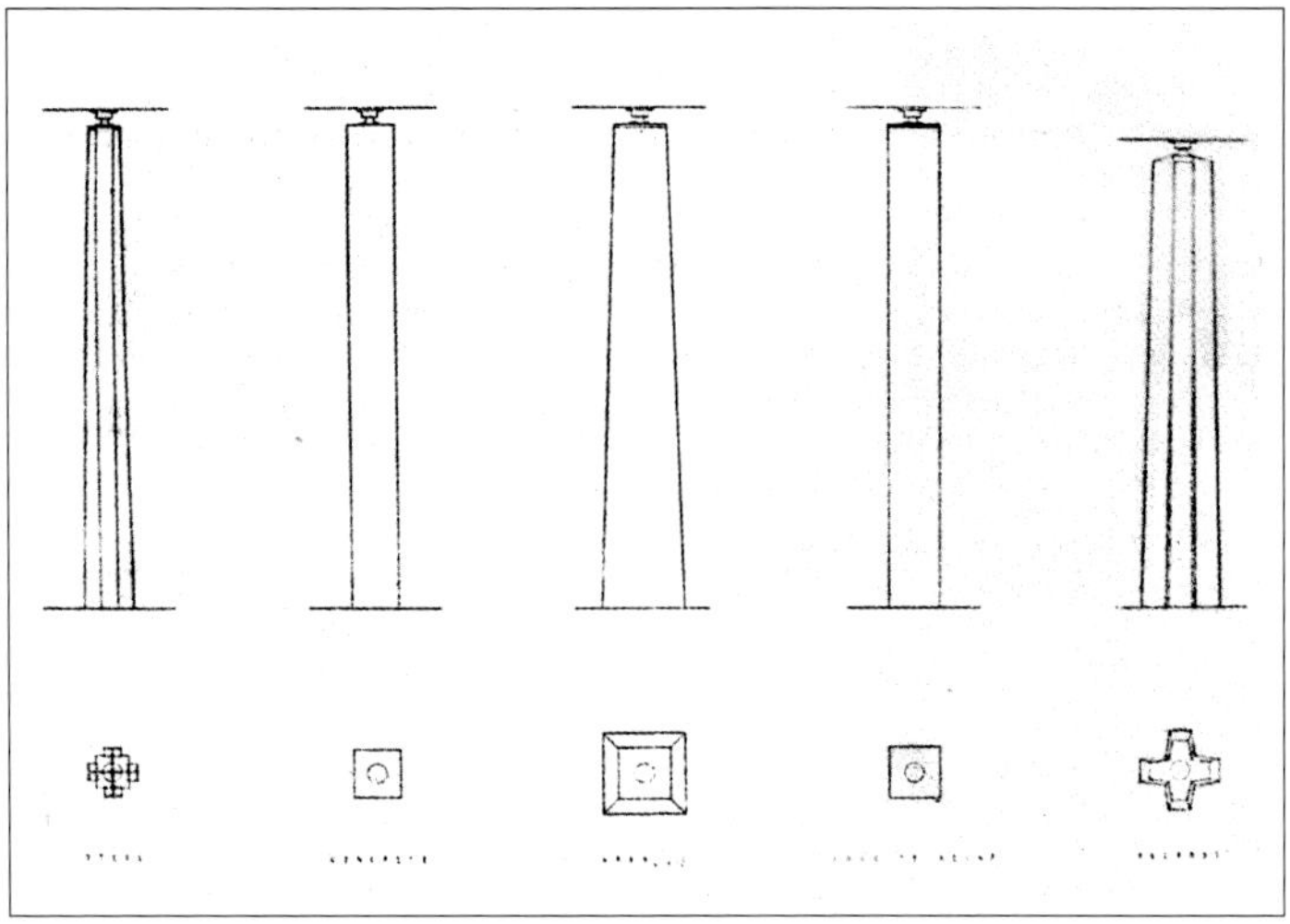

シュヴァインフルト美術館　柱のスタディ
La colonne: Nouvelle histoire de la construction, p.452 より

キューバのバカルディ事務所計画案では、鉄筋コンクリートを用いる条件で設計が進められ、結局54メートル四方の直角リブの大屋根の空間になりました。[*30] 当初はこの大屋根の梁に側面から接合する柱に支持させる計画でしたが、結局構造的な理由から、高さ7メートルの8本の鉄筋コンクリートの十字柱が、この大屋根をピン支持で支えることになりました。ここへ来て、十字柱が再帰することになるわけです。そしてこの構造形式を鉄に置き換えてさらにスケールを上げたのが、ベルリン新国立ギャラリーでした。1枚の屋根が、自立する柱の上に浮いているという事態。水平な地面があり、垂直的に立ち上がる柱が自立し、そしてもう1つの水平面である屋根が地面と平行に浮いている。こうした壮大かつ単純な建築的事態を表現しようとしたものだと言えます。これらの十字柱は、その形態のさまざまなスタディが残されています。1962年のシュヴァインフルト美術館の計画では、5つのタイプの柱の形状がスタディされて、並べられたドローイングが残されています。古典主義の5オーダーに準えて、鉄の十字柱の形式化を考えていたのでしょう。[*31]

これらの建築において、室内と屋外を区切るガラス面は、柱からセットバックして設けられています。室内からは、十字柱が自立して屋外に見えることになるのです。バカルディ事務所計画案では周辺には多くの樹木が植えられています。外在化する十字柱は、樹木と相関関係に置かれます。巨大に一体化された格子天井の下では、区分けされることのない抽象的な空間が漂い、ガラスの外には、鉄の十字柱と樹木がその空間を取り巻いています。こうしてミースの建築において、柱と樹木は並列に置かれ、物質のメタモルフォーゼを示唆することになったのでした。

註

*1——バルセロナ・パヴィリオンの設計プロセスに関しては、以下を参照のこと。*The Mies van der Rohe Archive*,Garland Architectural Archives, Garland Publishing; 1st edition, 1986　また、以下の研究書も参考になる。高砂正弘『バルセロナ・パヴィリオンの空間構成の方法』パレード、2009年

*2——製鉄技術の歴史に関しては、以下が詳しい。藤本盛久編『構造物の技術史』市ヶ谷出版社、2001年

*3——Maria Chiara Barone, Piliers cruciformes et colonnes en fonte:le cas de la Bibliothèque Sainte-Geneviève de Labrouste, in *La colonne: Nouvel histoire de la construction sous la direction de Robert Gargiani*, Presses polytechiques et universitaires romandes, Lausanne 2008, p261

*4——ibid., p263

*5——Alfred Gotthold Meyer, *Eisenbauten: Ihre Gescichte und Aesthetik*, Paul Neff Verlag, 1907, la traduction française, *Construire en fer:Histoire et Esthétique*, preface de Walter Benjamin, Infolio editions, 2005

*6——ibid., p9

*7——ibid., p180

*8——Georg Heuser, Keimes eines neuen Baustils, in *Deutsche Bauzeitung*, vol.22

*9——Georg Heuser, Darwinistisches über Kunst und Technik, in *Allgemeine Bauzeitung*, vol.55, 17　ホイザーに関しては、以下を参考にした。Katherine Romba, *Iron Construction and Cultural Discourse: German Architectural Theory, 1890-1918*, VDM Verlag 2008, p46-50

*10——ヴァルター・ベンヤミン『パッサージュ論1』今村仁司他訳　岩波書店　1993年

*11——Marco Pogacnik, Mies van der Rohe et les Métamorphoses de l'ordre,　in *La colonne: Nouvel histoire de la construction sous la direction de Robert Gargiani*, Presses polytechiques et universitaires romandes, Lausanne 2008, p451

*12——Alfred Gotthold Meyer, *Eisenbauten: Ihre Gescichte und Aesthetik*, Paul Neff Verlag,1907, p111-114 la traduction française, *Construire en fer:Histoire et Esthétique*, préface de Walter Benjamin, Infolio editions, 2005

*13——Paolo Amaldi, La colonne de Mies: une pièce-de mobilier-ajoutée, *La colonne: Nouvel histoire de la construction sous la direction de Robert Gargiani*, Presses polytechiques et universitaires romandes, Lausanne 2008, p478

*14——シンケルのパノラマ画に関しては、以下を参照のこと。ヘルマン・G・プント『建築家シンケルとベルリン—十九世紀の都市環境の造形』中央公論美術出版、1985年、p124-125

*15——Caroline Constant, *The Barcelona Pavillion as Landscape Garden: Modernity and the Picturesque*, AA Files 20 Autumn 1990, p46-54

*16——ibid., p47

*17——Ignasi de Solà-Morales, Cristian Cirici, Fernando Ramos, *Mies van der Rohe Barcelona Pavillion*, Editorial Gustavo Gili,SA, 1993, p6-8

*18——Wolf Tegethoff, *Mies van der Rohe: die Villen und Landhausprojekte*, Essen R.Bacht 1981,　English translation, *Mies van der Rohe: The villa and Country Houses*, The Museum of Modern Art,New York, MIT Press, 1985, p69-89

*19——ibid., p87

*20——ヨハン・ヴォルフガング・フォン・ゲーテ『ゲーテ形態学論集　鉱物篇』木村直司編訳、筑摩書房　2009年、p246-247

*21——ミースは、ゲーテによる自然学の書物である *Morphologische Shriften*, Jena, 1926 を所有していた記録が残っている。Fritz Neumeyer, *MIES VAN DER ROHE: Das Kunstlose Wort Gedanken zur Baukunst*, Siedler Verlag, 1986　English edition, *The Artless Word: Mies van der Rohe on tne Building Art*, The MIT Press, 1991, p358　註30を参照のこと。また、Raoul Heinrich Francé, *Der Werth der Wissenschaft: Aphorisme zu einer Natur und Lebensphilosophie*, Verlag von Carl Reissner, 1908　第三版を所有していた。その中の第三章、Das Kulturideal eines Naturforschers は、ニーチェの生の哲学を引き合いに出しながら、キュビエとジョフロワ・サンティレールの論争やゲーテの自然史研究における形態学の意味について論じている。ミースは、とりわけゲーテ形態学の重要性を論じた箇所に自らアンダーラインを引いていることがノイマイヤーによって指摘されている。

*22——ibid., p135-136

*23——鈴木了二「白日の闇—ミース・ファン・デル・ローエのバルセロナ・パヴィリオン考察」『建築零年』所収、筑摩書房、2001年、p51、註(5)参照のこと。

*24——チューゲントハット邸の設計プロセスに関しては、以下を参照のこと。Wolf Tegethoff eds, *Daniela Hammer-Tugendhat*, Springer, 2000

*25——ピーター・アイゼンマン「ミース・ミメシス・ミスリーディング　意味ある・意味ない」、ケネス・フランプトン他『ミース再考：その今日的意味』所収、澤村明＋EAT訳　鹿島出版会、2006年

*26——Terence Riley, Barry Bergdoll eds, *Mies in Berlin*, The Museum of Modern Art, New York, 2001, p250-251

*27——ibid., p260-261

*28——ibid., p296

*29——Phylis Lambert ed, *Mies in America*, Harry N Abrams, 2001, p455-461

*30——ibid., p475-489

*31——Marco Pogacnik, Mies van der Rohe et les Métamorphoses de l'ordre,　in *La colonne: Nouvel histoire de la construction sous la direction de Robert Gargiani*, Presses polytechiques et universitaires romandes, Lausanne 2008, p452

読書案内
ミース・ファン・デル・ローエを読む

ミースの構築術

ミース・ファン・デル・ローエの構築思想を、日本語による読書を通して体感しようと考えたとき、まず最初に手に取るとよいと思うのは、ファーンズワース邸のディテール図を集めたGAディテールNo.1『ミース・ファン・デル・ローエ　ファンズワース邸1945-50』（A.D.A.EDITA Tokyo Co.Ltd）です。小さな形鋼の組み合わせ方を考えてひとつひとつ繋ぎ合わせ、随所に機能という意味を生成させているミースのディテールの中にこそ、ミースの構築思想は隠れているからです。否定神学めいたミースの言葉の深淵に嵌るのを避けて、部材と部材のぶつかり合いに生まれる出来事を目撃することこそが、ミース理解の出発点になると思うのです。建築の図面を読み慣れていない人には不可解な暗号のようにしか見えない詳細図ですが、ファーンズワース邸を映し出した写真とつきあわせてじっくりと眼を凝らしてみると、ディテールの成り立ちが解像度を上げて見えてくるはずです。ゆっくりと時間をかけて、これらの小さな部材たちが犇めき合うファーンズワース邸のモンタージュの現場に眼を凝らしてみてください。小さな部材たちが接合しあう運動をともなった映像として、こられのディテール図面たちが見えてくるのではないでしょうか。

鉄の結合術としてのミースの構築術の特性を西欧建築の歴史の中に位置づけ、思想的な次元において意義づけを行ったのが、『テクトニック・カルチャー』（TOTO出版）におけるケネス・フランプトンでした。シンケルやベルラーへに流れ込んでいった古典的ロマン主義の伝統、つまり組積による形式性とピクチャレスクな経験の統合としての構築術をミースは受け継ぎました。しかしミースは古典的ロマン主義の伝統に対して、20世紀アヴァンギャルドの開拓した空間性をぶつけ合わせようとしました。この衝突の

Kenneth Frampton
Studies in Tectonic Culture:
The Poetics of Construction
in Nineteenth and Twentieth
Century Architecture
The MIT Press, 1995年

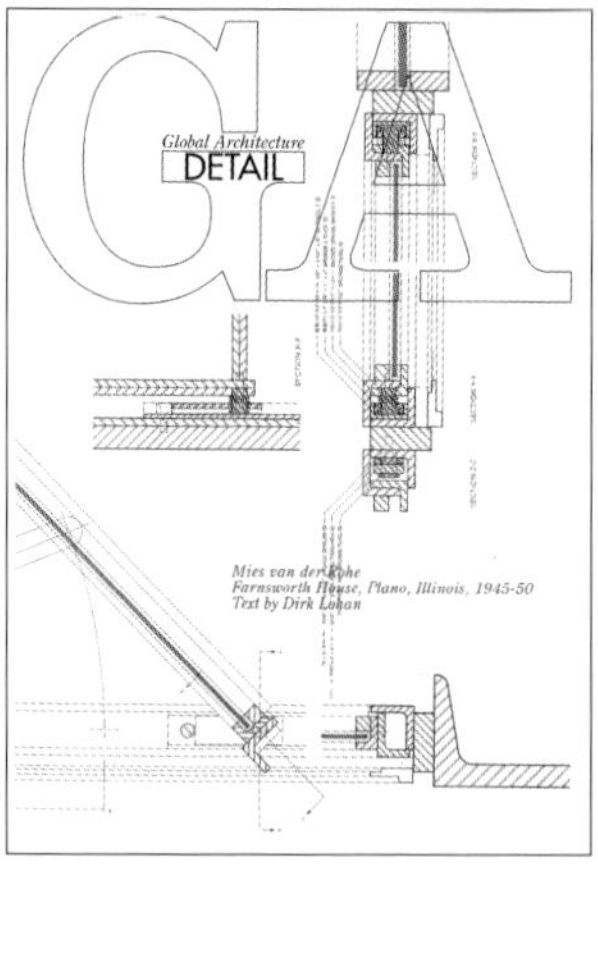

GA DETAIL Mies van der
Rohe Farnsworth House,
Plano, Illinois, 1945-50
A.D.A. EDITA Tokyo、
2000年／初版1976年

媒介としての役割を果たしたのが、鉄という材料だったわけです。フランプトンは、ミースのこうした試みを明快に摘出してくれています。

日本語で書かれたミース関連の本の中では、最もミースの構築思想の本質に迫っているのは、山本学治と稲葉武司による『巨匠ミースの遺産』（彰国社）だろうと思います。近代建築の行き詰まりに直面して、単純化された秩序形成としてのミース建築に批判が集まっていた１９６０年代の情況において、この本はミースの可能性の中心を冷静に見極めようとしています。この本の中で山本は、無機的で単純なものとしてとらえるミース解釈を退け、鉄による有機的な構築を通してミースが豊かな空間を生成していくプロセスを丁寧に追跡していきます。また、ミースが教えていたイリノイ工科大学で建築を学び、ミースの教えを身体化していたであろうデヴィッド・スペースが書いた『ミース・ファン・デル・ローエ』（鹿島出版会）は、とりわけアメリカ時代のミース作品の構法と空間の特性分析に深く踏み込んでいます。ミースの鉄の構築思想を辿るにはとても役立つものになっています。

物質のメタモルフォーゼ

物質の構築としての建築術をミースが考えるとき、そこには、製品化された建材をその生成の現場へと遡りながら考える思考方法がありました。自然界のさまざまな物質の生成の現場には、たとえそれが今では堅固なものだったとしても、動的な運動がありました。そうした物質の運動を構築という行為を通して蘇らせ、物質の力の運動場として空間を生み出すことを彼は試みていました。建築という自然界の物質の寄せ集めの芸術を、鉱物や植物の形態生成の現場と接続して捉える思考方法を、ミースはヨハン・ヴォルフガング・フォン・ゲーテによる形態の自然史研究から着想したと考えられます。ラウル・フランセやゴットフリート・ゼンパーなどの著作を介してミースは、ゲーテの自然史研究に親しむようになったのです。『ゲーテ形態学論集　植物篇』、『ゲーテ形態学論集　動物篇』、『ゲーテ地質学論集　鉱物篇』、『ゲーテ地質学論集　気象篇』（ちくま学芸文庫）の中に私たちは、有機物と無機物を横断して力の運動として物質のかたちを捉えるゲーテの思考を見出すことが出来ます。

山本学治·稲葉武司
巨匠ミースの遺産
彰国社、1970年／新装版2014年

力と運動の場として建築空間を構想しようとしたミースの建築思想の発想源として、もう一人忘れてはならないのが、フリードリヒ・ヴィルヘルム・ニーチェです。自らの建築作品の施主であった哲学者アロイス・リールとの交友をきっかけにして、ミースは哲学の世界に開かれていきました。とりわけ彼が関心を持って読み続けたのがニーチェでした。ミースのユニヴァーサル・スペースの意味を考えるためにも、ニーチェの『悲劇の誕生』と『善悪の彼岸』（岩波文庫）を読むべきだと思います。ヴァルター・ベンヤミンは、19世紀の首都パリに出現した遊歩空間としてのパサージュに着目し、鉄の構築が生み出した新しい空間に出来する出来事を観察します。街路と室内が一つに溶け合った空間としてのパサージュは、ベンヤミンにとってファンタスマゴリーとして立ち現われます。人と人との関係が、物と物との関係として現われる現象を物象化と呼びますが、物もまた物であることを超えて実体を持たない現象へと転化することを、ベンヤミンはファンタスマゴリーとして捉えます。ベンヤミンは『パサージュ論』（岩波書店）の中で、アルフレッド・ゴットホルト・マイヤーの『鉄の構築：歴史と美学』を引用しながら、断片性を特徴とする鉄の構築がファンタスマゴリーを生成させるメカニズムを浮き上がらせようとします。ミースとベンヤミンは、同じマイヤーの読者として鉄の構築が生み出す現象性に関心を集約させていくことになったのです。

ゲーテやゼンパー、ヴィオレ＝ル＝デュクの思考を継承し、物質の根源的な力に立ち戻って建築を思考しようとした試みとして日本では、山本学治による『素材と造形の歴史』（鹿島出版会）を挙げることが出来ます。山本は、フランク・ロイド・ライトの自然哲学的な物質思考に直接影響を受けながら、石、土、木、ガラス、鉄といった物質の生成の起源にまで遡り、物質が導きだす形態の論理を探ろうとしています。山本はゲーテにもゼンパーにも触れてはいませんし、近代建築による物質思考を深く考察するまで筆が及んではいませんが、ミースの構築術を考えるにはきわめて示唆に富むものになっています。日本語で書かれたミース論の中でも、ミースの物質思考に深く触れえているものは、唯一鈴木了二による「白日の闇―バルセロナ・パヴィリオン考察」しかありません。バルセロナ・パヴィリオンで使われている大理石の肌理に着目して、石と水の運動性の同期への考察などは本当にスリリングです。

180 Kunstformen

Natürlich können die genieteten Stützen auch selbständig auftreten in gleicher Weise oder auch aus viertelkreisförmigen oder ebenen Quadranteisen, Zoreseisen oder gemischten Verbindungen zusammengesetzt. Ein interessantes Beispiel für Stützen aus Quadranteisen ist das *Café de Croon* in Amsterdam von *Berlage*, der es hier auch vorzüglich verstanden hat, die Niete zum Ausgangspunkte malerischen Schmuckes zu machen. (Tafel XXVI.)

Alle diese Konstruktionen haben gegenüber einer gußeisernen den Vorzug größter Freiheit in der technischen Ausnutzung. Wo es nötig erscheint, lassen sich Winkel- und I-Eisen als Consolen und Kopfbänder einschieben und anlaschen. Damit ist aber auch der Weg für die künstlerische Behandlung solcher Teile gewiesen.

Dieselbe sollte sich allein darauf beschränken, die technisch nötigen Eisen in eine gefällige Form zu bringen, ihre Anordnung zu ruhiger Gesamtform zusammenzufassen und die Linienzüge der Konstruktionen ästhetisch zu formulieren. (Abb. 93 a-f.)

Abb. 91. Teil vom »Schlesischen Tor« der Berliner Hochbahn.

Es ist selbstverständlich, daß es dem Künstler freistehen muß, Punkte, die er hervorheben will, auch durch technisch nicht notwendige Formen zu schmücken, doch haben dabei bisher alle Versuche versagt, welche dies durch Umkleidung oder Anheften von Zierformen fremden Charakters erreichen wollten wie durch getriebene Bleche, Handschmiedearbeit und dergl. Es erscheint als das Richtigste, auch diese Schmuckteile nur aus maschinell bearbeiteten Walzeisen bestehen zu lassen, die durch ihr Profil, die Stärke, durch Biegen, Spalten, Aufrollen der Flanschen, durch Verkröpfen, Ausklaffen und Lochen mancherlei derbe ornamentale Wirkung erreichen können.

Wie weit man technisch dabei gehen kann, hat die Haupttreppe des *Grand Palais der Pariser Weltausstellung 1900* gezeigt, aber auch gleichzeitig, daß deren massenhafte Ausstrahlungen gebogener Walzeisen die ästhetischen Grenzen weit überschreiten. Weniger wäre mehr gewesen. (Tafel XXVII.)

Alfred Gotthold Meyer
Eisenbauten: Ihre Gescichte und Aesthetik
Paul Neff Verlag, 1907年
（アルフレッド・ゴットホルト・マイヤー『鉄の構築：歴史と美学』）p.180
波線部（編集部による）が「Less is more」の原典とされる

参考文献リスト（日本語で読める主なもの）

『ミース・ファン・デル・ローエ　建築家の講義』小林克弘：訳、丸善、2009年

フランツ・シュルツ『評伝ミース・ファン・デル・ローエ』澤村明：訳、鹿島出版会、1987年／新装版、2006年

ケネス・フランプトン『テクトニック・カルチャー　19—20世紀建築の構法の詩学』松畑強・山本想太郎：訳、TOTO出版、2002年

ケネス・フランプトン、デイヴィット・スペースほか『ミース再考　その今日的意味』〈SDライブラリー〉澤村明ほか：訳、1992年／新版〈SD選書〉鹿島出版会、2006年

デイヴィッド・スペース『ミース・ファン・デル・ローエ』〈SD選書〉平野哲行：訳、鹿島出版会、1988年

高山正實『ミース・ファン・デル・ローエ　真理を求めて』鹿島出版会、2006年

渡辺明次『ミース・ファン・デル・ローエの建築言語』工学図書、2003年

八束はじめ『ミースという神話　ユニヴァーサル・スペースの起源』彰国社、2001年

田中純『ミース・ファン・デル・ローエの戦場　その時代と建築をめぐって』彰国社、2000年

『ミース・ファン・デル・ローエ　1886—1969　空間の構造』クレア・ジマーマン：文／Chizuru Ono（大野千鶴）：訳、タッシェン・ジャパン、2007年

『トゥーゲントハット邸　建築家ミース・ファン・デル・ローエ』〈シリーズWorld Architecture〉栗田仁：文／宮本和義：撮影、バナナブックス、2008年

『ミース・ファン・デル・ローエ』上田義彦：撮影、鹿島出版会、2012年

山本学治・稲葉武司『巨匠ミースの遺産』彰国社、1970年／新装版、2014年

ピーター（ペーター）・ブレイク『現代建築の巨匠　20世紀の空間を創造した人びと』田中正雄・奥平耕造：訳、彰国社、1963年／新版1995年ほか

『ミース・ファン・デル・ローエ』〈現代建築家シリーズ〉二川幸夫：写真、浜口隆一：文、渡辺明次：解説、美術出版社、1968年

『ミース・ファン・デル・ローエ』ワーナー・ブレイザー：編・解説、渡辺明次：訳、A.D.A. EDITA Tokyo、1976年

『ミースの家具』〈現代の家具シリーズ　5〉ワーナー・ブレイザー：編・解説、長尾重武：訳 A.D.A. EDITA Tokyo、1981年

『GA　75　ミース・ファン・デル・ローエ　バルセロナ・パヴィリオン／トゥーゲントハート邸』二川幸夫：企画・撮影、フリッツ・ノイマイヤー：文、A.D.A. EDITA Tokyo、1995年

『GA　27　ミース・ファン・デル・ローエ　ファンズワース邸』二川幸夫：企画・撮影、ルゥドウィッグ・グレイサー：文、A.D.A. EDITA Tokyo、1974年

『GA　14　ミース・ファン・デル・ローエ　クラウン・ホール／ベルリン国立近代美術館』二川幸夫：企画・撮影、ルゥドウィッグ・グレイサー：文、A.D.A. EDITA Tokyo、1972年

『ミース・ファン・デル・ローエ　ファンズワース邸』〈GAディテール　1号〉ダーク・ローハン：文、北村修一：製図、A.D.A. EDITA Tokyo、2000年／初版1976年

『ミース・ファン・デル・ローエ　イリノイ工科大学クラウンホール』〈世界建築設計図集　34〉同朋舎、1984年

高砂正弘『バルセロナ・パヴィリオンの空間構成の方法』パレードブックス、2009年

鈴木了二「白日の闇—バルセロナ・パヴィリオン考察」『建築零年』所収、筑摩書房、2001年

ヴァルター・ベンヤミン『パサージュ論』今村仁司・三島憲一：訳、岩波書店、2003年

ヨハン・ヴォルフガング・フォン・ゲーテ『ゲーテ形態学論集　植物篇』、『ゲーテ形態学論集　動物篇』、『ゲーテ地質学論集　鉱物篇』、『ゲーテ地質学論集　気象篇』木村直司：訳、ちくま学芸文庫、2009年

フリードリッヒ・ヴィルヘルム・ニーチェ『悲劇の誕生』秋山英夫：訳、岩波書店、1966年

フリードリッヒ・ヴィルヘルム・ニーチェ『善悪の彼岸』木場深定：訳、岩波書店、1970年

ゴットフリート・ヴィルヘルム・ライプニッツ『ライプニッツ著作集』全10巻、工作舎、1988〜1999年

ミース・ファン・デル・ローエ年表

MIES VAN DER ROHE CHRONOLOGY

西暦	経歴	主な作品(竣工年による)	建築界の出来事	同時代の世界
1880	1886 3月27日、石材店の息子としてドイツ・アーヘンに生まれる		1883 ヴァルター・グロピウス生まれる 1887 ル・コルビュジエ生まれる	1882 三国同盟(ドイツ・オーストリア・イタリア) 1885 日本で内閣制度ができる 1889 大日本帝国憲法発布
1890			1898 アルヴァー・アールト生まれる	1890 第一回帝国会議 1894 日清戦争(～95) 1895 下関条約／三国干渉(ロシア・ドイツ・フランス)
1900	1900 教会附属学校を卒業。実科学校へ進学 1905 ベルリンで建築家・デザイナー、ブルーノ・パウルに師事 1906 建築家として独立 1908 イタリア旅行。ペーター・ベーレンスの事務所に入所 グロピウスと知り合う	1907 リール邸	1901 ルイス・カーン生まれる 1904 谷口吉郎生まれる 1905 前川国男生まれる 1906 フィリップ・ジョンソン生まれる 1907 ドイツ工作連盟結成 チャールズ・イームズ生まれる	1902 日英同盟 1904 日露戦争(～05) 1905 ポーツマス条約／シベリア鉄道完成
1910	1910 ベルリンでフランク・ロイド・ライトの個展を見る 1912 クレラー夫人に招かれてオランダ・ハーグに滞在 ベルリンに帰り建築事務所を開く 1913 アデーレ・アウグステ・ブルーンと結婚。その後、3女をもうける 1915 第1次世界大戦に参加	1911 ペルルス邸 1912 クレラー・ミュラー邸計画 1913 ヴェルナー邸 1917 ウルビク邸	1913 丹下健三生まれる 1917 デ・スティル結成 1918 オットー・ヴァーグナー没	1912 大正元年／中華民国成立 1914 第1次世界大戦(～18) 1917 ロシア革命 1919 三・一独立運動／五・四運動／ベルサイユ条約
1920	1921 本名をマリア・ミヒャエル・ルートヴィッヒから、ルートヴィッヒ・ミース・ファン・デル・ローエに改名する 1923 前衛芸術誌『G』に参加 1925 ヴァイセンホフでの住宅展のマスタープラン 1926 ドイツ工作連盟の副会長に就任 1927 ヴァイセンホフ住宅展覧会開催 1929 バルセロナ万国博覧会開催	1920 コンクリート造のオフィスビル計画 1921 フリードリヒ街のスカイスクレーパーの計画 1922 ガラスのスカイスクレーパー計画／ケンプナー邸／アイシュタット邸／フェルトマン邸 1923 ライダー邸 1924 煉瓦造田園住宅計画 1926 モスラー邸 1927 ヴォルフ邸／ヴァイセンホフ・ジードルンク／アフリカ通りのアパートメント／MRチェア 1928 ランゲ邸／エステルス邸 1929 バルセロナ・パヴィリオン	1920 明治神宮竣工／ル・コルビュジエ『レスプリ・ヌーヴォー』創刊 1925 篠原一男生まれる 1928 近代建築国際会議(CIAM)結成／バウハウス叢書として『国際建築』(International Architecture)が刊行／ニューヨーク近代美術館(MoMA)開館	1920 国際連盟発足 1921 ワシントン会議(～22) 1922 イタリアでファシスト政権成立／ソビエト社会主義共和国連邦成立 1923 関東大震災 1926 昭和元年 1927 中国国民政府成立 1929 世界恐慌

1930	1930	デッサウ・バウハウスの校長に就任(3代目)	チューゲントハット邸／Verseidag工場		
	1931	ベルリン建築展の住宅部を担当		ル・コルビュジエ「サヴォワ邸」／磯崎新生まれる	
	1932	デッサウ・バウハウスが閉校、ベルリンで再開	レムケ邸	MoMAで近代建築展開催	
	1933	ナチスによりベルリン・バウハウスが閉鎖される		アドルフ・ロース没	ドイツにナチス政権成立／アメリカのニューディール(〜36)
	1935			アールト、アルテック社設立	
	1936			フランク・ロイド・ライト「落水荘」	
	1937	スタンレー・レザーに招かれアメリカを旅行する			
	1938	アメリカ・シカゴに移住。アーマー工科大学建築学科の主任教授に就任			
	1939		イリノイ工科大学全体計画(〜58)	アールト「マイレア邸」	第2次世界大戦勃発(〜45)
1940	1940	アーマー工科大学がルイス大学と合併しイリノイ工科大学となる			
	1941			安藤忠雄生まれる	日本軍のハワイ真珠湾攻撃により日米開戦
	1944	アメリカ市民権獲得		レム・コールハース生まれる 吉田五十八「吉田五十八自邸」	
	1945				国際連合発足／ポツダム宣言
	1946			国際建築連合(UIA)発足／グロピウスがTACを組織／ル・コルビュジエ、国際連合本部設置委員会のフランス代表に任命	
	1947	MoMAで個展開催		ルイス・バラガン「バラガン自邸」	インドが独立
	1948			第1回国際建築学生会議(ミラノ)	
	1949		プロモントリィ・アパートメント	フィリップ・ジョンソン「ガラスの家」	北大西洋条約成立／中華人民共和国成立
1950	1950				朝鮮戦争(〜53)
	1951		ファーンズワース邸／レイクショアドライヴ・アパートメント／シェリダン・オークデール・アパートメント／アルゴンクイン・アパートメント	第1回サンパウロ・ビエンナーレ展でル・コルビュジエが建築大賞を受賞 ル・コルビュジエ「カップ・マルタンの小屋」	サンフランシスコ平和条約／日米安全保障条約
	1952		シカゴ・アートクラブ内装リノヴェーション／ロバート・H・マコーミック邸／50×50住宅計画		
	1953	エディス・ファーンズワースに対して住宅の施工費に関する訴訟を起こして勝訴する	マイハイム国際劇場計画		
	1954		カリナン・ホール	グロピウス来日	日本、自衛隊の設置
	1956		イリノイ工科大学クラウン・ホール／エスプラネード・アパートメント・ビルディング		日ソ国交回復／日本が国連に加盟
	1957		コモンウェルス・プロムナード・アパートメント		
	1958	イリノイ工科大学建築学科主任教授を辞職	シーグラム・ビル／キャロライン・ワイス・ロー・ビルディング	菊竹清訓「スカイハウス」	
	1959	イギリス王立建築家協会よりゴールドメダル授与	ホーム連邦貯蓄貸付組合ビルディング／ラファイエット・パーク	フランク・ロイド・ライト没	
1960	1960	アメリカ建築家協会(AIA)よりゴールドメダル授与	パヴィリオン&コロネード・アパートメント	メタボリズム・グループ結成	
	1961		バカルディ・ビルディング	丹下健三研究室「東京計画1960」／アーキグラム結成	ベルリンの壁構築
	1962		ワン・チャールズ・センター		キューバ危機
	1963	アメリカ大統領自由勲章を受ける	2400ノース・レイクビュー・アパートメント		ケネディ大統領暗殺
	1964		フェデラル・センター／ハイフェルド・コンドミニアム		東京オリンピック
	1965		シカゴ大学SSAスクール／リチャード・キング・メロン・ホール／メレディス・ホール	ル・コルビュジエ没	ベトナム戦争激化(〜75)
	1966	ドイツ建築家協会よりゴールドメダル授与		ロバート・ヴェンチューリ著『建築の多様性と対立性』	ビートルズ来日
	1967		ウエストマウント・スクエア	篠原一男「白の家」	ECが発足／東南アジア諸国連合の成立
	1968		ベルリン新国立ギャラリー／ブラウン・パヴィリオン	日本初の超高層、霞が関ビル竣工／『都市住宅』創刊	核拡散防止条約／学園紛争
	1969	8月17日、シカゴで死去。グレースランド墓地に眠る	トロント=ドミニオン・センター／フィリング・ステーション		アポロ11号月面着陸
1970	1970		ワン・イリノイ・センター	バウハウス展	大阪万国博覧会
	1971				ドル・ショック
	1972		マーティン・ルーサー・キング・ジュニア記念図書館		沖縄が日本に復帰
	1973		IBMプラザ／アメリカン・ライフ・ビルディング		

Heavenly Houses 6
ファーンズワース邸／ミース・ファン・デル・ローエ

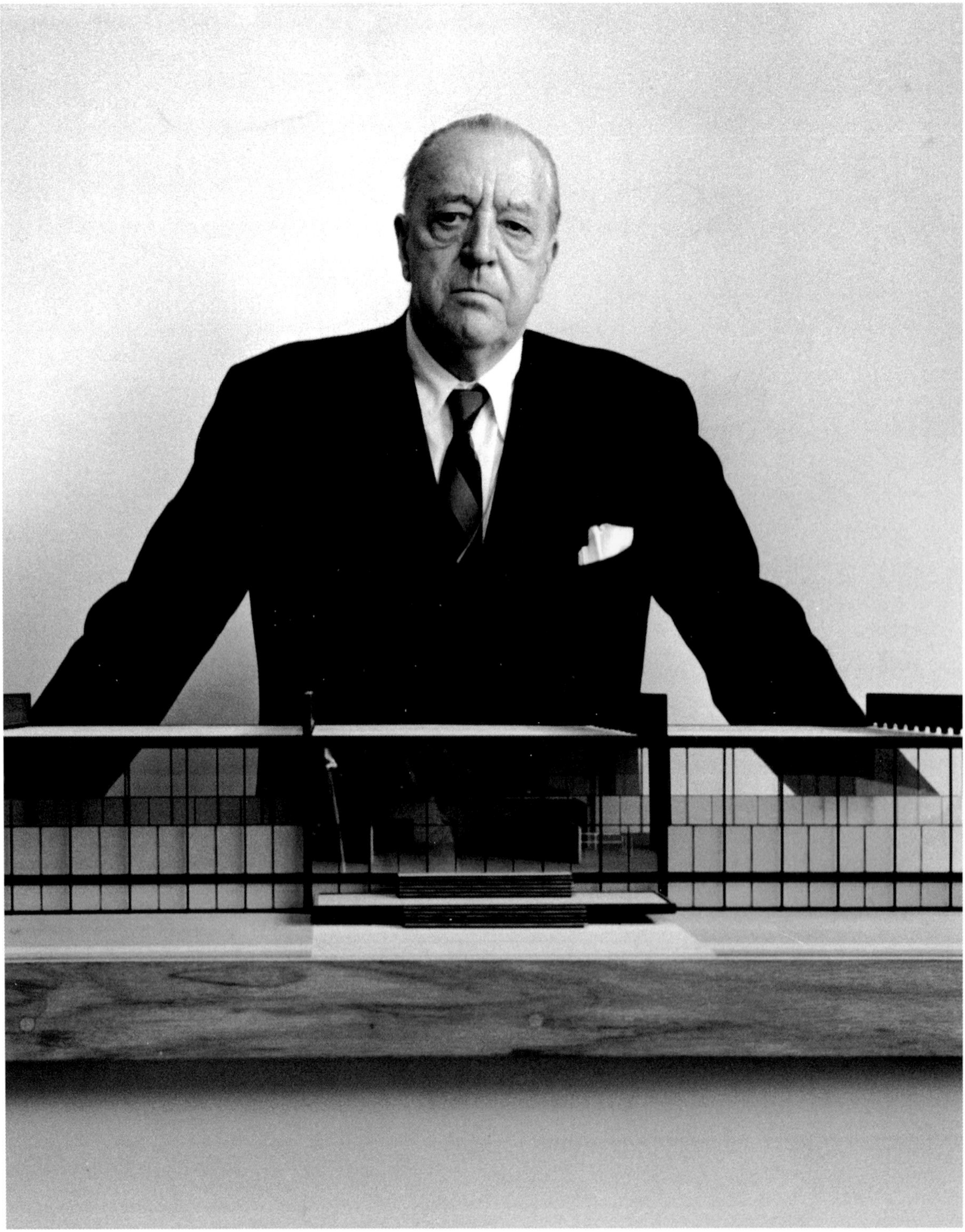

MAP ファーンズワース邸の歩き方　Farnsworth house

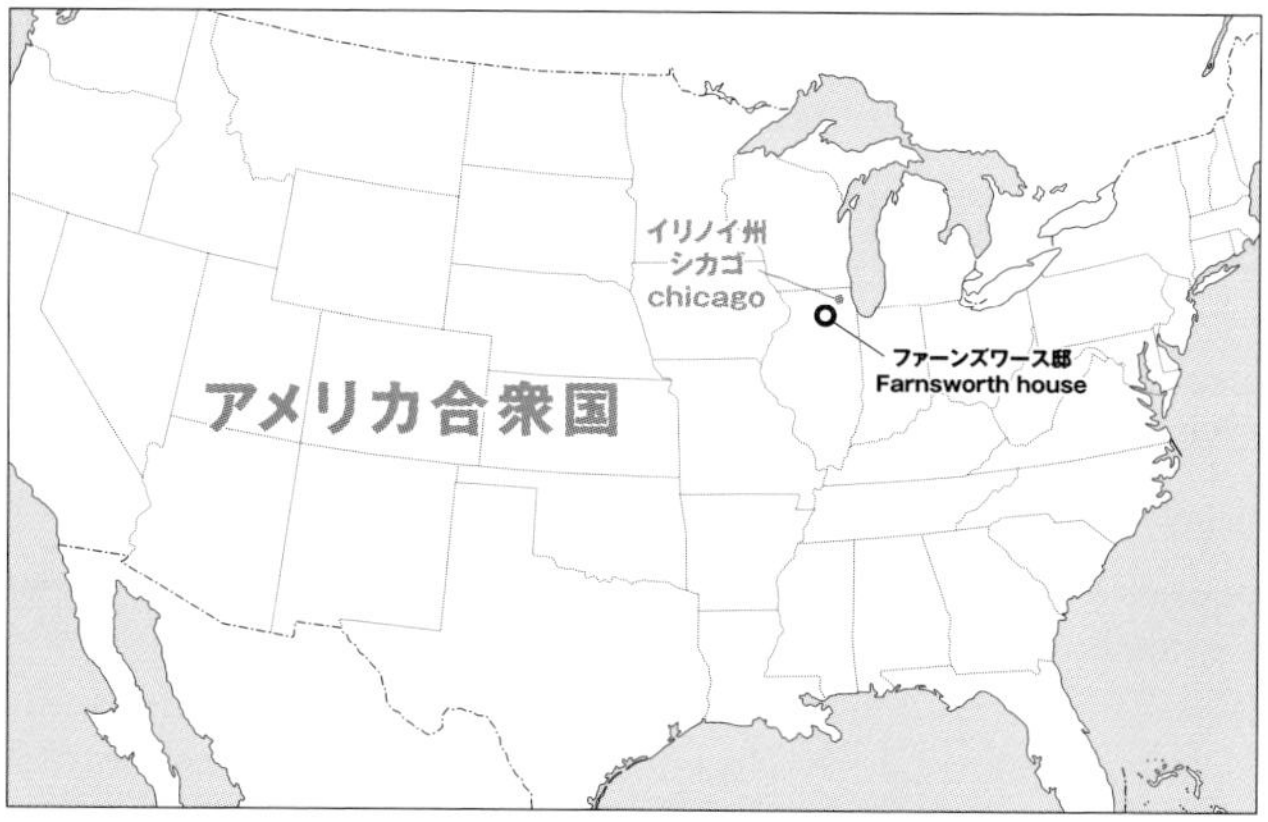

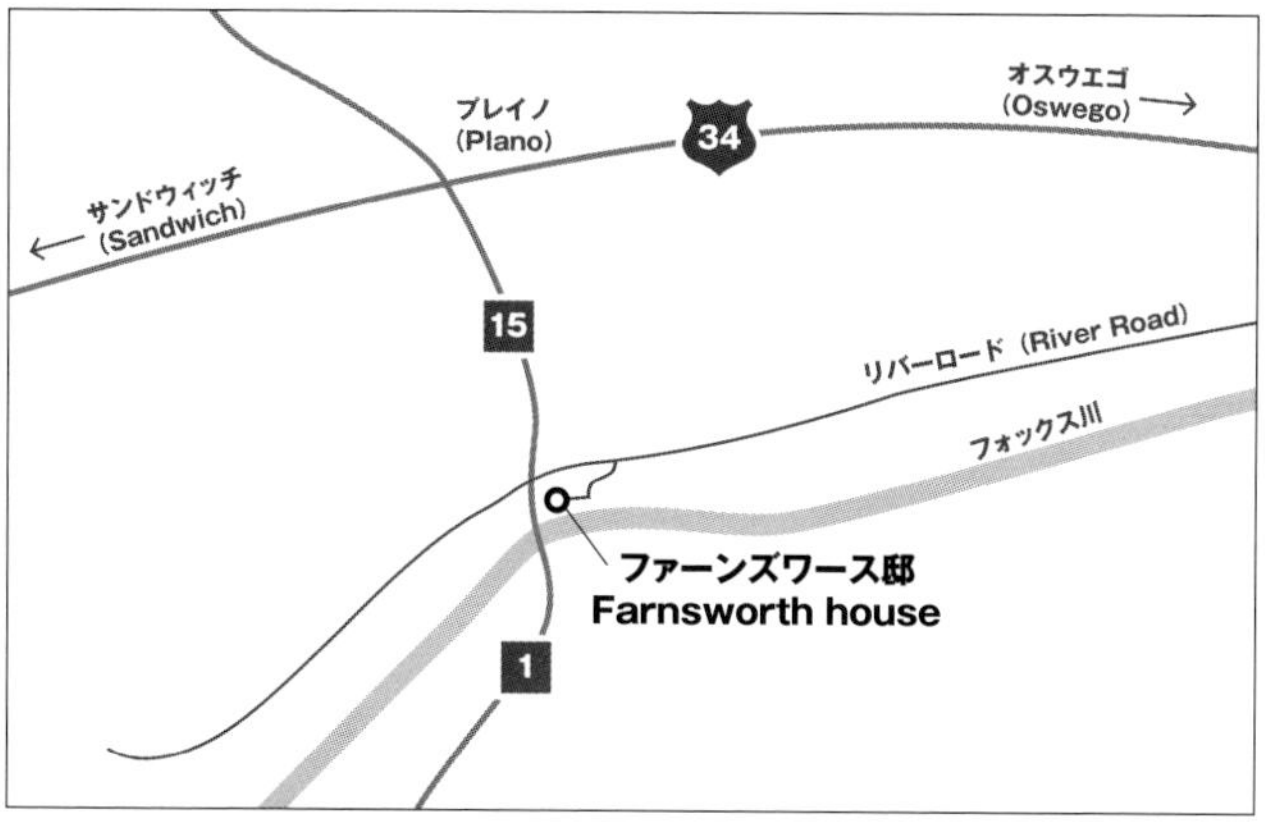

所在地：

14520 River Road, Plano, IL 60545, United States
電話：(+1) 630-552-0052 ＊(+1) はアメリカの国番号
ファクシミリ：(+1) 630-552-8890
メール：farnsworth@farnsworthhouse.org
ホームページ：http://farnsworthhouse.org/

見学方法：

見学ツアーに申し込む。チケットの予約や料金、購入方法はホームページや電話で確認の上、自分の条件と合致するものを探す。なお私的利用に限り外観の撮影は可能（三脚の使用は不可）。内部の撮影や商業利用その他に関しては、ホームページで確認のこと。

オープン：

毎年4月から11月の第4木曜日（感謝祭）まで。時間は、毎週火曜日から木曜日は午前10時から午後2時まで、土曜日と日曜日は午前10時から午後3時まで。毎週月曜日、イースターサンデー、7月4日（アメリカ独立記念日）はクローズ（その他は、ホームページで確認の上、問い合わせ）。ビジターセンターは午前9時からオープン。

行き方：

車の場合は、イリノイ州シカゴ（Chicago）の南西部からプレイノ（Plano）まで2時間程度。カーナビかグーグルマップなどで「14520 River Road IL 60545」を検索。ビジターセンター（Gate 1）にパーキングがある。鉄道その他の情報はホームページで確認のこと。

2015年7月1日現在

あとがき

本文でも言及したように、ミース・ファン・デル・ローエと自然の主題に関してはすでに数人の研究者によって研究が行われています。フリッツ・ノイマイヤーによるミースに与えた自然哲学の影響についての研究、バリー・バーグドールによる初期作品におけるミースの自然の操作をめぐる研究、キャサリン・ロンバによる19世紀末から20世紀初頭にかけての鉄の構築をめぐるドイツ建築理論の研究、そしてキャロリン・コンスタントによるイギリス風景式庭園の設計手法とバルセロナ・パヴィリオンの設計手法の比較研究がその主なものです。この本ではこれらの研究の成果を踏まえながら、研究者たちが指摘していないさらに踏みこんだ場所に向かおうとしました。ミースのユニヴァーサル・スペースの概念は広く知られていますが、ミース自身の沈黙のせいもあって謎めいた解釈の迷宮に入りこんだかのようでした。この本で私は、ミースによる自然の扱い方の中に普遍概念の捉え方のヒントがあると考えました。さらにこれまで別々に考察されがちだったミースのモンタージュ技法を普遍概念と結びつけることによって、ユニヴァーサル・スペースをめぐるミースの探求の中心を素描することを試みました。

私は、ミース研究者ではありません。ここ十年間ほどフランスにおける初期近代建築の構法の歴史に関心をもって研究を進めてきた過程で、19世紀末の鉄の構築をめぐる思想がミースの中に最も過激に再編成されている姿に気づきはじめ、ドイツ語の読解も覚束なかったにもかかわらず覚悟を決めてこの研究に取りかかりました。入手可能な研究はほぼすべて眼を通し、仏訳や英訳に助けられつつではありましたが一次文献にも可能な限りあたり、現時点で自分がやれることはやり尽くしました。しかしこの本を書き終えてわかったことは、ようやく鉄の構築思想の本質がわかりかけたということでした。端緒についたこの研究は今後も続けられることでしょう。鉄とコンクリートのメタモルフォーゼとして近代建築を根底から読み直す最初の成果として、この本を送り出したいと思います。

この本では、原広司先生の均質空間論を批判的に捉えています。おそらく原先生がこの本を読まれたら、そんなことはすべて分かっていると思われるに違いありません。原先生の様相論と、ミースの構築思想は実は少し似ているからです。駒場の学部生向けの造形空間論の授業ではじめて原先生の講義を受けた時の衝撃は、今でも鮮明に覚えています。授業中の多くの時間沈黙を貫き、ときどき発する言葉の周囲には、他のどこにもない時間と空間がうまれていました。表象文化論の学生だった私は、その後建築学科に移籍することになりました。大学院生の時に原先生の授業で、ジル・ドゥルーズの哲学を建築論として読み解いた膨大なレポートを提出して、先生を挑発したような気になっていました。しかしその後それは、全く建築の本質に届いていなかったと思い直しました。建築の物質性との格闘が足りなかった。あの時以来私は、建築の物質性そのものが紡ぎだす思考をずっと追いかけ続けてきました。この本は、その時のレポートの続編のつもりで書きました。

ヘヴンリーハウス・シリーズを着想したとき、シリーズ全体の写真をフィリップ・リュオーに撮影してもらいたいと思いました。抽象的なイメージで伝えられがちな近代建築の住宅たちをその質感や匂いまでも伝えようとするには、彼の陰影の強い感覚的な写真が有効ではないかと考えたからです。吉田五十八自邸とファーンズワース邸は、ほぼ同時期に撮影したものです。吉田自邸と、6月の新緑の時期に撮影されたファーンズワース邸は様式的な特徴は全く異なるものの、光の質において共通するものが感じられるような気がしています。正直に告白すれば、この本の構想の骨格が固まったのは、現像されたリュオーの四×五のフィルムを眺めている時でした。

このシリーズをともに着想し、編集作業を継続して行ってくれている東京書籍の藤田六郎さんは、長引く執筆作業を静かに見守ってくれました。私の中で思考が深まっていく過程を予測していたかのように、原稿が遅れても徹底的に取り組んでくれと叱咤激励してくれる存在がなければ、ここまで辿り着くことはなかったはずです。藤田さんとともに編集作業にあたってくれた椙山哲範さんとともに、いつもながら深く感謝したいと思います。この本の編集段階で、東京大学大学院総合文化研究科の田中純教授と加藤道夫教授に草稿を読んでいただく機会を得ました。田中先生にはかつて表象文化論コースでご指導いただき、加藤先生には工学系研究科の建築学専攻でご指導いただきました。加藤先生には、近代建築史の観点からご感想をいただきました。田中先生は、ご自身のミース・ファン・デル・ローエへの関心と対比的にこの本を通読されて、今後の課題を明確に浮き彫りにしていただきました。お二人の優れた批評眼にあらためて敬服するとともに、この場を借りて感謝の気持ちを伝えさせていただこうと思います。

最後に、もう一度ファーンズワース邸に戻ってみましょう。初夏のファーンズワース邸は、光の粒子が床のトラヴァーチンや緑の葉叢にあたって刻々と変化し続け、風に葉が揺れて影が振動し、それにつられてガラスに映る像もまた変化をとめることがありません。建物を作ることは、自然を新たに発見しより高次なものにすることだとミースは考えていました。そのことを、この本はいくらかでも表現することが出来たでしょうか。さあ、シカゴの郊外へ。この本はいったん放り投げて、ファーンズワース邸を訪ねてみましょう。

2015年7月

後藤 武

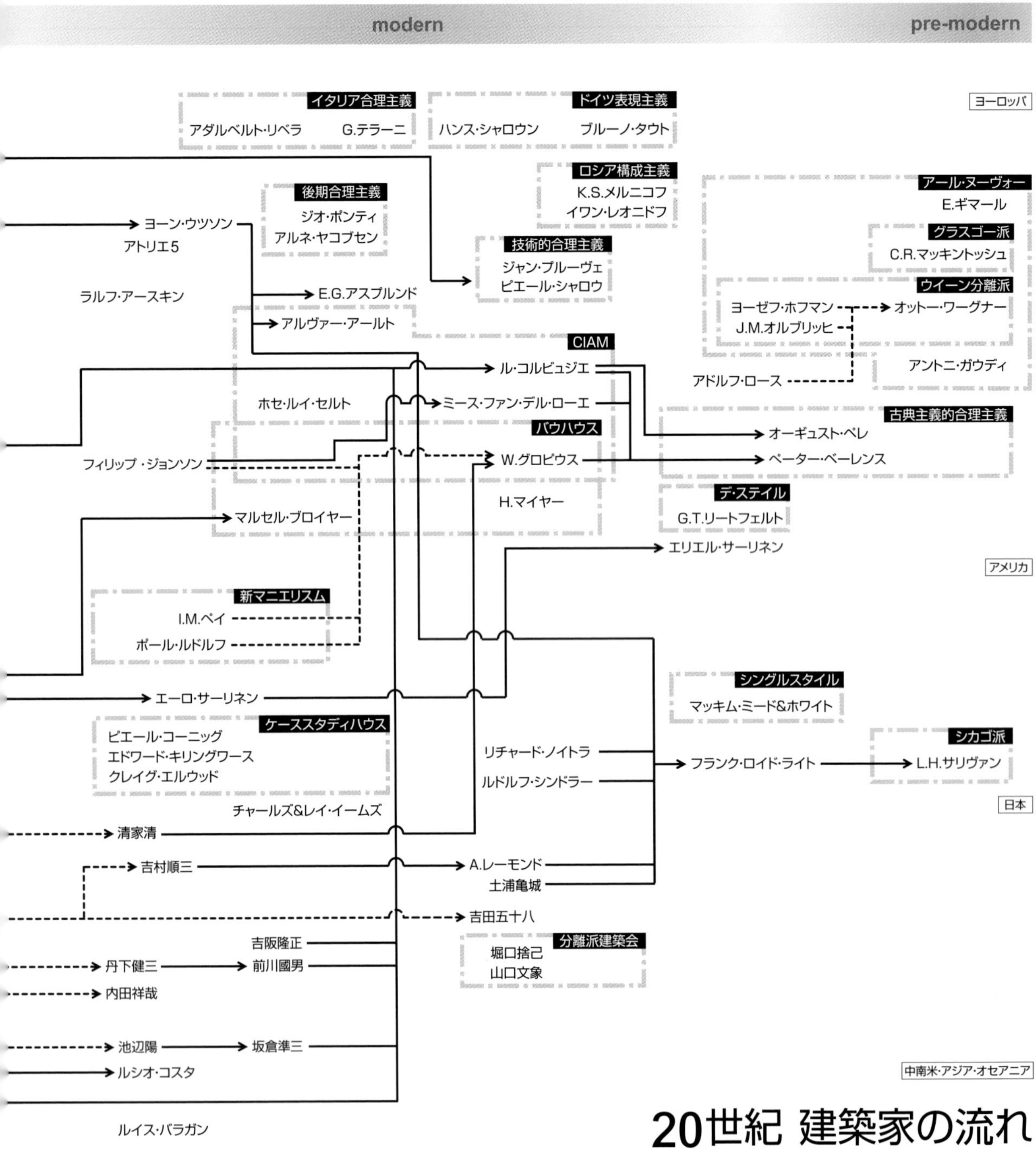

20世紀 建築家の流れ

構成＝本橋良介＋野原修

凡例 1- 名作住宅に関わる建築家名を黒字、建築運動・流派・グループを白字で示した。
2- 冒頭の地域部分で建築家の主な出身・活動地域を示した。
3- 建築家同士の交友関係・師弟関係を下記の線種で示した。

→ 出身事務所　- - -→ 大学での教育　[破線枠] 運動・グループなど

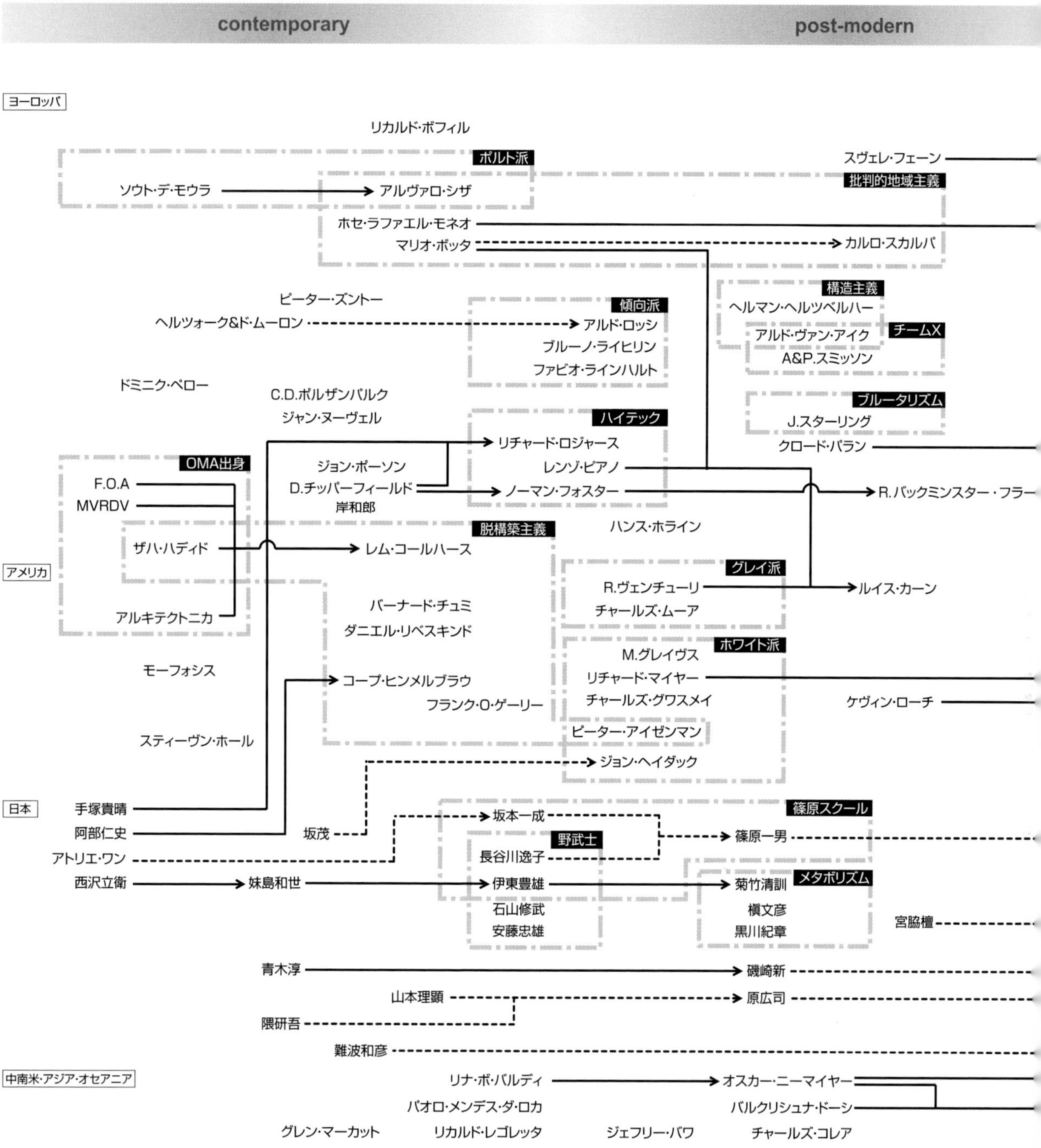
contemporary
post-modern
ヨーロッパ
リカルド･ボフィル
ポルト派
ソウト･デ･モウラ
アルヴァロ･シザ
スヴェレ･フェーン
批判的地域主義
ホセ･ラファエル･モネオ
マリオ･ボッタ
カルロ･スカルパ
構造主義
ピーター･ズントー
傾向派
ヘルツォーク&ド･ムーロン
アルド･ロッシ
ブルーノ･ライヒリン
ファビオ･ラインハルト
ヘルマン･ヘルツベルハー
チームX
アルド･ヴァン･アイク
A&P.スミッソン
ドミニク･ペロー
C.D.ポルザンパルク
ジャン･ヌーヴェル
ブルータリズム
J.スターリング
ハイテック
リチャード･ロジャース
クロード･パラン
OMA出身
ジョン･ポーソン
レンゾ･ピアノ
F.O.A
D.チッパーフィールド
ノーマン･フォスター
R.バックミンスター・フラー
MVRDV
岸和郎
脱構築主義
ハンス･ホライン
ザハ･ハディド
レム･コールハース
アメリカ
グレイ派
R.ヴェンチューリ
ルイス･カーン
バーナード･チュミ
チャールズ･ムーア
アルキテクトニカ
ダニエル･リベスキンド
ホワイト派
M.グレイヴス
モーフォシス
リチャード･マイヤー
コープ･ヒンメルブラウ
チャールズ･グワスメイ
ケヴィン･ローチ
フランク･O･ゲーリー
ピーター･アイゼンマン
スティーヴン･ホール
ジョン･ヘイダック
日本
手塚貴晴
篠原スクール
坂本一成
阿部仁史
坂茂
篠原一男
野武士
アトリエ･ワン
長谷川逸子
西沢立衛
妹島和世
伊東豊雄
菊竹清訓
メタボリズム
石山修武
槇文彦
宮脇檀
安藤忠雄
黒川紀章
青木淳
磯崎新
山本理顕
原広司
隈研吾
難波和彦
中南米･アジア･オセアニア
リナ･ボ･バルディ
オスカー･ニーマイヤー
パオロ･メンデス･ダ･ロカ
バルクリシュナ･ドーシ
グレン･マーカット
リカルド･レゴレッタ
ジェフリー･バワ
チャールズ･コレア

fig.7 ファーンズワース邸：ミース・ファン・デル・ローエ、1951

世界名作住宅地図

構成＝本橋良介＋野原修

ここでは近現代の主要な住宅作品を世界地図上にプロットした。

＊地名はその周辺地域も含む。

撮影：fig.1,2,3,5,6,7,8/Philippe Ruault、fig.4/ 新建築社写真部、fig.9/ 藤本壮介、fig.10/ 宮下淳平

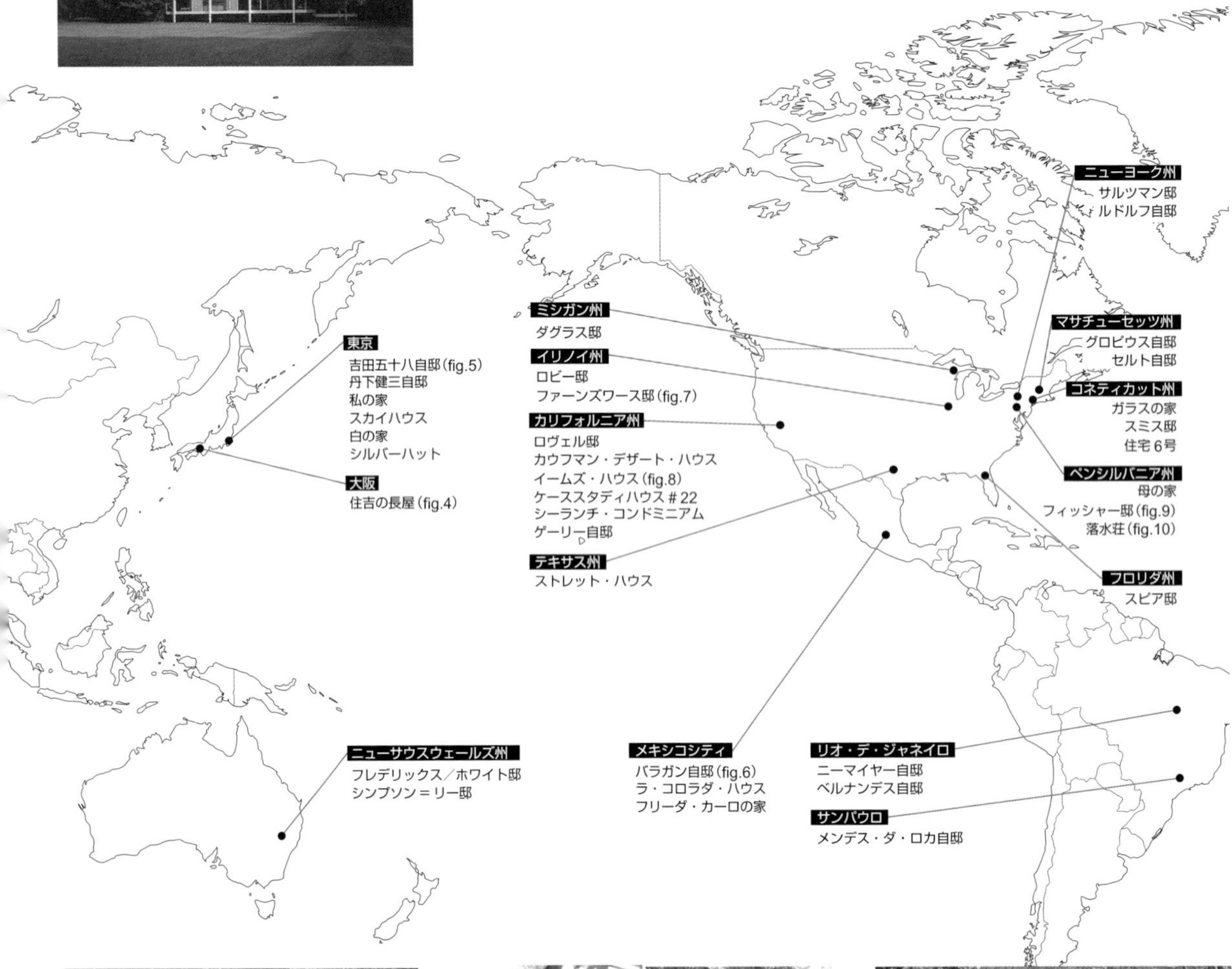

fig.8 イームズ・ハウス：チャールズ&レイ・イームズ、1949

fig.9 フィッシャー邸：ルイス・カーン、1967

fig.10 落水荘：フランク・ロイド・ライト、1936

fig.1 マイレア邸：アルヴァー・アールト、1939

fig.2 サヴォワ邸：ル・コルビュジエ、1931

fig.3 ボルドーの住宅：レム・コールハース、1998

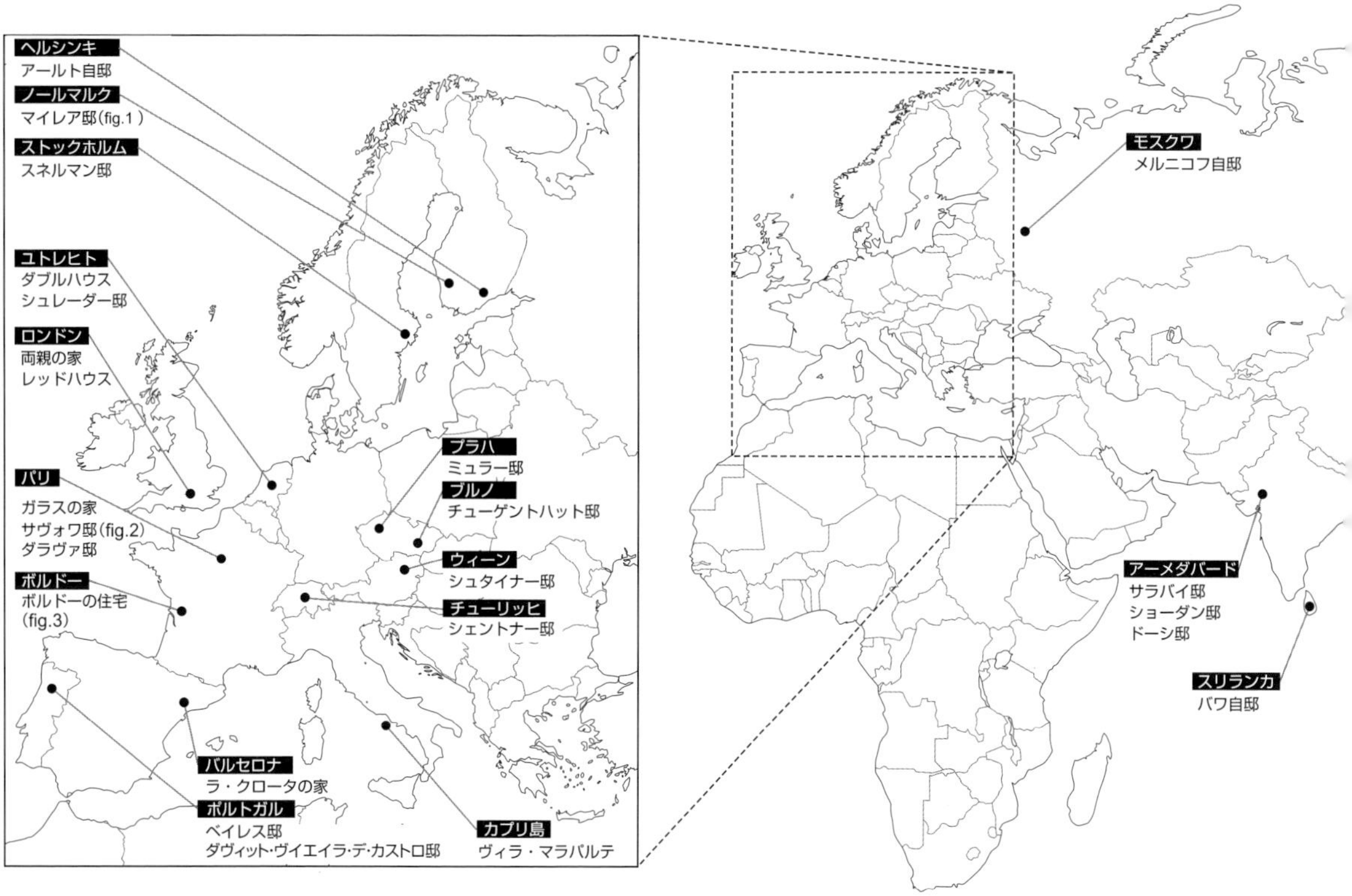

fig.4 住吉の長屋：安藤忠雄、1976

fig.5 吉田五十八自邸：吉田五十八、1944

fig.6 バラガン自邸：ルイス・バラガン、1947

世界名作住宅年表

構成＝本橋良介＋野原修

凡例

ここでは近現代の世界の主要な住宅作品を取り上げた。
原則的に竣工年順の配列とし、上下のカテゴリー区分で所在する地域を示した。
それぞれの住宅作品は、竣工年、作品名、及び括弧内に設計者名の順で記した。

1850　1900　1910

ヨーロッパ

- 1859● レッドハウス(P・ウエッブ)
- 1892● タッセル邸(V・オルタ)
- 1898● オルタ自邸(V・オルタ)
- 1898● ジャンベルラーニ邸(P・アンカール)
- 1900● グリュケルト・ハウス(J・M・オルブリッヒ)
- 1901● ベーレンス自邸(ペーター・ベーレンス)
- 1903● ヒル・ハウス(C・R・マッキントッシュ)
- 1907● ファレ邸(ル・コルビュジエ)
- 1907● リール邸(ミース・ファン・デル・ローエ)
- 1910● シュタイナー邸(アドルフ・ロース)
- 1911● ストックレー邸(ヨーゼフ・ホフマン)
- 1913● ヤロシュ・ヴィラ(ヨーゼフ・ホホル)
- 1917● シュウォブ邸(ル・コルビュジエ)
- 1917● スネルマン邸(E・G・アスプルンド)

アメリカ

- 1887● ロウ邸(マッキム・ミード&ホワイト)
- 1894● ウィンズロー邸(F・L・ライト)
- 1902● ウィリッツ邸(F・L・ライト)
- 1908● ギャンブル邸(グリーン&グリーン)
- 1909● ロビー邸(F・L・ライト)
- 1909● クーンレイ邸(F・L・ライト)
- 1917● ボック邸(F・L・ライト)

日本

中南米・アジア・オセアニア

1920 **1930** **1940**

- 1921 ● ヘットガー自邸（ベルンハルト・ヘットガー）
- 1921 ● ゾンメルフェルト邸（W・グロピウス）
- 1924 ● シュレーダー邸（G・T・リートフェルト）
- 1924 ● アウエルバッハ邸（W・グロピウス）
- 1925 ● ラ・ロッシュ＝ジャンヌレ邸（ル・コルビュジエ）
- 1925 ● レマン湖畔の小さな家「母の家」（ル・コルビュジエ）
- 1927 ● トリスタン・ツァラ邸（アドルフ・ロース）
- 1927 ● ヴァイセンホフ・ジードルング（ミース・ファン・デル・ローエなど）
- 1928 ● ストロンボー邸（P・エンゲルマン＋L・ヴィトゲンシュタイン）
- 1929 ● E1027（アイリーン・グレイ）
- 1929 ● メルニコフ邸（K・S・メルニコフ）
- 1930 ● チューゲントハット邸（ミース・ファン・デル・ローエ）
- 1930 ● ミュラー邸（アドルフ・ロース）
- 1931 ● サヴォワ邸（ル・コルビュジエ）
- 1932 ● ガラスの家（P・シャロウ）
- 1932 ● レムケ邸（ミース・ファン・デル・ローエ）
- 1933 ● シュミンク邸（H・シャロウン）
- 1936 ● アールト自邸とアトリエ（アルヴァー・アールト）
- 1937 ● 夏の家（E・G・アスプルンド）
- 1938 ● ヴィラ・マラパルテ（アダルベルト・リベラ）
- 1939 ● マイレア邸（アルヴァー・アールト）
- 1942 ● ザ・ボックス（ラルフ・アースキン）

- 1920 ● ジャーマンウェアハウス（F・L・ライト）
- 1922 ● シンドラー自邸（ルドルフ・シンドラー）
- 1926 ● ロヴェル・ビーチ・ハウス（ルドルフ・シンドラー）
- 1929 ● ロヴェル邸（健康住宅）（リチャード・ノイトラ）
- 1936 ● 落水荘（F・L・ライト）
- 1937 ● ジェイコブス邸Ⅰ（F・L・ライト）
- 1937 ● ハナ邸Ⅰ（F・L・ライト）
- 1937 ● グロピウス自邸（W・グロピウス）
- 1938 ● マイヤー邸（C&R・イームズ）

- 1923 ● レーモンド自邸（A・レーモンド）
- 1924 ● 山邑邸（F・L・ライト＋遠藤新）
- 1926 ● 紫烟荘（堀口捨己）
- 1928 ● 聴竹居（藤井厚二）
- 1933 ● 軽井沢夏の家（A・レーモンド）
- 1935 ● 土浦亀城自邸（土浦亀城）
- 1936 ● 日向別邸（B・タウト）
- 1939 ● 若狭邸（堀口捨己）
- 1941 ● 前川國男自邸（前川國男）
- 1941 ● 村野藤吾自邸（村野藤吾）
- 1944 ● 吉田五十八自邸（吉田五十八）

1945 / 1950 / 1960 / 1970

ヨーロッパ

- 1947 ● ブロイヤー自邸(マルセル・ブロイヤー)
- 1951 ● カップ・マルタンの小屋(ル・コルビュジエ)
- 1953 ● 夏の家(アルヴァー・アールト)
- 1954 ● ナンシーの家(ジャン・プルーヴェ)
- 1957 ● ヴィラ・ラ・サラセーナ(L・モレッティ)
- 1959 ● メルツ邸(アトリエ5)
- 1959 ● メゾン・カレ(アルヴァー・アールト)
- 1960 ● ガルダ湖畔の家(V・ヴィガーノ)
- 1962 ● ノールドマーク邸(ラルフ・アースキン)
- 1963 ● アースキン自邸(ラルフ・アースキン)
- 1963 ● タピエス邸(ホセ・アントニオ・コデルク)
- 1968 ● ジリ邸(ホセ・アントニオ・コデルク)
- 1968 ● チェントナ邸(カルロ・スカルパ)
- 1969 ● 両親の家(リチャード・ロジャース)
- 1970 ● パリのスタジオ(シャルロット・ペリアン)
- 1970 ● ヴィラ・ラ・リカルダ(A・ボネット)
- 1970 ● シルツ邸(アルヴァー・アールト)
- 1970 ● スカルパ自邸(T・スカルパ)
- 1973 ● リヴァ・サンヴィターレの住宅(マリオ・ボッタ)

アメリカ

- 1946 ● カウフマン・デザート・ハウス(リチャード・ノイトラ)
- 1946 ● モスバーグ邸(F・L・ライト)
- 1948 ● トゥイッチェル邸(ポール・ルドルフ)
- 1949 ● イームズ・ハウス(C&R・イームズ)
- 1949 ● フォード邸(ブルース・ガフ)
- 1949 ● グラス・ハウス(フィリップ・ジョンソン)
- 1950 ● ロックフェラーゲストハウス(フィリップ・ジョンソン)
- 1951 ● ファーンズワース邸(ミース・ファン・デル・ローエ)
- 1953 ● フライ自邸(A・フライ)
- 1957 ● ミラー邸(E・サーリネン+A・ジラード)
- 1957 ● セルト邸(ホセ・ルイ・セルト)
- 1959 ● フーパー邸(マルセル・ブロイヤー)
- 1959 ● CSH#22(ピエール・コーニッグ)
- 1961 ● CSH#25(E・A・キリングワース)
- 1961 ● エシュリック邸(ルイス・カーン)
- 1964 ● シーランチ(チャールズ・ムーア)
- 1964 ● 母の家(R・ヴェンチューリ)
- 1967 ● フィッシャー邸(ルイス・カーン)
- 1968 ● 住宅1号(ピーター・アイゼンマン)
- 1972 ● スナイダーマン邸(マイケル・グレイヴス)
- 1973 ● コーマン邸(ルイス・カーン)
- 1973 ● ダグラス邸(リチャード・マイヤー)
- 1974 ● 個人住宅(ポール・ルドルフ)

日本

- 1952 ● 立体最小限住居(増沢洵)
- 1952 ● 斉藤助教授の家(清家清)
- 1953 ● 住居(丹下健三)
- 1954 ● 私の家(清家清)
- 1956 ● ヴィラ・クゥクゥ(吉阪隆正)
- 1957 ● No.38(池辺陽)
- 1958 ● スカイハウス(菊竹清訓)
- 1960 ● SH−30(広瀬鎌二)
- 1962 ● 軽井沢の山荘(吉村順三)
- 1962 ● 正面のない家H(西沢文隆)
- 1964 ● 中山邸(磯崎新)
- 1966 ● 塔の家(東孝光)
- 1967 ● 白の家(篠原一男)
- 1971 ● まつかわぼっくす(宮脇檀)
- 1972 ● 粟津邸 (原広司)
- 1972 ● 反住器(毛綱毅曠)

中南米・アジア・オセアニア

- 1947 ● バラガン自邸(ルイス・バラガン)
- 1951 ● グラス・ハウス(リナ・ボ・バルディ)
- 1954 ● ニーマイヤー自邸(オスカー・ニーマイヤー)
- 1955 ● サラバイ邸(ル・コルビュジエ)
- 1956 ● オゴールマン自邸(J・オゴールマン)
- 1956 ● ショーダン邸(ル・コルビュジエ)
- 1960 ● 自邸(パウロ・A・メンデス・ダ・ロカ)
- 1960 ● アルティガス自邸(F・アルティガス)
- 1961 ● ドーシ邸(バルクリシュナ・ドーシ)
- 1961 ● ベルナンデス自邸(S・ベルナンデス)
- 1962 ● チューブハウス(チャールズ・コレア)
- 1964 ● ラムクリシュナ邸(チャールズ・コレア)
- 1968 ● パクレ邸(チャールズ・コレア)

1974 ● トニー二邸(B・ライヒリン+F・ラインハルト)
1974 ● デルビゴット邸(ジャン・ヌーヴェル)
1975 ● カーサ・ボフィル(リカルド・ボフィル)
1976 ● ベイレス邸(アルヴァロ・シザ)

1974 ● ウルフ邸(バートン・マイヤー)
1974 ● スティルマン邸(マルセル・ブロイヤー)
1975 ● 「グリーンハウス」ハウス(J・M・ヨハンセン)
1979 ● スピア邸(アルキテクトニカ)
1979 ● ゲーリー自邸(フランク・O・ゲーリー)

1975 ● 幻庵(石山修武)
1976 ● 住吉の長屋(安藤忠雄)
1976 ● 中野本町の家(伊東豊雄)
1976 ● 代田の町家(坂本一成)
1976 ● 上原通りの住宅(篠原一男)
1977 ● 焼津の家2(長谷川逸子)

1980

1980 ● ブルーハウス(ヘルツォーク&ド・ムーロン)
1981 ● マッサーニョの家(マリオ・ボッタ)

1980 ● 708ハウス(エリック・オーエン・モス)
1981 ● 2-4-6-8住宅(モーフォシス)
1982 ● プロセック邸(マイケル・グレイヴス)
1987 ● ウィストン・ゲストハウス(フランク・O・ゲーリー)
1987 ● ホイットニー邸(マーク・マック)
1989 ● シュナーベル邸(フランク・O・ゲーリー)

1981 ● 武蔵新庄の住宅(富永譲)
1981 ● 小篠邸(安藤忠雄)
1984 ● シルバーハット(伊東豊雄)
1984 ● ハウス・イン・ヨコハマ(篠原一男)
1988 ● PLATFORM1(妹島和世)

1982 ● フレデリックス/ホワイト邸(G・マーカット)

1990

1990 ● バスク邸(スヴェレ・フェーン)
1990 ● アラカネナ邸(ソウト・デ・モウラ)
1991 ● ダラヴァ邸(レム・コールハース)
1997 ● ルーディン邸(ヘルツォーク&ド・ムーロン)
1997 ● ダブル・ハウス(MVRDV)
1998 ● ボルドーの住宅(レム・コールハース)
1998 ● メビウス・ハウス(UNスタジオ)
1998 ● ラ・クロータ邸(エンリック・ミラージェス)
1998 ● ダヴィット・ヴィエイラ・デ・カストロ邸(アルヴァロ・シザ)

1992 ● ストレット・ハウス(S・ホール)
1993 ● ゴールデンビーチの家(カルロス・ザパタ)
1996 ● ティガー邸(ロト・アーキテクツ)
1997 ● ブレーズ邸(モーフォシス)

1992 ● 日本橋の家(岸和郎)
1992 ● 岡山の住宅(山本理顕)
1995 ● 箱の家001(難波和彦)
1997 ● 壁のない家(坂茂)
1998 ● ミニ・ハウス(アトリエ・ワン)
1998 ● ウィークエンドハウス(西沢立衛)
1999 ● B(青木淳)
1999 ● HOUSE SA(坂本一成)

1994 ● シンプソン・リー邸(G・マーカット)
1995 ● ラ・コロラダ・ハウス(リカルド・レゴレッタ)
1997 ● ネグロハウス(A・カラチ&D・アルヴァス)
1998 ● フレッチャー・ペイジ邸(G・マーカット)
1998 ● バワ自邸(ジェフリー・バワ)

2000

2000 ● ホーントンプソン邸(W・P・ブルーダー)

2001 ● I-HOUSE(阿部仁史)
2001 ● 屋根の家(手塚貴晴+由比)
2002 ● Plastic House(隈研吾)
2003 ● 梅林の家(妹島和世)

写真・図版　クレジットおよび出典

※記号：002 など 3 桁の数字は本書における頁を表わす。また、掲載頁内での位置はアルファベットで示した。t =上、b =下、r =右、l =左、m =中央
※特に明示していない場合は、撮影：後藤武あるいは作図：後藤武建築設計事務所
※掲載頁において明示した場合もある

002/003：photographs by Philippe Ruault | Farnsworth House courtesy of the National Trust for Historic Preservation

004/012-013/016-017/024-025/028-029/032-033/036-037/040-041/044-045/052-053/057t/057b/060-061/068-069/072-073/076/077t/077b/080/081/084t/084b/085/096-097/104-105/108-109：photographs by Philippe Ruault | Farnsworth House courtesy of the National Trust for Historic Preservation ／ 006tr：Franz Schulze, *MIES VAN DER ROHE: A Critical Biography,* p.258 ／ 006tl/008tr/008b/007tr/007tl/007br/007bl/015b/043t/054t/054b/065tr/065tl/065m/065b/083tr/083tl/083br/083bl/090tr/090tl/090b/093t/093b/100/101t/101b：©VG BILD-KUNST, Bonn & JASPAR, Tokyo, 2015　D0054 ／ 015tr：K. フランプトン他、*ミース再考：その今日的意味*、p.204 ／ 015tl：Stover Jenkins and David Mohney, *The Houses of Philip Johnson*, p.63 ／ 038t：Siegfried Ebeling, *Space as Membrane*, p.III ／ 038b：Siegfried Ebeling, *Space as Membrane*, jacket ／ 043br：©「ダルエスサラームの海辺から」（http://www.ocada.jp/top.php） ／ 054t/054b：*The International Style* ／ 070：Maritz Vandenberg, *Farnsworth House: Ludwig Mies van der Rohe*, p.27 ／ 111：OMA, Rem Koolhaas and Bruce Mau, *S,M,L,XL*, cover

115：*La colonne: Nouvelle histoire de la construction*, p.264-265 ／ 118：Bertrand Lemoine, *L' ARCHITECTURE DU FER: FRANCE: XIX*^{e} *SIÈCLE*, p.27 ／ 119：*La colonne: Nouvelle histoire de la construction*, p.451 ／ 120：*La colonne: Nouvelle histoire de la construction*, p.478 ／ 123：Ignasi de Sola-Morales, Cristian Cirici, Fernando Ramos, *MIES VAN DER ROHE: BARCELONA PAVILION*, p.15 ／ 136：*La colonne: Nouvelle histoire de la construction*, p.452

140r：*GA DETAIL Mies van der Rohe Farnsworth House, Plano, Illinois, 1945-50*, A.D.A. EDITA Tokyo, cover ／ 140l：Kenneth Frampton, *Studies in Tectonic Culture: The Poetics of Construction in Nineteenth and Twentieth Century Architecture*, The MIT Press, jacket ／ 141：山本学治・稲葉武司、*新装版 巨匠ミースの遺産*、彰国社、カバー ／ 142：Alfred Gotthold Meyer, *Eisenbauten: Ihre Gescichte und Aesthetik*, Paul Neff Verlag, p.180

144：Arthur Siegel/The LIFE Images Collection/Getty Images

145：photograph by Philippe Ruault | Farnsworth House courtesy of the National Trust for Historic Preservation

「ヘヴンリーハウス――20世紀名作住宅をめぐる旅」シリーズ
編者・著者紹介

編者

五十嵐太郎（いがらし・たろう）１９６７年、フランス・パリ生まれ。建築史家・建築批評家。東北大学大学院工学研究科教授。第64回芸術選奨文部科学大臣新人賞を受賞。東京大学大学院工学系研究科建築学専攻修士課程修了。博士（工学）。著書に、『現代建築に関する16章』（講談社、２００６年）、『新編　新宗教と巨大建築』（筑摩書房、２００７年）、『現代日本建築家列伝』（河出書房新社、２０１１年）、『被災地を歩きながら考えたこと』（みすず書房、２０１１年）、共著に、『近代建築史』（市ヶ谷出版社、２００８年）などがある。また、第11回ヴェネチア・ビエンナーレ建築展（２００８年）ではコミッショナー、あいちトリエンナーレ２０１３では芸術監督を務める。

編者・本書著者

後藤武（ごとう・たけし）１９６５年、横浜生まれ。建築家・建築史家。後藤武建築設計事務所主宰。東京大学大学院工学系研究科建築学専攻博士課程単位取得退学。隈研吾建築都市設計事務所勤務（馬頭町広重美術館などを担当）、慶應義塾大学環境情報学部専任講師、中部大学高等学術研究所助教授を経て、現在は法政大学など非常勤講師。建築作品に「空の洞窟」（神奈川建築コンクール優秀賞）、「交差点」などがある。著書に、『アドルフ・ロース　ミュラー邸』（バナナブックス、２００８年）、『ディテールの建築思考』（彰国社、２０１３年）、共著に、『デザイン言語』（慶應義塾大学出版会、２００２年）、『デザインの生態学』（東京書籍、２００４年）、『〈はかる〉科学』（中央公論新社、２００７年）、『表参道を歩いてわかる現代建築』（大和書房、２０１４年）などがある。

ヘヴンリーハウス——20世《せい》紀《き》名《めい》作《さく》住《じゅう》宅《たく》をめぐる旅《たび》6
ファーンズワース邸《てい》／ミース・ファン・デル・ローエ

2015年9月1日　第1刷発行

著者　後《ご》藤《とう》武《たけし》

シリーズ編者　五十嵐太郎　後藤武

協力　後藤武建築設計事務所　佐藤千恵
企画協力　フリックスタジオ

編集協力　天内大樹
本橋良介　野原修（シリーズ共通付録構成）

デザイン　後藤豪（後藤デザイン室）

発行者　川畑慈範
発行所　東京書籍株式会社
東京都北区堀船2-17-1　〒114-8524
03-5390-7531（営業）
03-5390-7500（編集）
http://www.tokyo-shoseki.co.jp

印刷・製本　図書印刷株式会社

ISBN978-4-487-80098-8 C0052

ヘヴンリーハウス――20世紀名作住宅をめぐる旅

20世紀住宅の世界的傑作を厳選し、一軒・一建築家を紹介していくシリーズ。
気鋭の建築家たちがその家を訪問し、一個人として体感した新鮮な発見を伝える。
シリーズ編者は、建築史家・建築評論家の五十嵐太郎と建築家の後藤武。
平易な語り口と豊富なヴィジュアルで住宅を視覚的に追体験できる。
家づくりの参考としても。また、建築学科の設計・製図のテキストとしても最適。

シリーズ大好評既刊

Heavenly Houses 1 中村研一

サヴォワ邸／ル・コルビュジエ

近代建築の白い聖地　巨匠ル・コルビュジエの最高傑作

Heavenly Houses 2 岸和郎

イームズ・ハウス／チャールズ＆レイ・イームズ

アメリカ西海岸に建つ、伝説のケーススタディハウス　ミッドセンチュリーを読み解く

Heavenly Houses 3 千葉学

住吉の長屋／安藤忠雄

現代都市型住宅の原点　若き日の安藤忠雄、渾身の一作

Heavenly Houses 4 松本淳

マイレア邸／アルヴァー・アールト

北欧の巨匠によるフィンランドでいちばん美しい家　その魅力を徹底分析！

Heavenly Houses 5 富永譲

吉田五十八自邸／吉田五十八

日本のモダニズムは可能なのか？　名匠がみずから実現した究極の自邸

東京書籍